高校思想政治理论课改革与创新

程贵林　张海丽　著

中国财富出版社

图书在版编目（CIP）数据

高校思想政治理论课改革与创新／程贵林，张海丽著．—北京：中国财富出版社，2020.5（2021.10 重印）

ISBN 978－7－5047－7147－6

Ⅰ.①高…　Ⅱ.①程…②张…　Ⅲ.①高等学校—思想政治教育—教学研究—中国　Ⅳ.①G641

中国版本图书馆 CIP 数据核字（2020）第 074201 号

策划编辑　李　伟　　**责任编辑**　戴海林　李季伦
责任印制　梁　凡　郭紫楠　　**责任校对**　张营营　　**责任发行**　白　昕

出版发行　中国财富出版社
社　　址　北京市丰台区南四环西路 188 号 5 区 20 楼　**邮政编码**　100070
电　　话　010－52227588 转 2098（发行部）　010－52227588 转 321（总编室）
　　　　　010－52227566（24 小时读者服务）　010－52227588 转 305（质检部）
网　　址　http：//www.cfpress.com.cn　**排　　版**　宝蕾元
经　　销　新华书店　**印　　刷**　北京九州迅驰传媒文化有限公司
书　　号　ISBN 978－7－5047－7147－6/G・0744
开　　本　710mm×1000mm　1/16　**版　　次**　2020 年 11 月第 1 版
印　　张　20　**印　　次**　2021 年 10 月第 2 次印刷
字　　数　317 千字　**定　　价**　79.00 元

前　言

思想政治理论课是高等学校对大学生进行系统的以马克思主义世界观、人生观和价值观为核心的思想政治教育的主渠道，担负着培养具有较高政治觉悟和道德情操的合格人才的历史重任。然而，目前的高校思想政治理论课教育不论是外部社会环境还是课程本身都存在不少问题，因此，必须充分认识高校思想政治理论课教育的历史使命和育人功能，实事求是地对影响和制约高校思想政治理论课的教学因素进行深入分析研究，并进行改革创新，以便有针对性地加强和改进高校思想政治理论课教学工作，提升高校思想政治理论课的教学效果。同时，随着计算机网络技术的不断发展，我国逐渐进入了大数据时代，大数据时代的到来给高校思想政治理论课带来了巨大的冲击和挑战，但同时也给高校思想政治理论课教学带来了新的发展机遇。要抓住机遇、应对挑战，发挥高校思想政治理论课教学立德树人的主渠道作用，必须对我国高校传统模式下的教学方式进行创新，不断提升高校思想政治理论课教学的实效性。

本书结合当下形势，对高校思想政治理论课改革与创新进行探讨，首先介绍了高校思想政治理论课的发展历程、教学现状以及改革与创新的必要性、基本原则与实施途径，接下来分别对高校思想政治理论课教学理念、教学内容、教学方法、教学模式、教学实践、教学评价以及考核方式的改革与创新进行了探索，最后分别论述了高校思想政治理论课五门课程的教学创新与改革策略。全书内容翔实，文字简洁，对我国高校思想政治理论课改革与创新做出了有益探索。

本书由河南郑州黄河科技学院的程贵林和张海丽两位老师共同完成写作，其中，程贵林撰写了第一章第一节、第二节、第三节，第三章，第六章，第七章，第八章，张海丽撰写了第一章第四节、第五节，第二章，第四章，第五章，第九章。

本书是以下科研项目的阶段性研究成果——2020 年度河南省哲学社会科学规划课题："课程思政"视角下高校思想政治理论课教学改革与创新研究 2020BKS016；2019 年度河南省高等学校青年骨干教师培养计划项目："课程思政"视角下高校思想政治理论课改革创新研究 2019GGJS274；2020 年河南省教育厅人文社科资助项目："三全育人"模式下思政课程与"课程思政"协同育人机制研究 2020－ZZJH－268；2019 年河南省教育厅人文社科课题：传播媒介泛娱乐化对大学生思想政治教育的影响及对策研究 2019－ZDJH－348。

目录

CONTENTS

第一章　高校思想政治理论课教育总论

第一节　高校思想政治理论课教育发展历程

一、思想政治理论课课程的本质内涵

改革开放以来，由于各个历史时期环境不同，党和国家方针政策发生了变化，高校思想政治教育的政策也随之改变。在此期间，我国高校思想政治理论课方案共经历过三次重大调整，从课程设置到教学内容都有不同程度的改变，单就思想政治理论课课程的名称而言，就发生多次变更，先后出现过"马列主义课""政治理论课""马列主义理论课""思想品德和政治理论课""马克思主义理论课和思想政治教育课"（简称"两课"）"思想政治理论课"等名称。虽然这些名称的变更具有很大的历史继承性，名称之间也具有很强的内在联系，但是，名称上的变化太过频繁，会增加人们对思想政治理论课科学内涵理解的难度，进而对分析改革开放以来高校思想政治理论课教学改革问题造成一定障碍。因此，科学认识思想政治理论课课程的内涵，就显得尤为重要。

（一）课程的本质内涵

"课程"是"思想政治理论课课程"的上位概念。作为"课程"的下位概念，"思想政治理论课课程"既包含一般课程的共性特征，也具有其自身的一些个性特点。因此，正确理解"思想政治理论课课程"的科学内涵的前提应该是充分理解"课程"的本质含义。

"课程"的本质可以概括为"经验的传授与积累"，这样的概括具有以下

几点优势：

1. 用传授经验来代替传授知识

不仅可以传授人类总结出的优秀自然科学知识以及社会科学知识，还可以传授在现实生活中所积累的经验，不论是直接经验、间接经验还是个人经验或社会经验。这样概括可以使“课程”所包括的内容更为丰富。

2. 实践是检验真理的唯一标准

传授经验的过程，不仅是学习知识的过程，同时还是社会实践的过程。知识通过学习而掌握，通过实践而升华。世界无时无刻不在发生着变化，从别人那里得到的经验并不一定完全适合本人。只有个人结合所处环境以及自身情况、通过社会实践所积累的经验，才完全适合本人。同时，这也是人类知识进行升华的必然过程。

3. 知识的传授是单向的，仅仅是“教”与“学”的关系

而“经验的传授与积累”是一种双向的传递，它突出了人们在领悟知识过程中的主观能动性，是一种教学相长的互动关系。

（二）思想政治理论课课程的内涵

作为“课程”的一个下位概念，“思想政治理论课课程”完全具备上述“课程”所包含的三大特点：

第一，它是一门有关思想政治教育的学科，是所有思想教育学科、政治教育学科、道德教育学科、心理教育学科以及法律教育学科的总和。

第二，思想政治理论课课程是根据受教育者不同的能力、知识层次、德育水平的高低来进行不同教学时数、顺序安排的一种教学进程。

第三，思想政治理论课课程是以培养符合当下国家所提倡的社会主流意识形态人才为目的，从而规定一定的课程内容、范围、分量和进程的总和。

除了上述特点之外，思想政治理论课课程还具备其他一些特点：

第一，思想政治理论课课程以马克思主义基本理论为基础来武装学生头脑。在教学过程中，学生不仅需要理解和掌握马克思主义基本理论，而且要在此基础上树立科学的世界观、人生观和价值观来指导平时的社会实践，从而成为合格的社会主义建设者和接班人。因此，思想政治理论课课程是能够体现社会主义本质的课程。

第二，思想政治理论课课程不仅是一门理论课，它还具有很强的实践性。学习马克思主义基本理论，接受思想品德教育，其最终目的是指导人们进行社会实践。在此过程中，人们首先要接受理论教育，把这种理论内化成一种信念，进而外化成个人的行为实践，在实践中继续加深和强化这种信念“内化于心、外化于行”的过程。

第三，思想政治理论课课程的形式多样化，既有传统意义上的学科课程，也有指导社会实践的活动课程；既有国家统一制定和实施的必修课程，也有对国家课程进行再加工、再创造使之个性化、本土化，从而更加适应本地区或本学校特点而选修的地方性课程以及校本课程。

综上所述，思想政治理论课课程是一种综合教育实践活动，它以加强马克思主义理论的修养和中国特色社会主义实践为核心，通过政治教育、思想教育、道德教育、心理教育和法律教育等内容，以灵活多样的课程形式组织人们进行综合教育实践活动，具有明显的政治性、综合性以及实践性的特点。

高校开设思想政治理论课课程就是要对大学生进行思想政治教育，帮助大学生形成崇高的理想和信念，牢固树立社会主义核心价值观，塑造正确的马克思主义世界观、人生观和价值观，成为社会主义事业的合格建设者和可靠接班人，从而确保中华民族伟大复兴的中国梦的实现。高校思想政治理论课是大学生思想政治教育的主渠道、主阵地。

二、思想政治理论课教学方法的内涵

方法是完成任务和目标的载体，而教学方法就是保障教学目标顺利实施和完成的重要环节。教学方法与思想政治理论课教学方法的关系，从某种意义上来说，是一种普遍与特殊、共性与个性的关系，教学方法的内涵是全面、深入、细致地阐述高校思想政治理论课课程教学方法内涵的必要前提条件。

（一）教学方法的内涵

“教学方法”的本质特征主要表现在以下三方面：

第一，使用教学方法是为了更好地实现教学目的。就像一段旅程，如果教学目的是最终目的地，那么教学方法就是为了实现到达目的地的最终目标而采用的一系列手段。教学目的不同，所采用的教学方法也会随之改变。

第二，教学方法与教学观念息息相关。从事任何一种实践活动，都是在一定观念的影响下进行的，同样，教学方法的使用、改变以及创新，也是在一定教学观念的指导下进行的。例如，现代教学中受“双向教学”“注重学生全面发展”等观念影响，在教学方法的运用上，已经由传统教学方法中的单向“灌输式”逐渐向双向“互动式”“参与式”等方向转变。

第三，教学方法是一种由诸多手段、方式、方法组成的一整套教学操作策略，它不仅包括在教学过程中运用的诸如教学工具、语言、课件等实体教学手段，还包括一些具体的教学思路、方法策略。

综上所述，教学方法主要是指在教学过程中，通过一定的教学理念的指导采取的一系列措施来达到教学目的的手段和策略。

（二）思想政治理论课教学方法的内涵

了解思想政治理论课教学方法的特点，是总结思想政治理论课教学方法内涵的首要条件，这是由思想政治理论课课程的内涵以及本质所决定的。根据上面对思想政治理论课课程相关内容的总结，结合对教学方法内涵的概括，思想政治理论课教学方法具有以下几个特点：

第一，思想政治理论课教学方法具有综合性。思想政治理论课课程是一门综合课程，是对受教育者进行政治教育、思想教育、道德教育、心理教育和法律教育等多方面培养的一个过程，其课程内容涉及政治学、经济学、教育学、伦理学、心理学、哲学、法学等多种学科，具有很强的综合性。这就决定了思想政治理论课课程并不能局限于一种单一的教学方法，为保证达到教学目的，其教学方法应该结合不同教学内容而进行综合性运用。

第二，思想政治理论课教学方法具有多样性。从其课程内容上看，学习理论的目的是更好地塑造人们的世界观、人生观以及价值观，从而更好地进行社会主义实践；从其课程形式上看，思想政治理论课课程分为国家课程与地方性课程、必修课程与选修课程、理论课课程与实践课程，等等。因此，其教学关系的表现形式并不仅仅局限于教师与学生之间，而且体现于学生与学生，甚至是社会与学生之间；其教学地点不仅仅局限于学校，还应该涵盖校外的社会；其教学方法应该多种多样。

第三，思想政治理论课教学方法具有历史继承性和发展性。合理教学方法的运用，是为了提高教学效果。思想政治理论课课程培养人才的总目标虽然不会改变，但是，在多年的发展历程中，中国特色社会主义理论是与时俱进的，在继承优秀理论成果的同时，也在不断地完善和发展。思想政治理论课教学内容在充分继承之前阶段理论内容的同时，也各自具有一定的侧重点。因此，这就要求思想政治理论课课程的内容也要与时俱进。在教学方法的运用上，应该具有时代感、针对性、实效性和主动性，因此，其教学方法应该是动态的、发展的，它随着课程目标、教学任务、教学内容、时代要求和生产力的发展变化而变化着，使新的教学方法得以产生、旧的教学方法得以完善。

综上所述，思想政治理论课教学方法的内涵应该是为了实现思想政治理论课教学目标、完成教学任务，运用一定的教学策略、思路而实施的一系列教学方式、手段和活动，具有多样性、多边性以及历史继承性和发展性等特点。

三、思想政治理论课教师的内涵

（一）思想政治理论课教师的内涵

“教师”这一概念历史悠久，可以说是人类社会自产生就形成的职业之一。一般来说，教师的含义有广义和狭义之分。广义上来讲，一切传授知识和经验的人都可以称为教师；狭义上来讲，教师是指那些受过专门系统培训，并在教育（学校）中担任教学工作的人。在我国，教师的使命主要是培养社会主义事业建设者和接班人，提高人民素质。

总的来说，思想政治理论课教师的内涵由以下几点构成：

第一，是从事思想政治理论课教学的教育工作者。

第二，不仅从事教学工作，而且进行思想政治理论课相关领域的科学研究。

第三，其任务是帮助和引导受教育者建立正确的世界观、人生观以及价值观，指导他们进行社会主义实践。

因此，思想政治理论课教师应该是为了培养社会主义合格建设者和接班人，从而帮助和引导受教育者改造主观世界，进而指导他们进行社会主义实践的教育工作者，其主要任务包括教育教学和科学研究两方面。

（二）思想政治理论课教师队伍建设的内容

作为思想政治理论课教学的主要力量，教师队伍建设具有重要意义。总的来说，思想政治理论课教师队伍建设包括以下几个方面：

第一，素质建设。素质建设主要针对教师个人层面来讲，作为思想政治教育教学工作者，达到良好教学效果、顺利完成教学任务的前提是教师工作队伍具有良好的个人素质。这里所说的素质既包括学术水平，还包括政治信念、道德修养，即不仅要有坚定的社会主义理想和信念，还要有良好的道德修养；不仅要有较高的学术理论水平，还要具备优秀的科研能力。因此，高校思想政治理论课教师素质建设应该包括政治信仰建设、道德修养建设、理论水平建设以及科研能力建设四个方面。

第二，组织建设。组织建设主要针对国家社会层面来讲，其主要包括教学建设、科研建设以及政治建设三方面。成立学科教研室、建立和完善各种教师培训机构是思想政治理论课教师队伍建设的主要努力方向。值得注意的是，这里所说的教师培训不仅包括学术科研能力、教学水平的培训，更包括社会主义理想信念的政治类培训。这是思想政治理论课教师队伍建设区别于其他学科教师队伍建设的一个显著特点。

第三，制度建设。提高和完善与思想政治理论课教师队伍建设相关的一系列教学规章制度、教师聘任制度、表彰与激励制度以及考核制度，是思想政治理论课教师队伍制度建设的几个重要方面，是保障教师个人素质全面提高、各项组织建设顺利实施的有力保障。

四、思想政治理论课课程内容、教学方法、教师队伍建设之间的关系

课程内容、教学方法、教师队伍建设是思想政治理论课教学改革的三大

内容，厘清三者之间的关系，对于我们回顾改革开放以来高校思想政治理论课教学改革历程具有重要意义。

第一，思想政治理论课课程内容是思想政治理论课教学改革的核心和基础。思想政治理论课是我国特有的一门课程，鲜明的政治性是其突出特点，而这种突出特点很好地反映在了课程设置上。纵观历次教学改革，我们不难发现，思想政治理论课的课程内容是紧紧按照中国共产党的路线、方针以及政策而设置的。随着我国中国特色社会主义理论的不断完善，思想政治理论课的课程内容也不断地丰盈充实。可以说，思想政治理论课课程中的教学内容，就是中国共产党要求高校大学生应该掌握的内容，是党对人才要求的最基本和最本质的体现。因此，课程内容改革是思想政治理论课教学改革的核心与基础，历次重大思想政治理论课教学改革大都以课程内容改革为切入点进行的。

第二，思想政治理论课教学方法是思想政治理论课教学改革的重要环节。课程内容的改革是为了更好地体现党对大学生培养目标的要求，使思想政治教育更加具有时代感和针对性。而教学方法的改革则是为了使大学生思想政治教育更具有实效性。教学方法的运用是保证教学任务顺利完成的重要措施，教学方法的运用是否得当，直接影响到思想政治理论课教学目标的实现。

第三，思想政治理论课教师队伍建设是思想政治理论课教学改革的关键。教师是学生学习知识的一座桥梁，思想政治理论课教师就是大学生正确树立世界观、人生观、价值观，进而进行社会主义实践的桥梁。教师通过课程内容、运用教学方法传授大学生知识和经验，在大学生思想政治教育中起着至关重要的作用。课程内容通过教师传授得以体现，教学方法通过教师而得以运用。因此，教师队伍不仅是连接学生与知识经验之间的一座桥梁，而且是沟通思想政治理论课课程内容与教学方法之间的一条纽带，教师队伍建设是思想政治理论课教学改革的关键。

理解思想政治理论课课程内容、教学方法、教师队伍建设之间的关系，以课程内容建设为基础，以教学方法创新为重要环节，以教师队伍建设为关键，以加强领导为保障，是全面推进高校思想政治理论课教学工作的重点。

五、高校思想政治理论课教学改革历程回顾

（一）恢复重建阶段（1978—1984 年）

党的十一届三中全会以后，全党的工作重点转移到了社会主义现代化建设上。大学生作为国家未来的社会主义建设者和接班人，其思想政治教育的重要性毋庸置疑。因此，恢复和重建高校思想政治理论课势在必行，刻不容缓。

1. 课程内容改革研究——“56”方案的延续

1978 年，随着高考的恢复以及新生的入学，高校思想政治理论课也恢复正常教学。教育部办公厅在当年印发《关于加强高等学校马列主义理论教育的意见》中就关于马列主义理论课的课程设置给出了明确意见。此后，1980 年 7 月 7 日，教育部印发《改进和加强高等学校马列主义课的试行办法的通知》（以下简称“通知”）。“通知”规定：“根据实践经验和现有条件，在目前，全国高校本科开设中共党史、政治经济学、哲学。文科专业加开国际共产主义运动史，也可以式开科学社会主义”，简称“78”方案。

这一时期，高校思想政治理论课的名称为马列主义课，顾名思义，本阶段的课程内容主要以经典马克思主义课程为主。这样的课程设置与 1956 年 9 月《中华人民共和国教育部关于高等学校政治理论课的规定（试行方案）》（简称“‘56’方案”）中规定的课程内容很相似。“78”方案可以说是“56”方案的历史继承。通过这样的课程学习，可以使学生尽快地理解马克思主义和毛泽东思想，正确树立和坚定大学生的共产主义理想。

总的来说，这一时期高校思想政治理论课建设以恢复和重建正确、科学的马列主义理论课课程为工作重点。

2. 教学方法研究——以单向的“注入式”教学法为主

1978 年，随着高考恢复后第一批大学生入学，我国高校思想政治理论课教学也随之开展。许多理论课教师单纯地实行“从课本到课本”式教学，影响了思想政治理论课的课堂教学效果。

针对教学方法的改进，1984 年 9 月，中共中央宣传部、教育部联合颁发

《关于加强和改进高等院校马列主义理论教育的若干规定》，明确指出，要大力改进教学方法，实行启发式教学，培养学生的独立思考能力，把教学变为师生一起运用马列主义的立场、观点、方法研究和讨论问题的过程，坚决克服“注入式”的教学方法。

这一时期，思想政治理论课教学方法改革的中心任务是使广大教师摆脱思想的束缚，在日常教学中做到理论联系实际，克服“注入式”的教学方法，逐渐变为“启发式”教学。但是，当时这种教学方法的转变并不成功，许多思想政治理论课教师还不能适应“启发式”教学法。以教师为主体的单向“注入式”教学方法很难达到预期的教学目的。

3. 教师队伍建设研究——恢复教师队伍建设

随着我国社会主义现代化建设顺利推进，党和国家深切感受到必须要培养一批政治立场坚定、业务素质过硬的人才。而高校思想政治理论课教师就肩负着将大学生培养成为合格人才的历史使命。

这一时期，全国高校思想政治理论课教师队伍建设面临一系列问题：其一，教师人员不足；其二，教学任务重；其三，授课难度加大。

因此，面对以上困难，为了解决思想政治理论课教师的师资补充和素质提高问题，教育部办公厅颁布了《关于加强高等学校马列主义理论课教育的意见》（以下简称“意见”），通过调回原调离教学岗位的教师、恢复马列主义理论课教研室、恢复中国人民大学培养理论课教师等措施来着力解决教师问题。

另外，“意见”中首次规定了大型理工科院校1∶80、文科院校1∶60（随后又改为理工科院校1∶100、文科院校1∶80）的思想政治理论课师生比例。随后，又进一步对小型院校教师数量提出要求，即每门课要至少保证配备三名理论课教师。

总的来说，初步解决高校思想政治理论课因复课而带来的教师人员紧缺问题，是这一时期理论课教师队伍建设的中心工作。这样做在一定程度上缓解了当时所面临的困难，确保了理论课的正常教学，并为今后的思想政治理论课教师队伍稳定增长奠定了基础。但是，理论课教师的教师素质亟待提高、教师年龄老化、教师管理制度进一步完善等进一步的问题未得到充分解决。

（二）规范充实阶段（1985—1997 年）

自“78”方案实施以来，通过党和国家的领导与支持，以及全国各级教育组织、各个高校的不懈努力，我国高校思想政治理论课课程得到了全面的恢复和稳定的发展。然而，随着党的工作重心转移到“以经济建设为中心”以及全面施行改革开放政策、市场经济体制逐渐取代计划经济体制，以“56”方案为蓝本的“78”方案教学内容、以“灌输式”为主的教学方法以及亟待解决的教师队伍建设问题，都决定了高校思想政治理论课需要进行进一步的教学改革。

首先，我国实行改革开放政策，西方资产阶级的一些不良思想不可避免地进入我国，影响着一部分人的世界观、人生观和价值观，动摇了他们的社会主义信念。由于大学生还处于成长阶段，世界观、人生观和价值观尚未形成，易受到影响，因此，必须进一步巩固和加强高校大学生的思想政治理论教育。为了适应新的形势，作为大学生思想政治教育的主渠道、主阵地，高校思想政治理论课需要进行进一步的教学改革。

其次，在新时期下，陈旧的教学内容以及以“灌输式”为主的教学方法已经很难满足学生的需求。“78”方案的教学内容是以经典马克思主义为主，缺乏对新时期党的一系列最新方针政策的表述与阐释。高校思想政治理论课教师也仅仅是照本宣科，所教授内容既枯燥无味，又不能很好地解释现实中所发生的事件以及问题。在这种情况下，学生逐渐对思想政治理论课失去兴趣，因此，高校思想政治理论课课程的内容以及教学方法都需要改革。

最后，高校思想政治理论课教师的个人素质、教师队伍的组织建设以及制度建设有待加强。“78”方案实行期间，教师队伍建设的重点是解决因复课而带来的教师数量紧缺问题。但是，随着思想政治理论课教师队伍人员紧缺状况得到一定程度的缓解，教师政治信仰坚定与否、年龄老化、业务水平有待提升、工作生活待遇普遍偏低等问题也日益显现。因此，教师队伍建设有待进一步加强。

1. 课程内容改革研究——“两课”体系形成

（1）“两课”体系的初步建立时期（1985—1992 年）

1985 年 8 月中共中央颁布《关于改革学校思想品德和政治理论课课程教

学的通知》（以下简称“通知”），标志着“85”方案的正式出台。随后，高校思想政治理论课教学改革正式开始。在“通知”中，针对新时期高校思想政治理论课的课程内容以及开设课程的目的，做出了具体的规定，对学生进行历史教育，以中国革命史为主要教学内容，从而达到让学生从历史的逻辑中了解中国选择中国共产党、选择走社会主义道路，是历史的必然；让学生学习马克思主义基本理论，学会用马克思主义的基本观点来认识问题、分析问题，掌握辨别各种错误思潮的能力；在中国社会主义建设、改革时期的理论进行学习，掌握实际知识，增强学生对我国社会主义建设的责任感、使命感。

1987 年 10 月 20 日，国家教育委员会颁布《关于高等学校思想教育课程建设的意见》，明确指出，根据新时期对思想教育提出的要求和高等学校学生的实际情况，现规定设置如下五门课程：“形势与政策”“法律基础”两门为必修课，“大学生思想修养”“人生哲理”“职业道德”三门课程可因校制宜有选择地开设。

以上这两个文件的颁布与实施，标志着高校“两课”（马克思主义理论课和思想政治教育课）体系的初步建立。

此次思想政治理论课课程内容改革共涉及马克思主义理论和思想品德教育两大方面。马克思主义理论课课程建设方面，首先，“85”方案把“政治经济学”“哲学”“国际共产主义运动史”合并为“马克思主义理论”一门课程。新的“马克思主义理论”课程内容以马克思主义哲学为基础，从辩证唯物主义和历史唯物主义的角度介绍世界的本源以及人类社会发展的一般规律，进而分析资本主义的本质，揭示其必然灭亡的原因，为社会主义制度取代资本主义制度提供科学的理论依据；随后，分析为什么社会主义国家会首先在落后国家建立政权；最后，揭示社会主义的本质以及对社会主义制度未来的发展前景进行展望。这样的内容设计，既包含了“78”方案中“政治经济学”“哲学”“国际共产主义运动史”三门课程的主要内容，又增强了这一课程的内在逻辑性，更有利于实现这一课程的教学目的。另外，把“中共党史”课程拆分为“中国革命史”和“中国社会主义”两门课程，既弥补了原有课程中所缺少的中国近代史内容，又增加了新时期下我国社会主义建设的新内容；既有利于学生了解为什么近代人民最终选择了中国共产党，也便于学生掌握十一届三中全会以来党的最新理论、方针以及政策。

在思想品德课建设方面，取消原有的“共产主义品德课”课程，增开“形势与政策”“法律基础”“大学生思想修养”“人生哲理”以及“职业道德”五门课程。随着我国计划经济体制逐渐向市场经济体制转变，社会上原有的资源配置方式发生转变。这种资源配置方式的转变潜移默化地影响和改变着人们的生活方式，进而改变人们的思维方式。虽然这种思维上的转变会激发个人潜力，塑造人的独立精神，引导人们脚踏实地地工作，但是，这种思维方式的转变同时也会造成个人主义、实用主义以及拜金主义等与社会主义核心价值观相违背的负面思想的产生。在这种情况下，仅仅一门“共产主义品德课”已经不能满足新时期对于塑造大学生优秀品德的需求。因此，关于思想品德方面的新五门课程应运而生。思想品德教育课程由一门发展为多门，丰富了教学内容，符合当时所提出的精神文明建设的要求。

（2）“两课”体系的逐步完善时期（1992—1997 年）

1992 年，我国的改革开放和社会主义现代化建设事业进入了新的发展阶段。

中共十四大确立了邓小平建设有中国特色社会主义理论在全党的指导地位，这一理论集中反映了改革开放新时期中国社会发展的客观规律，体现了人民的意志，是继毛泽东思想之后，马克思主义中国化的又一理论成果。因此，此次马克思主义理论课教学改革内容的中心就是如何把建设有中国特色社会主义理论渗透到日常教学当中，如何有效地武装广大青年学生的头脑。

面对新形势下出现的新问题，1992 年 9 月，国家教委思政司组织召开“高校思想政治教育课程教学改革与建设研讨会”，1993 年 6 月国家教委思政司又召开“新形势下高校思想政治教育课程建设座谈会”，通过这两次会议，把原有的“大学生思想修养”“人生哲理”两门课程合并为“思想道德修养”课程。与此同时，第一次把思想品德教育课与马克思主义理论课一起称为高校思想政治教育的“主渠道、主阵地”，提升了思想品德教育课程的地位，以便更好地引导青年大学生树立正确的世界观、人生观和价值观。

综上所述，坚持理论联系实际、提高教学改革的针对性，是这一时期高校思想政治理论课教学内容改革的最大特点。“85”方案的出台，从一定程度上缓解了过去思想政治理论课教学内容陈旧、理论脱离实际的问题，为新时期下思想政治理论课教学内容注入了新鲜血液，使思想政治理论课在教学效果上有了一定程度的提高。

这一时期全国高校思想政治理论课课程教学内容改革总的成就可以概括为三点：第一，推陈出新，规范“两课”课程设置，充实教学内容。在马克思主义理论课课程中，剔除了以往错误、陈旧、僵硬、老套的一些教学内容，调整了“78”方案中与中学思想政治教育课相重复的内容，增加了关于中国特色社会主义理论的新内容。同时，思想品德教育课课程科目由原来的一门增加到三门，既丰富了教学内容，又完善了课程体系。第二，以邓小平同志建设有中国特色的社会主义理论为中心内容，全面深化马克思主义理论课课程教学内容。第三，提高了思想品德教育课的课程地位，第一次把思想品德教育课摆在与马克思主义理论课同等地位，同时作为高校思想政治教育的“主渠道、主阵地”，形成了高校思想政治教育“两课”的基本格局。

但是，这一时期“两课”的课程改革还存在一系列问题。首先，课程内容稍显拖沓，课时总量相对较长，在一定程度上影响了教学效果；其次，虽然一些试点院校在探索以有中国特色社会主义理论为教学改革主要目标的实践教学中取得了一系列可喜的成绩，获得了宝贵的经验，但是，邓小平同志建设有中国特色社会主义理论并没有在大多数高校的“两课”课程设置上得到系统的体现，中国特色社会主义理论在之后的教学实践中的地位有待进一步加强。

2. 教学方法研究——开始注重双向“互动式”教学

在这一时期，“满堂灌”的教学方法在高校思想政治理论课日常教学当中依旧占据主要地位，课程内容陈旧、僵化等因素都导致青年学生对高校思想政治理论课产生抵触情绪。正是在这种情况下，高校思想政治理论课教学改革正式启动。作为教学改革中的重要环节，教学方法改革是历次改革的重点。针对当时思想政治理论课在教学方法上所出现的问题，1985 年 8 月 1 日中共中央颁布《关于改革学校思想品德和政治理论课课程教学的通知》，明确指出，要改变注入式的教学方法，尽量实行启发式的教学方法。1991 年 8 月 3

日国家教育委员会颁布的《关于加强和改进高等学校马克思主义理论教育的若干意见》中提到，要努力改进教学方法，把提高教学实效性这一方针贯穿于教学活动中的各个环节。在1995年10月24日国家教育委员会关于印发《关于高校马克思主义理论课和思想品德课教学改革的若干意见》的通知中更是对改进思想政治理论课教学方法提出了具体建议，即要在“丰富教学环节，活跃课堂气氛，启发学生思考”的原则下，指导学生阅读重要原著，精心设计和组织课堂讨论；要配合教学组织必要的参观；鼓励和组织教师展开课外教学；充分利用、结合影视资料，展开电化教学等。

由于教学理念有待转变、师资力量有待加强、教学设备有待完善等一系列问题的制约，这一时期“两课”教学方法改革仍以纯粹的单向“注入式”教学法向双向互动的“启发式”“参与式”教学法转变，而且这种转变也没有得到全面落实。高校思想政治理论课的性质本身就决定了其教学方法多样性和发展性，多种教学方法相结合的教学理念还远远没有做到推广和普及。

3. 教师队伍建设研究——开始着手制度建设

教师是高校思想政治理论课教学改革的关键。经过几年的恢复和努力，思想政治理论课教师队伍的状况出现不同程度的好转，但是其所面临的问题依旧严峻，表现为教师数量不足、年龄结构老化、知识更新较慢等。为此，党和国家先后出台一系列规定和措施来解决思想政治理论课教师队伍的建设问题，显著的特征之一是开始着手教师队伍的制度建设。

在组织、制度建设方面，第一，选拔与思想政治理论课所授课程相似或相关的大学本科、研究生优秀毕业生，以充实政治理论课教师队伍；扩大与马克思主义理论课相关专业学生的培养规模，适当放松高校思想政治理论课教师的编制，以确保教师队伍的稳定与提高；第二，提高教师待遇与科研教学资金投入，保证“两课”教师的待遇达到或高于全校教师平均水平，提高教师队伍科研与教学的资金预算比例。

与恢复重建时期相比，这一时期的高校思想政治理论课教师队伍建设主要有以下三大特点：

第一，重视社会实践的作用。

第二，提出建立新师资培训基地的构想。

第三，更加重视教研室建设。

这一时期的高校思想政治理论课教师队伍建设是卓有成效的。通过一系列的措施，教师队伍人员数量基本满足了思想政治理论课的教学需求，教师的业务水平和自身素质得到明显提高，教师队伍培训工作得以实施，教师待遇也有了一定提高。但是，这一时期并没有建立一套完善的思想政治理论课教师培养选拔和管理机制，同时，思想政治理论课教师队伍的学风建设也有待加强。这些问题都有待于通过新一轮的思想政治理论课教学改革来解决。

（三）全面加强阶段（1998—2004 年）

1997 年，中共十五大把邓小平理论确立为党的指导思想，同马克思列宁主义、毛泽东思想一同作为中国共产党的行动指南。这对我国即将跨入 21 世纪，进一步建设中国特色社会主义具有重大意义。因此，把邓小平理论列入我国高校思想政治理论课教学内容，既是其课程本质的要求，也是历史的必然。对我国高校思想政治理论课建设具有重大意义。

1. 课程内容改革研究——“邓小平理论概论”的开设

1998 年 4 月，中共中央宣传部、教育部发出《关于普通学校开设“邓小平理论概论”课的通知》，指出，普通高校都要以“中国社会主义建设”课程为基础，开设邓小平理论概论课。同年 6 月，《关于普通高等学校“两课”课程设置的规定及其实施工作的意见》对高校“两课”的课程设置做出了重要规定，标志着“98”方案的正式确立，新一轮高校思想政治理论课课程改革正式启动。

相对于 1992—1997 年的“两课方案”新的“98”方案中，用“邓小平理论概论”课程代替原来的“中国特色社会主义建设”课程；把原来的“马克思主义基本原理”课程细化，分设“马克思主义哲学原理”“马克思主义政治经济学原理”两门课程；去掉“中国革命史论”，增开“毛泽东思想概论”。“98”方案的课程设置一共分为三大知识结构：第一，以“马克思主义政治经济学原理”“马克思主义哲学原理”为基本内容的马克思主义基本原理部分；第二，以“毛泽东思想概论”“邓小平理论概论”为主的马克思主义中国化理论部分；第三，运用马克思主义的基本原理、观点和方法，以“思想道德修养”和“法律基础”为基础的，帮助大学生认识客观世界、改造主观世界的课程。

相比于“85”方案，“98”方案的最大特点就是增开“邓小平理论概论”这门课程，这既反映出“两课”教学内容与时俱进的特点，也是“两课”教学目标的要求。

“98”方案的课程内容承接了“85”方案以及92年“两课”格局形成的课程内容，在其基础上重点突出了中国特色社会主义理论，即邓小平理论以及随后提出的“三个代表”重要思想，同时，为以后“05”方案所形成的基本格局奠定基础。“98”方案也存在一些弊端：首先，与“85”方案相比，“98”方案的课时总量虽然相对减少，但是仍然较长，课程内容依旧可以精简；其次，把“马克思主义基本原理”课程拆分为“马克思主义哲学原理”以及“马克思主义政治经济学原理”两门课程，不利于学生从整体上把握马克思主义基本原理的内在逻辑结构。

2. 教学方法研究——教师组“专题式”教学法的提倡

教学方法改革作为“两课”教学改革的重要环节，在“98”方案实施的过程中发挥着重要作用。

1998年4月，中共中央宣传部、教育部发出《关于普通学校开设“邓小平理论概论”课的通知》，对改进教学方法作出要求，明确提出了要坚持理论联系实际，采取阅读原著、授课、研讨相结合的教学方法，开展专题讲座、观看纪录片等辅助性教学方式，培养学生学习、思考、研究的能力。

3. 教师队伍建设研究——制度不断完善

长久以来，高校思想政治理论课教师队伍建设一直存在教师个人业务素质有待加强、聘任选拔机制有待进一步完善等问题。在这一时期，国家对高校思想政治理论课教师队伍建设采取了一系列措施，特别是制度建设，为将来其不断发展奠定了坚实的基础。

2004年《中共中央、国务院关于进一步加强和改进大学生思想政治教育的意见》中，更加明确地对思想政治理论课教师队伍制度建设提出四点意见：第一，要完善大学生思想政治教育工作队伍的选拔、培养和管理机制；第二，建立思想政治教育人才培养基地，选拔推荐一批从事思想政治教育的骨干进一步深造；第三，要建立完善大学生思想政治教育专职队伍的激励和保障机制，完善思想政治教育队伍的专业职务系列，解决好他们的职务聘任问题；第四，建立专项评优奖励制度。

相比于“85”方案实施时期，这一时期的高校思想政治理论课教师队伍建设涉及内容更广泛，实施面更广，相关政策、制度逐渐确立并不断完善，有效地提高了“两课”教师的道德素养、业务水平、科研能力。《中华人民共和国教师法》等一系列相关法律及政策的出台，为“两课”教师提供了有效的法律保障及制度保障，维护了“两课”教师应得的权益，为今后高校思想政治理论课教师专业化队伍建设奠定了坚实的基础。

（四）完善创新阶段（2005 年至今）

进入 21 世纪以来，国际局势纷繁多样，世界经济一体化、政治多极化以及文化多元化，国与国之间的综合国力竞争日趋激烈，各种思潮、文化元素相互交锋。互联网的兴起，使人们能够接触更多的思想、文化的同时，也在选择树立正确的世界观、人生观以及价值观方面陷入矛盾。在长期发展中，我国社会的经济结构、分配方式、就业种类日趋多样化，这种社会格局的变化必然会带来人们思想意识的进一步变化，人们的思维方式日益呈现出独立化、多样化、多变化等特点。为了确保顺利实现中华民族的伟大复兴，需要进一步加强公民的思想政治教育工作。

改革开放以来，我国大学生的人数呈现逐年上升趋势，高等教育逐步普及。随着信息科技时代的来临，互联网已经成为大学生接收信息的主要渠道之一，海量网络信息对大学生思想政治教育来说，既是机遇，又是挑战。大学生接受新事物的能力往往较强，虽然互联网有助于大学生“坐在屋里看世界”，扩宽他们的视野，发散他们的思维方式，但是也容易使他们受到西方不良文化侵蚀，腐朽他们的思想。因此，必须进一步加强大学生思想政治教育。

随着“科学发展观”等新的党的指导思想的提出，中国特色社会主义理论体系不断发展和完善，另外，马克思主义理论一级学科的建立要求高校思想政治理论课的教学研究更加注重内在的整体性和统一性，这些都要求高校对旧的思想政治理论课课程内容进行进一步补充、整合和完善。以上种种原因，都要求高校思想政治理论课进行新一轮的教学改革。

1. 课程内容改革研究——更加突出整体性和逻辑性

2005 年 2 月 7 日中共中央宣传部、教育部提出《关于进一步加强和改进高等学校思想政治理论课的意见》，同年 3 月 9 日中共中央宣传部、教育部《〈中共中央宣传部、教育部关于进一步加强和改进高等学校思想政治理论的意见〉实施方案》的颁布，标志着“05”方案正式出台，高校思想政治理论课新一轮教学改革拉开帷幕。

“05”方案把“98”方案中原有的七门课程进行合并，形成四门必修课程。把原来的“马克思主义哲学原理”“马克思主义政治经济学原理”两门课程合并为“马克思主义基本原理概论”；“毛泽东思想”与“邓小平理论和‘三个代表’重要思想”合并为“毛泽东思想和中国特色社会主义理论体系概论”；“思想道德修养”与“法律基础”合并为“思想道德修养与法律基础”；增设“中国近代史纲要”。

从课程设置上看，“05”方案实际在一定程度上是对“98”方案的补充与继承，更加注重教学内容的逻辑整体性和内在统一性。

与前几次方案相比，“05”方案具有一些新的特点：

第一，“马克思主义基本原理概论”课程内容突出了马克思主义的整体性。

第二，“中国近代史纲要”课程内容突出了历史的连贯性。

第三，“毛泽东思想和中国特色社会主义理论体系概论”课程突出了马克思主义中国化的两大理论成果。

第四，“思想道德修养与法律基础”课程突出了知识性与意识形态性的统一。

“05”方案从课程数目上来看，由“98”方案中的七门减少到四门。虽然课程总量减少了，但是课程的设置更加注重课程内部的整体性逻辑关系以及课程与课程之间的联系。与此同时，更加突出了教学内容的时代性，把与时代紧密联系的理论、知识点融入教学内容当中，符合新时期下高校思想政治教育人才培养的要求。

2. 教学方法研究——教学方法多样化

与“85”方案和“98”方案相比，“05”方案对高校思想政治理论课教学方法提出了较为详细的指导性意见。第一，树立以教师为主导、学生为主体的教学理念；第二，采用贴近生活、符合学生特点、灵活多样的教学方法增加教学实效性；第三，提倡利用现代化教学手段进行教学，鼓励运用多媒体和互联网教学；第四，鼓励大班讲授为主、小班辅导为辅的教学方式；第五，建立教学资料数据库，实现资源共享；第六，加强实践性教学；第七，改进和完善考试方法。

3. 教师队伍建设研究——专业化队伍建设

2005 年 2 月，中共中央宣传部、教育部出台《关于进一步加强和改进高等学校思想政治理论课的意见》，标志着我国高校思想政治理论课教师队伍建设开始进入专业化发展阶段。

在教师队伍建设方面，“05”方案突出表现为两大特点：第一，出台了思想政治理论课教师队伍建设标准，从教师的政治要求、教师选配的学历和师生比例、培养培训人员要求和时间安排、职务评聘原则和依据以及经济待遇规定和表彰评优比例六大方面，进行了系统的规定。这在思想政治理论课教师队伍建设史上还是第一次。第二，出台 2013—2017 年《普通高等学校思想政治理论课教师队伍培养规划》，通过培训计划、项目资助计划以及宣传推广计划三大板块，从实施年份、培养人才数目、培养计划目标等方面，对教师队伍培养规定了详细的培养途径和具体的措施。

这一时期的高校思想政治理论课教师队伍建设改革的力度是改革开放以来最大的一次。改革涉及教师师德建设、业务培训、选聘配备、表彰奖励等一系列内容，并相应地出台了一些措施，使高校思想政治理论课教师队伍思想道德业务水平、科研能力都有了极大的提升，逐渐成为一支专业化的教师队伍。

第二节　高校思想政治理论课改革与创新的必要性

一、课程总体接受程度有待提高

（一）大学生对思想政治理论课的喜好情况及影响因素分析

就喜好程度而言，大学生对思想政治理论课的总体喜好程度不高且有差异性；就课程倾向而言，大学生对关注史实和大学生活实际的课程更加青睐，而对侧重抽象原理的课程兴趣不大；就影响因素而言，教师的教学水平和教学风格是决定学生课程喜好程度和学习态度的第一要素。因此，进行教学模式变革，增强教学的针对性、趣味性和吸引力，是激发学生思想政治理论课学习热情的关键。

1. 大学生对思想政治理论课的总体喜好程度偏低且有差异性

不同年级、系科、生源地的学生对思想政治理论课的喜好有一定差异，表现在：低年级学生对思想政治理论课的喜好程度相对较高，而高年级学生对思想政治理论课的喜好程度相对较低，大四年级最低；文法艺术和经管类的学生对思想政治理论课的喜好程度较高，而理工科尤其理科专业学生对思想政治理论课的喜好程度更低；农村生源学生对思想政治理论课的喜好程度较高，而城镇生源的学生对思想政治理论课喜好程度较低。

造成上述现象的原因，我们分析认为，低年级学生由于刚刚进入大学，对大学教育的期待更高，因而“爱屋及乌”，对首先接触到的思想政治理论课喜好程度也较高。然而，随着大学学习生活的不断丰富和对思想政治理论课教学的了解逐步加深，其最初的新奇、期待不断衰减，对思想政治理论课的热情也随之消减，加上理论性过强的教学内容、刚性统一的教学安排和方法与学生的自主学习需求之间出现越来越大的冲突，因而喜好程度出现一定趋势的下降。理工科的学生更愿意学习逻辑推理知识，更适应推演、论证、计算之类的学习方式，而思想政治理论课的学习内容和方式却与之有一定差异。不同学科知识的特性，决定了理工科学生对思想政治理论课的喜好程度低于其他专业学生。至于不同生源学生对思想政治理论课喜好程度的差异则可能有两方面因素：一是城镇生源学生接触面更广，其对学习的要求更高，因此，容易形成对思想政治理论课教学的不满足；二是由于城镇生源学生从小接受的教育更加开放，其个人主见更强，也更敢于表达真实感受，因此，主观上更容易直接表达个性，而农村生源学生则由于受到一些观念的束缚，不太敢于表达自身的不满，或者会对这种不满有所掩饰和“软化”。

2. 大学生青睐的课程有差异

大学生对关注史实和大学生活实际的课程更加青睐，而对侧重抽象原理阐述的课程兴趣不大。

3. 教师的教学水平和教学风格影响大学生对课程的喜好程度

教师的教学水平和教学风格是决定大学生对课程喜好程度和学习态度的重要因素。

（二）高校思想政治理论课教学模式变革的教学策略

基于学生对思想政治理论课的喜好情况及影响因素分析，我们认为，高校思想政治理论课教学模式变革具有必要性，其可以采取的教学策略主要包括：

1. 增强教学的针对性

充分关注和尊重学生的差异性，针对不同生源地的学生，关注他们的思想动态，开展丰富多彩、卓有成效的思想政治理论课教学辅助和研讨活动，以此激发学生对思想政治理论课的热情和喜爱。针对不同年级、不同专业的学生进行不同侧重点的教学，满足差异化要求。尤其是针对理工科大学生思想政治理论课教学喜好程度较低的情况，要加强专业认证和评估。

2. 增强教学的趣味性

严格按照贴近学生、贴近生活、贴近实际的“三贴近”原则组织和安排教学，使思想政治理论课教学更接地气，更受学生欢迎和青睐，对一些原理性、概论性课程，应将抽象的原理形象化、具体化，使其深入浅出、通俗易懂。

3. 增强教学的吸引力

加强教师个人教学能力和修养，不断提高教学技艺和魅力，是增强思想政治理论课教学吸引力的关键因素。教学内容的丰富与深刻性也是影响学生思想政治理论课喜好程度和学习态度的重要因素。学生对学习成绩的易得性的关注，表明在当前大学生的学习行为中，功利主义是不得不引起重视的现象，高校应对此加以正确引导，以帮助大学生在顺利完成大学学业的同时，实现人格的完善和正确人生观、价值观、世界观的树立。

二、课程教学效果提升尚有空间

与相对较低的喜好程度相比，大学生对思想政治理论课教学效果的评价更加积极乐观且有一定差异，学生对思想政治理论课的喜好与教学效果的认可之间存在较大的关联性。思想政治理论课教学的改进空间很大，改革与创新任务迫切，改革与创新的重点仍在于激发学生的学习热情和兴趣，提高教学效果。

因此，我们需要采取的教学策略仍在于激发学生对课程学习的兴趣和热情，同时采取有效措施提高课堂教学的效果。

三、网络教学阵地值得密切关注

网络是大学生生活和学习重要而不可或缺的阵地，学生的上网习惯具有一定规律，上网目的多元且具有明显的兴趣主导性。抓住网络教学阵地，充分利用大学生网络学习的特点开展网络思想政治教育，是提升思想政治理论课教学效果的重要方法。

四、师生的信息化素养需要增强

与网络对大学生学习生活的全面渗透相比，网络对思想政治教育的影响还远未深入，学生主动接受网络思想政治教育的积极性不高，教师运用信息技术的手段和信息化素养还有待增强，思想政治理论课信息化教学改革与创新迫在眉睫。

在课外，教师运用信息技术的手段主要包括学校网络教学平台，E－mail、QQ、微博、微信等社交平台，而所有手段中网络教学平台是使用频率较高的一种手段，这一调查对教学模式变革具有很重要的指导意义。信息技术与教学的融合，需要学校的宏观设计和指导，需要学校搭建功能齐备的网络教学平台，提供相应的技术和政策支持，以一种有计划、有组织、有策略的方式予以推进。可见，基于信息技术的高校思想政治理论课教学模式变革，是一个系统工程，需要认真研究和规划。

五、课程的系统变革是必然选择

学生对网络思想政治教育理论课课程的选择沿袭着“质量至上”主义，在线教学与传统教学结合的教学方式最为学生所推崇，移动学习是学习改革与创新的大势所趋，弹性的学习、灵活的考试以及充分的资源是信息化教学模式的存在之基和魅力之源，综合而系统的变革是高校思想政治理论课教学的必然选择。

第三节 高校思想政治理论课教学现状

大学生是未来世界的主人，高校有责任培养大学生的爱国主义精神和民族精神。高校思想政治理论课以学生的理念教育为中心，通过有效地组织课堂教学内容，引导学生形成正确的人生观和价值观。在思想政治理论课教学过程中，不断引导学生进行全面发展，深入进行素质教育是对大学生进行思想政治教育的主渠道，关乎国家的希望和民族的未来。然而，目前高校思想政治理论课的针对性和实效性，受到各种复杂因素的制约，既有历时性的中小学时期思想政治教育的影响，也有共时性的家庭和社会的作用。

随着高校的扩招，高校思想政治理论课教学普遍采用大班教学的形式，如何保证教学质量成为当前研究的一个热点。本节旨在分析高校思想政治理论课教学现状，发现教学中存在的一系列现实问题。

一、教学现状

我国高校 1999 年全面扩招以来，在校生规模迅速扩大。扩招的直接后果是高校公共基础课程面临着极大的压力，为了缓解教学资源和高校基础课的现实矛盾，高校大多选择进行大班教学，思想政治理论课也是如此。对思想政治理论课采用这种大班教学的组织形式，大规模地面向学生教学，对于实现教学的高速度、高效率等方面有其独到的优越性。思想政治理论课通过大班教学，有效地解决了高校教与学的矛盾，不仅提高了教学效率，而且提高了学校的办学效益。但是在实际教学过程中，随着班级规模的扩大，课堂教学质量问题日益突出，思想政治理论课教师也感到了教学压力，在教学中往往感到力不从心。

二、面临的挑战

随着全球信息化进程的不断深入，人们之间的交往越来越频繁化和快捷化，各种各样的信息对当代大学生思想意识的影响是全方位的。以互联网为代表的新兴媒体，已经成为各种社会思潮、各种利益诉求的集散地，对大学生思想观念和行为方式的影响越来越强烈。

有学者认为，智能手机的普及以及移动网络覆盖面积的扩大，极大地方便了当代大学生信息的选择和获取。网络信息的传播具有相互性、离散性、立体性的特点，大学生面临的大量纷繁复杂的信息，也对思想政治理论课教学提出了严峻的挑战。在新形势下，如何进一步改进大学思想政治理论课的教学，值得认真思考。

三、存在的问题

现阶段，高校思想政治理论课存在着班级规模偏大、教学质量难以保证的问题，并由此产生了一系列的附带问题。

（一）教学秩序方面

教室的空间资源是固定的，班级规模过大，就意味着单位空间内人口数量过多，空间拥挤使学生产生烦躁、压抑等不良情绪，从而影响他们的心理状态，无法集中精力认真听课，容易出现注意力不集中、私下说话以及其他一些影响课堂秩序的行为。而由于目标范围过大，教师管理范围有限，难以确定扰乱课堂秩序行为人，致使行为人无法受到应有的制止和惩罚，从而陷入一个恶性循环，导致课堂秩序较为混乱，纪律涣散，影响了教学的运行和教学的效果。为了不影响其他同学听课，即使有一些同学违反课堂纪律，教师往往也会视情况而定，若影响范围较小就不予计较，一定程度上降低了课堂教学效果。

（二）教学运行方面

班级规模过大容易产生“责任分散效应”，且我国高校一般对专业课实行小班教学，而公共课为大班教学，这种课堂组织形式会给学生一种“重要的课程小班上，不重要的课程大班上”的心理暗示，使学生在主观上形成“公共课”不重要的错误认知倾向，从而降低学习思想政治理论课的热情和主动性。

大班教学的学生来自不同的院系、不同的专业，既有文科生也有理科生，致使教师所面对的授课对象呈现出很强的异质性，由于在中学阶段实行文理分科教学，大学阶段文理科学生的政治理论基础存在着较大的差异，在政治理论方面对文科生和理科生有着不同的诉求，而大班教学对这种差异则束手无策，无法满足学生的差异性需求，难以做到因材施教，偏离了思想政治理论课教育的初衷。

与一般的专业课相比，思想政治理论课有其独特的教学目的，那就是对学生进行思想的教育。离开了学生的参与和师生的互动，单靠教师在课堂上理论说教，很难使学生深入理解政治理论和思想理念。虽然一些教师在讲授有关概念和原理时，常常也会举出一些例子加以说明、解释和印证，但是这种方法不能完全激发学生的学习兴趣。

同时，在大班授课过程中，学生人数的增加，相对而言降低了学生的课堂参与度，增大了师生互动的难度。在课堂上，师生互动和学生参与最主要的方式是课堂讨论与课堂提问，由于提问的次数有限，在大班教学中学生被提问到的概率很低，无法促使学生去主动思考问题，没有起到提问应有的作用。课堂讨论方面，班级人数越多组织讨论的难度就越大，讨论的效果也受到了影响。

（三）教学考核方面

在教学考核方面，公共思想政治理论课普遍采用闭卷考试形式，其成绩的评定是考试成绩占 70%，平时成绩占 30%，前者属于“结果考核”，后者属于“过程考核”。“过程考核”最主要的方式是随机考勤，但由于大班学生人数众多，点名会过多地占用课堂教学时间，影响教学任务的完成，因此，在实际教学过程中，许多教师并不经常点名，教师难以做到对每名学生都很熟悉，考核的目标难以实现。

第四节 高校思想政治理论课改革与创新的基本原则

时代的变迁和社会的发展，对高校思想政治理论课教学提出了更高的要求，作为我国高校思想政治教育的主渠道、主阵地，思想政治理论课不能任意地、无序地、随意地改革，要根据教学要求、结合学科自身特点制定出一系列改革原则，从而进行系统性、整体性、持续性的改革。

一、坚持共性与兼顾个性相结合原则

共性是事物的一般属性，个性是事物的个别属性，二者是有机统一的。思想政治理论课与其他学科相比，其共性要大于个性：统一的教学目标、统一的教材、统一的教学进度，甚至一些高校还会出现同样的课时安排、同样的考核方式。这些共性有效地确保了教学活动朝着既定的教学目标有序推进，但是，过于强调共性而忽视个性的存在，就会出现教学内容死板、僵化，教学方法千篇一律的现象，严重影响教学效果。而从一些思想政治理论课教学改革成功的案例中我们可以得出结论：坚持思想政治理论课的共性，同时兼顾各个地区、各个高校以及不同学生的特点进行教学改革，能够有效提高课程的亲和力，往往能取得良好的教学效果。

以国家统一编制的课程教材为基础，坚持共同的人才培养目标，以马克思主义的观点进行教学，是全国高校思想政治理论课教学改革都必须坚持和遵守的原则，坚持这一共性是兼顾其他个性的基础。

在实际教学过程中，由于受到教学环境客观因素的影响，教学活动是在特定的地区、学校针对不同学生而进行的，往往是具体的，而非抽象的。因此，思想政治理论课应该在坚持共性要求下，结合地区历史文化特色、学校办学特色以及学生的自身特点来进行教学，这样既有利于国家统一的教学要求得到满足，又能避免千篇一律局面的形成。在兼顾个性方面，应该做到以下三点：

（一）注重结合地方特色

地方特色是某一地区在长期的历史发展过程中形成的特有的自然特点和历史文化特色。中国地域辽阔，形成了各种各样的地方特色。通过游览本地区的自然景观，可以增加学生的爱国热情以及树立为建设家乡而奋斗的远大理想；通过了解地区历史、文化，走访红色教育基地，通过老一辈革命前辈讲述革命故事，结合当下地区建设所取得的成就，增强学生对中国特色社会主义的道路自信、制度自信、理论自信和文化自信。充分利用地方特色教育资源，补充教学内容、扩展教学空间、完善和改进教学方法、加强实践教学，从而达到增强教学效果的目的。

（二）注重结合学校特色

按照学科分类，中国的大学分为综合类、理工类、农林类、医学类、师范类、财经类、政法类、语言类、艺术类、体育类、民族类等类型。虽然，不同类型大学的办学特色，培养专业人才的方式、方法、方向以及教学理念都不尽相同，但是为我国培养合格的社会主义人才是全国高校的共同目标。因此，坚持为国家培养合格社会主义人才的总目标，充分结合高校自身特色，是建设具有自身特色思想政治理论课的重要原则。各高校蕴含着丰富的德育教育资源、人文资源、科技资源、艺术资源，如何有效利用这些资源，把它们有效地贯穿于课堂教学以及实践教学当中，是未来高校思想政治理论课教学改革的一大方向。

（三）注重结合学生特点

学生是教师主导下思想政治理论课教学的主体，了解和把握学生的特点，是思想政治理论课教学改革的又一重点。大学生生源的地域差异、所学专业的学科差异以及人生经历的差异会导致大学生认知结构、情感结构、价值结构和道德结构的不同。因材施教是我国一直推崇并遵循的教育理念，在思想政治理论课教学当中同样需要秉持这种教育理念。在教材体系向教学体系的转化过程中，具体分析学生自身特点，在坚持课程标准和教学实效性的前提下，处理好教学内容与教学课时的标准与适应问题、授课内容的深与浅问题、推理逻辑与使用案例情理交融的问题、以理服人和以情感人的程度问题，等等。

二、坚持经典与改革创新相结合原则

经典的事物具有权威性、典范性，经得起时间的考验；创新的事物具有发展性、潜力性，是时代发展的必然。坚持经典，是事物发展的基石；改革创新，是事物发展的动力。只有坚持经典，才能保证有效地改革创新；只有坚持改革创新，才能永葆生机活力。思想政治理论课教学改革特别是教学内容和教学方法方面，应该遵循坚持经典与改革创新相结合的原则，确保教材体系向教学体系的有序转化。

在教学内容改革方面，坚持经典与改革创新相结合的原则，首先，要坚持教学内容的经典。目前，我国高校思想政治理论课大致分为三类课程：一是由马克思恩格斯创立的经典马克思主义为基本内容的课程，成功地指导着世界无产阶级革命；二是以中国化的马克思主义为主要内容的课程，是我国革命和建设时期的指导思想，是经得起历史考验的科学理论；三是帮助大学生以马克思主义认知客观世界和改造主观世界为主要内容的课程。包括思想道德修养与法律基础、当代世界政治与经济以及形势与政策三个方面，是符合当代大学生实际的课程。以上三类课程在改革开放以来的四十多年当中经得起历史和实践的检验，是高校思想政治理论课教学内容的经典。其次，要针对教学内容进行改革创新。经典虽然具有权威性，但是也不可能完全有效地紧密结合最新理论成果和时事热点。因此，思想政治理论课的教学内容应该与时俱进、因事而新，只有坚持教学内容的改革创新，才能有效提高思想政治理论课的针对性、现实性和亲和力。

在教学方法改革方面，应该遵循坚持经典与改革创新相结合的原则。讲授式教学法一直是我国课堂教学的主要方法，是一种传统的经典教学法。它把一些抽象的、生涩的知识通过教师自己的语言表达传授给学生，具有信息量大、教学效率高、适用范围广的特点。然而，这种教学方法虽然经典，也存在着一定的缺陷，即这种教学方法取得的教学效果良好与否，大部分取决于教师学术水平高低与语言表达能力好坏。因此，需要对这种教学方法进行改革创新。其实，在现代教学过程当中，无论是案例式教学法、专题式教学法、讨论式教学法，还是实践式教学法，讲授式教学法存在于每一种教学方法当中，这种传统的教学法不仅没有过时，反而在其基础上催生出一系列新型的现代化教学方法，在这些现代化的教学方法当中，讲授式教学法也在进一步的发展与完善。

三、理论教学与实践教学相结合原则

思想政治理论课既是一门理论课课程，也是一门实践课程。开设这门课程的目的是要求大学生做到对这门课程内容的内化于心，进而外化于行，即先把课程理论融入学生自身知识结构当中，再内化成为自身的价值结构和道德结构。理论是抽象的，它是通过一系列的分析和比较，把事物的本质属性概括起来。理论形成的过程是一个由具体到一般的过程。相反，实践的过程是一个由一般到具体的过程，即通过掌握事物的本质规律，把它运用到具体事物的过程。理论是为了更好地指导实践，实践是为了更好地验证和运用理论。在教学改革当中应当坚持理论教学与实践教学相结合的原则。

在思想政治理论课实践教学过程当中，人们往往容易走入两种误区：一种误区认为理论教学就是课堂教学，实践教学就是课外教学，把二者对立割裂开来在课堂上只进行理论教学，在课外只进行实践教学；另一种误区是不能很好地把握理论教学与实践教学的结合点，要么过分强调理论，要么过分强调实践。之所以形成这种错误观点，主要是因为没有把理论与实践很好地统一起来，没有形成把理论教学和实践教学贯穿于教学活动的各个环节以及各个方面的教学理念。

其实，无论课堂还是课外，理论教学与实践教学都贯穿始终。课堂上的相互讨论、分析案例其实就是运用理论知识来分析问题进而解决问题的一个实践过程；课外的社会实践，其实也是通过实践对于理论知识的检验和巩固的过程。在教学过程中，应当正确地把握二者之间的关系，坚持理论教学是教学的主要内容，实践教学是教学的重要补充，引导学生通过理论知识分析社会、了解社会，进而服务社会，避免在思想政治理论课教学过程当中理论与实践相脱节。

第五节　高校思想政治理论课改革与创新的实现途径

高校思想政治理论课教学模式变革，尤其是信息技术背景下的教学模式变革，要将理论建构进入实践应用，就要突破信息化发展的瓶颈，构建和谐

的教育信息生态系统，并从系统观、生态观的角度对其要素逐一进行审视、思考和破解。

教育信息生态系统的建立涉及理念、技术、教师、管理、文化的多重转型和变化。理念层面，要牢固确立“以人为本”的教学理念，充分尊重学生的主体地位和学习的中心地位，实现从“教为中心”向“学为中心”的转变。技术层面，要积极引入信息技术，搭建数字化的学习环境、资源和平台，满足异步化、个性化的信息化学习需求，实现从传统教学向混合学习的转变。教师层面，要积极转变角色意识和教学观念，提升信息化素养，实现从知识权威向学习导师的转变。管理层面，要建立健全教学互动、评价激励、管理创新机制，实现从刚性统一向弹性多元的转变。文化层面，要加强制度创新，弘扬学术自由，积极营造全员育人的环境和氛围，实现从工业化向数字化的转变。概言之，高校思想政治理论课教学模式变革需要实现教学理念、技术体系、教师角色、管理机制、校园文化“五大转变”。

一、教学理念：从教为中心到学为中心

信息技术推动下的教学模式应高度关注信息技术对教学的影响，以学生为中心，以学习“情境”创设为前提，以师生、生生“协作”“会话”为媒介，以学习者与环境不断往复的“同化”“顺应”作用为过程，推动教学内容、教学方式、学习方式互动方式改革，实现“教”为中心向“学”为中心的模式转变。让学生在对外部世界知识和自身认知结构的“意义建构”中，达到全面、个性化的发展目标。在这一过程中，积极转变师生角色，让教师从传统的知识提供者，成为学生的探索伙伴和知识援引者，让学生从被动的知识灌输“容器”成为讨论的启动者和参与者，让教者“乐教”，学者“乐学”，教学相长，效果提升。

从教学规律和教学目标出发，要确立有效教学和弹性学习理念。有效教学是教师在先进的教学理念指导下，合理统筹各种教学要素，选择和运用适合的教学策略，促进学生不断进步与发展，满足社会和个人的教育价值需求的活动。有效教学的核心在于学生的多元发展。弹性学习是基于“弹性、自治、学习者中心”的、以现代信息技术为基础，以弹性的为个人设计的课程

为基本内容，以学生自主进行学习选择为特点的一种学习活动。弹性学习的实质在于学习的选择性多样性和个性化。

基于有效教学和弹性学习理念的思想政治理论课教学，应明确有效性目标，将知识的接受、情感的认同、意志的培养和实践的指导作为逐级提高的目标，将工作重心从“教书”转移到“学习”，将广播式授课改为互动式教学，还学生学习自由，关注学习特点、激发学习兴趣、追求学习效果。

关于教学理念革新的重要性，首先被在线教育公司所认识，随着 MOOCs 的兴起，这种认识更加鲜明，并逐渐被高等教育内部的知名高校所认同。

二、技术体系：从传统教学到混合教学

信息化教学模式变革的重要条件之一是要有网络化教学环境的支撑，要建立以学习者为中心的学习平台，营造数字化的学习环境和多维互动的学习氛围。“翻转课堂”诞生之初难以推广的瓶颈之一就是受制于视频制作技术的局限，可汗的成功则源于其教学视频在网络上的有效使用，而 MOOCs 的发展，更离不开强大技术体系的支持。

经过近十年的建设，我国教育信息化的基础设施建设得到长足的发展，具体表现在：①网络带宽不断提升；②信息化应用全面开展；③数字化教育资源建设已初具规模。

然而，同样不容忽视的现实是，部分欠发达地区和高校，信息化教学的环境与条件还有很大缺口，网络教学覆盖率较低，即使一些已经布点了网络教学平台的高校，也往往由于电脑、机房等硬件条件限制，特别是无线网络的缺乏以及网络流量费用等问题，使得信息化教学面对很多现实困难。网络教学要么成为束之高阁的“摆设”，要么成为少数课程教学的辅助，并未形成规模，自然也就难以全面应用于教学。我们建设了很多数字化教学资源，但这些资源的建设很少在实际教学中投入运用，重建设、轻应用的现象普遍存在。很多建成的资源成为“静态”的应景之作，资源与资源之间彼此割裂，形成“孤岛”，缺乏顶层设计、共享性差。换言之，我们建了一些信息高速公路，也造了一些信息小车，但由于缺乏更完善的设施（更优质的公路和更精良的小车）和有效的交通运行规则，导致整个数字化教学的“公路”较少运

行或者运行不畅，数字化教学的普及率较低，信息技术与课程教学的融合程度也较低。究其原因，就是没有形成对信息化教学的有效支持和服务机制。

解决当前课程教学信息化的问题，不仅仅是要开发一个功能完备、使用便捷的网络教学平台，更关键的是营造由现代信息技术设备和资源与原有教学设备和资源共同构成的教学环境。从高校思想政治理论课的教学环境来说，关键是要做到以下几点。

（一）加强高校思想政治理论课优质教学资源和信息化服务体系建设

提高课程学习成效的途径主要有两个，一是课堂学习，二是阅读教材或与其他学习资源和配套服务交互使用。因此，基于信息技术的教学模式变革既要营造课堂学习氛围还要完善教学资源和信息化服务，但迄今为止，网络课程一般只提供课程要素的一部分：讲座录像。其他教学资源和服务多有缺失：精心策划的教材和其他经过专业创建的内容目次、教学设计、评估项目及效果产出的资料、由学校提供的诸如图书馆和辅导这样的学术性及其他非学术性服务等。为此，思想政治理论课的教学资源建设，一方面应以“马克思主义理论研究和建设工程”教材为中心，加强纸质教学资料的建设，另一方面应依靠信息技术优势，加强多媒体教学资料的建设。以服务教师、服务教学为目标，建设高校思想政治理论课课程网站、高校思想政治理论课教学资源库、个性化课件生成器、混合学习平台、学科网站、“情境教学模拟实验”网络学习社区等。全方位构筑高校思想政治理论课教学信息化建设的资源、技术服务体系。

（二）加强“网络学习空间”建设

要加强“网络学习空间”的建设，构筑师生的网络学习家园，让师生通过“网络学习空间”，创造新的教学方式、学习方式和交流方式。营造师生、生生互动的良好学习氛围，促进教师之间、学生之间、师生之间、学生与教学资料之间多维互动的交流研讨，帮助学生建构有意义的学习经历。通过网络民主平等的对话，改变传统教学模式过于呆板、单向灌输，满足学生多样化、个性化、自主性的学习需求。在“网络学习空间”里，课程被不断生成和丰富，学生的知识和能力也得到全方位提高。

（三）加强高校自有设备和资源建设

建立网络教学平台，提供稳定、易用，便捷、免费的网络设施及服务，尤其要加强无线网络的建设，满足学生个性化、碎片化的学习需求和随时融入学习社区的学习需要。通过自建与引进相结合，丰富校内思想政治理论课教学资源，采取灵活的教学安排，出台支持和鼓励在线教学的政策，积极引导师生投身到信息化教学模式的改革之中。

三、教师角色：从知识权威到学习导师

思想政治理论课教学不是一般意义上的知识传授，而是一种含有价值取向的思想教育。实践证明，运用科学理论武装人的工作，要取得成效，一要靠真理的力量，二要靠人格的力量，身教和言教并重。

教师要从知识的权威和主导者，变成学生学习的引领者、合作者，学生要从被动的学习者、接收者，转化为学习的参与者、知识的探求者，师生角色发生重大变化。因此，作为教学活动关键要素的教师的政治觉悟、学术造诣、教学魅力，学生的学习动机、学习热情、学习策略就是影响教学效果的重要因素。授课教师只有在思想上“真信”，知识上“真懂”，教学上“真情”，才能将教学内容、教学方法、教学机制运用自如，才能把正确的世界观、价值观感染传递。而探索建立以学习者为中心的教学新模式，需要增进信息化背景下教师的专业化发展。

（一）教师的教育思想、教学观念亟须更新

信息化背景下教学模式的变革和实施，首先要改变教师传统的教育思想和“教师中心”的教学观念。以“翻转课堂”为例，这是一种基于混合学习理念的教学模式，为此要树立结合传统教学与网络教学方式优势的“混合式”教育思想（也称“主导—主体相结合”的教育思想），这一思想既不以教师为中心，也不以学生为中心，而是尊重师生双方的主导—主体性，强调主体

间性。与这一教育思想相适应，教师的教学观念也应同步改变。“以教师为中心”的教育思想，其教学方式是“传递—接受”式，“以学生为中心”的教育思想，其教学方式是“自主—探究”式；而基于混合学习教学观念的教学，则是“有意义传递—主导下探究相结合”，其教学方式是“传递—接受”和“自主—探究”的“混合”而非叠加，是对二者的改进与发展。

（二）教师的信息化素养亟待提高

信息时代乃至知识时代高校思想政治理论课的教学模式变革需要教师具备更高的信息化素养，因此，要提升教师的信息化素养，使教师能够把信息技术和高校思想政治理论课教学进行深度融合。教师的信息化素养主要包括：教学资源制作和选择的能力，主要是根据学生的兴趣特点和认知规律，通过自制或获取等方式向学生提供最优质的学习资源；教学活动组织能力，主要是突破传统课堂的限制，按照新的教学模式组织课堂教学、课后讨论，引导学生完成知识的内化与外化；教学创造能力，主要是创造性地开展教学，解放自我，解放课堂，充分展示教学个性和个人魅力，活化课堂，增进效果。

四、管理机制：从刚性统一到弹性多元

教学活动是师生共同参与的互动过程，教师是主导，教师个人的教学智慧、教学激情、教学风格是课程教学效果的最关键影响因素，但作为一个系统工程，高校思想政治理论课教学模式的变革，需要多方努力和参与，需要处理好社会与高校、课程与课程、教师与学生的多重关系，在历史与现实、单体与整体间建立联系，改变刚性统一的管理机制，建立教学互动、评价激励、管理创新等弹性多元的管理机制。

（一）教学过程互动机制

教学过程的实质是师生双向互动和学习者的自我建构过程。因此要遵循道德形成的规律，促进师生交往，调动师生双方的教学积极性。教师要努力提高自身道德修养，爱岗敬业、为人师表、严谨治学、从严执教，而不是凡事亲力亲为的包办代替者。这不仅是“从旁指引”与“在前牵拉”的区别，

更是重要的角色转换。教师需要感染、熏陶，必要时帮助学生，而不是将自己的想法和意志强加给学生，学生也应充分认识自身的主体性，树立主人翁意识，张扬个性，不唯书、不唯上、要唯实，变依附地位为主体地位，主动学习，主动了解，深入研究，身体力行。授人以鱼，不如授人以渔，信息时代，信息量激增，获取知识的方法远比获取的知识更加重要，能够将知识转化为智慧则更加重要，因此，教师已不再是知识的权威，而是知识的援引者和学习者，应提倡平等民主的学习，要有宽容的心态，教学相长，互相学习。

从教学管理的角度出发，调动师生教学的积极性就是要通过政策的激励，调动教师参与教学模式变革的积极性，要改变教学组织和安排，为师生积极投身教学模式改革与实践尽可能创造机会和条件。

（二）教学评价激励机制

人才培养质量首先是培养方案的质量，尤其是作为培养方案基础元素的课程的质量。课程质量是教学质量保障的核心内容，课程评估是高等教育内部质量保障的主要内容。高校在课程设计、课程审批、课程监控和评估程序上都有自己的规定。以英国高校为例，评估主要分为常规监控和定期评估。常规监控主要考察课程在多大程度上达到了预期目标，学生在多大程度上获得了成功，主要考虑的因素为校外督察员的报告、教师的反馈、学生的反馈、相关专业团体的报告和往届学生及其雇主的反馈等。定期评估一般要请校外专家参与，检查课程的目标是否有效，对课程做出综合评估和调整，并对学生服务情况进行检查，主要考虑的因素有外部课程考核者的报告、教职员工和学生对课程的反馈、课程授权专业机构的评估报告、前几届学生及其雇主对课程的意见。定期评估具体包括课程与学校培养目标的符合度、课程教学目标的达成度以及人才培养方案的合理性。

学生是教学质量保障的关注对象。学生在教学质量保障和监控体系中始终是最受关注的对象，以多种形式和方法评价学生的学习效果，是评价教学质量最重要的依据。信息时代的高校思想政治理论课教学评价应充分利用信息技术优势，改变传统上无差异、单向度、学生评价为主的评价体系，实现“四化”。一是评价主体多元化。让学生、同行、领导、督导都参与进来，倾听多方意见，全方位、多角度开展评价。二是评价指标科学化。既评教师“教”的有效性，又评学生“学”的有效性，既评知识、能力等近期显性目标，又评意志、实践等远期隐性目标，既评教学内容、教学手段、教学方法等教学内部因素，又评环境、政策、学风等教学外部因素。三是评价方式多样化。问卷调查、访谈多管齐下，线上线下调查结合，同时更多深入课堂获取第一手资料，采取灵活评价方式。四是评价反馈制度化，既评结果，又评过程，变终结性评价为形成性评价，形成评价—反馈—改进的良性互动机制，同时注重对评价结果的合理运用，完善激励反馈机制，提高评价的信度和效度。要通过综合考评，促进学生学习与践行社会主义道德规范，从而引导学生自觉规范言行、陶冶情操、磨炼意志，走健康全面发展之路。在具体的课程考核方式上，改变“一考定终身”的考核方式，实现考试方式多样化，重在考核学生的能力素质，而不是知识获取。比如英国高校根据专业能力和创新能力来评定学生的学习成绩，考核方法多样，采用较多的考核方法是“小组作业”和“个人作业”，小组作业一般由 3 ~ 5 人分工完成。每个小组的题目不同，小组成员要定期进行讨论，在小组研究过后可能需要进行课程设计或撰写小论文，字数一般为 3000 字左右，之后，由小组成员分工把主要内容采用适当的形式讲解出来，其他小组的成员和教师会就作业内容提出问题，小组作业一般占个人总成绩的 40%，个人作业或考试一般占个人总成绩的 60%。这种考核方式既考核了学生的分析能力，又锻炼了学生的团队意识、表达能力和批判性思维，有利于学生全面而自由的成长。

教师是教学质量保障的中心力量。对于信息时代高校思想政治理论课教学模式变革这样的新事物，教师蕴藏有极大的积极性和创造性，要采取有效的激励机制予以调动，这其中，认可教师进行教学模式改革的相关工作，将其等同于甚至高于传统教学是学校最需要给予的支持，与此同时，以课程开设而不是课程建设为牵引，是一条鼓舞人心的道路，教师在教学模式实践的过程中所收获的，不仅是喜悦，还有兴奋。

（三）教学管理创新机制

高校推进教学模式变革，首先要转变观念，在充分认识其价值，坚定改革信心的同时，从开课模式、管理机制、支持系统等方面着力探索。

1. 课程建设多样化

一是在课程建设主体方面，充分挖掘本校师资潜力，同时聘请相关高校、科研院所、企事业单位的知名专家开课。在 MOOCs 发展的今天，大力引进知名教师开设的优质课程，为己所用，丰富课程选择，同时立足本校实际确定课程建设目标，建设思想政治理论 MOOCs 课程。实行教学改革，逐步探索以课程开设带动课程建设的改革路径，确保课程的“生成”品质和改革推进。二是开课模式方面，既可以采取知名教授、学者单独开课的传统模式，也可以尝试教授“组合”开课的模式，或者知名教授 + 博士研究生（新教师）的连带模式等。三是课程安排方面，探索四年“不断线”的课程教学模式，探索理论教学与实践教学紧密结合的模式，探索传统教学与网络教学“翻转”的模式，探索全程在线教学的课程辅助教学模式，等等，为学生提供多样化的学习选择和方案，支持其个性化发展需求。

2. 管理机制弹性化

学校应建立弹性的教学管理机制，鼓励教师进行思想政治理论课教学模式改革，如对教师的教学工作量、课酬、课程建设经费、教学质量考核等采取灵活的管理，体现政策倾斜，扶持其发展。对课程的教学质量进行过程控制，做好传统教学与“翻转课堂”教学任务的协调，制订课程学分的认可政策，等等。弹性而富有激励的管理机制，是教学模式变革得以制度化和长效发展的基础。

3. 支持系统扩大化

课程教学改革的成功与强大的社会支持密不可分。新生研讨课在美国的成功离不开全国性的“大一经历及转校生国家资源中心”和“大一政策中心”的政策支持，博耶委员会的研究支持，以及社会人士的经费支持。我国在推进高校思想政治理论课教学模式变革的过程中也需要引入多方支持。除了高校对思想政治理论课教学的重视，教育主管部门也应积极投身其中。《教育规划纲要》明确了政府在教育信息化经费投入中的主体地位，进一步确定了各级教育行政部门、教育科研机构和业内企业的角色分工，从政策实施、技术研发、成果推广、应用示范等各方面协同推进。应充分发挥多主体优势，逐步形成政府主导、购买公益服务与市场提供个性化服务相结合的资源共建共享机制，鼓励企业和社会力量投资、参与教育信息化建设与服务，形成多渠道筹集教育信息化经费的投入保障机制。促使教育行政部门在教师信息素养标准建立和信息化素养培训、考核和认证方面负起责任。

五、校园文化：从工业文化到数字文化

大学是一种特殊的组织，其本质是学术性与教育性的统一，就其学术性而言，大学是追求真理的地方，是萌发思想的温床；就其教育性而言，大学是培养“成人”的地方，是造就栋梁的摇篮。大学精神是大学的灵魂，其基本内涵是追求真理的学术精神、自觉的文化批判精神、理性的自由精神和强烈的人文精神，这种精神是所有大学人（包括教师和学生）的精神状态和文化追求。校园文化是大学精神在大学长期发展过程中的积淀，校园文化不仅具有教育功能，还具有批判、引导社会文化发展的功能。思想政治教育的途径既包括传统的课堂教学和学生教育管理，也包括各种隐性的教育因素，这其中，校园文化对学生的发展具有潜移默化的长期影响和感染作用。因此，大学精神是大学的存在之基和发展之源，是校园文化建设的出发点和归宿；校园文化是思想政治教育的重要载体，是传统课堂教育的有益补充和必要渠道。三者相得益彰，互相作用和影响。只有方向一致，着力得当，才能形成合力，彼此强化。倘若各行其是，互不关注，则很可能分崩离析，互相消解，甚至形成对抗和负效应。

思想政治教育是高等教育的重要内容，新时期加强大学生思想政治教育是一项极为紧迫的重要任务。国家高度重视思想政治教育工作，高校普遍开设思想政治理论课，成立马列研究部，并要求按照一定比例配备思想政治教育专任教师，对其进行专门教育和培训，取得了一定成效，但仍有不足。其中重要的原因就是没有从大学精神的深入挖掘入手，以校园文化的建设为依托，开展形式多样的思想政治教育，其结果就是灌输大于渗透，对政治本身的关心大于对“人”的思想动态和发展需求的关注，难以在大学生中引起共鸣。

我们从思想政治教育的三大基本要素：教育者与受教育者、教育内容、

教育物资来进行分析。凡在教育活动中承担教的责任（包括直接承担者和间接承担者）和施加教育影响的人都是教育者，因此不仅思想政治教育课程教师，大学内部的教职工甚至学生都是潜在的教育者。教育内容是教育过程中教育者与受教育者共同认识、掌握运用的对象，教育内容的范围十分广泛，不仅思想政治教育教材或思想政治教育课程所包括的内容是教育内容，一些隐性的，诸如符号的、精神的、行为的形态也是。不仅思想政治教育课程或活动场所、普通的课堂教学媒介和手段是教育物资，学校的大环境、电影、电视、计算机网络等各种手段都是教育物资。换言之，思想政治教育是一个涉及范围非常广泛的教育，传统的、显性思想政治教育是其中很重要的一部分，但绝不是全部。隐性思想政治教育占有同等重要，甚至不可替代的作用，这其中，大学精神和校园文化建设是重要依据。因此，思想政治教育需要回归，回到“精神”，回到大学生，而不是游离于大学生的内在需求之外，游离于大学精神和校园文化所营造的氛围之外。由于大学精神更加抽象，因而校园文化建设才是更具操作性的对策。

随着计算机和网络的普及，数字校园建设日渐完善，数字化校园文化成为数字校园的灵魂和信息化教学模式变革的重要基础。数字化校园是以高度发达的计算机网络为核心技术，以信息和知识资源的共享为手段，网络化、数字化、智能化有机结合的新型教育、学习和研究的网络平台，是使教学资源得到充分利用的一种虚拟教育环境。这种新型的、开放式教育模式突破了传统教育的校园限制，提供了适应学习者个性化需求的学习环境和自主选择多种媒体组合的学习资源。数字化校园文化含义有三：一是表层文化，如校园网站的形象、特色、风格，教学信息化的设施和环境；二是深层文化，如信息化资源建设以及管理人员的信息化领导力、师生的信息化素质；三是制度文化，如数字化校园的结构、功能、管理和服务水平（桑新民）。信息化的发展、数字化校园的建设，不单是硬件、软件的建设，还必须有相应的数字化文化与之匹配。

数字化校园环境下的校园文化建设应围绕数字化环境、数字化管理、文化数字化、数字化科研和活动、数字化生活五大主题，其内容主要包括：文化平台、师生素养、制度创新三个方面。文化平台即信息化的教学环境建设，师生素养即教师、学生、管理人员的信息化素养、信息化能力和信息化领导力建设，制度创新即数字化校园的结构、功能、管理和服务水平的创新。信息化是一个需要在更大范围、更大区域、突破一学校的空间内开展的工作。因此，学校在进行校内制度建设的同时，需要进行系统整合、资源共享、互动联动，以此推动信息化教学环境的建设、信息化素养的提高和信息化教学模式的实施。数字化校园文化的制度创新关键要把握好以下三点。

一是确立校园文化建设的重点：以重塑与弘扬大学精神为主旨。大学校园文化建设应立足于培育和呵护大学精神，以重塑与弘扬大学精神为主旨，塑造具有鲜明时代特色与学校个性特色的大学精神，提高大学校园文化建设的精神品位，从而塑造大学的精神气质，针对所有大学人，在更高层次上建设校园文化。要在指导思想、制度建设、管理改革等方面体现新的大学校园文化观。对于中国传统文化，特别是爱国主义的优良传统，要大力弘扬，要通过多样的教学方式，激发师生的爱国热情、报国志向。

二是拓展文化建设的范围：从学生生活文化到“大学人”的精神追求。校园文化建设的根本任务是塑造人。办什么样的大学，培养什么样的人，不仅是大学精神的核心，亦是校园文化建设的出发点和归宿。大学神圣的使命是追求真理、探求学术、达至成人。因此，校园文化建设亦应从单纯的学生生活文化上升到“大学人”的精神追求，发挥大学精神的育人功能，着力构建以大学精神为主要内容的校园文化。要通过对大学生德、智、体、美诸方面的培养，使他们形成健全的人格素质，把体现大学精神的科学态度、文化风范、价值观念融入校园，带到社会，影响和感染其他人，可以从树立崇尚学术的理念，营造浓厚的学术气氛等方面开展工作。

三是建立行之有效的制度：营造自由宽松的文化氛围。校园文化建设需要制度规范来对学生的道德、行为、价值标准进行导向、调控和纪律训导，逐步使校园内的群体及每一个成员在统一规范中规范和管理自己的行为，包括建立系统完善的管理制度、完善的工作机制和相应的工作制度等。学校可以通过组建校园文化建设的决策机构和主管部门，明确各自工作职责，进而促进校园文化建设的良性、协调运转，注重发挥大学生文化素质教育基地的引领、带动和推广作用，积极营造全员育人的环境和氛围。大学是追求高深学问的地方，学术自由是大学保持其生命和特色的根本，大学作为培育人才的场所，要引导人的发展，要追求纯粹真理，必须要有自由，只有在自由、宽松的环境下，人才能成人，学术才能精进。因此，无论制度建设还是环境营造都应突出并服务于这一宗旨。我们进行校园文化制度建设，其目的在于更好地保证和发扬这种学术自由。

综上所述，从理论走向应用的高校思想政治理论课教学模式变革需要多管齐下、多方用力，构建集理念、技术、人、文化、制度于一体的教育信息生态系统。上述“五大转变”之中，最关键的是“人”的因素，是“教”为中心向“学”为中心的理念转变之下，教学双方的积极性和主动性的激发和张扬。

第二章　高校思想政治理论课教学理念的改革与创新

第一节　坚定大学生马克思主义信仰教育

一、大学生马克思主义信仰教育的概述

（一）大学生马克思主义信仰教育的内涵

马克思主义信仰是指将马克思主义理论作为人的基本信仰，这中间就包括对马克思主义理论的理解和对理论进一步的思考升华。信仰的主体不仅包括马克思主义理论，还包括以马克思主义理论衍生的其他思想，例如毛泽东思想、邓小平理论、“三个代表”重要思想、科学发展观和新时代中国特色社会主义思想。这样的信仰是以科学的理论作为理论依据，以发展的眼光结合历史唯物史观为主体的理论信仰，是建立在正确的人生观基础之上的。

马克思主义信仰教育是指将马克思主义理论通过教育渠道传授给受教育者的教学行为。这是一个动态的教育行为，表现了以马克思主义理论为基础的教学模式，这样的教学模式主要出现在高校思想政治理论教育中，也出现在社会马克思主义教研团体在日常马克思主义思想传播中。教育体现的是传授的过程，马克思主义信仰仅仅是一种名词形态，这是这两者的根本区别。

（二）大学生马克思主义信仰教育的特征

大学生马克思主义信仰教育是马克思主义宣传普及的重要途径，最重要的是让学生群体深刻认识中国马克思主义理论的魅力、理论发展过程中的创新和理论本身的重要地位，其中有着深刻的历史意义，促进了中国马克思主

义的创新和发展。当代中国的马克思主义信仰教育是将群众的世界观、人生观、价值观和社会生活紧密联系在一起的。当代中国马克思主义与广大人民群众生活紧密相连，让人们普遍持有人生理想和社会主义建设的信念，中国特色社会主义理论体系可以更好地发挥人的主观能动性和主体意识，促进理论的发展和创新，只有这样才可以成为强大的思想武器在生活中来指导实践。

随着改革开放的不断深入，中国的综合国力和人民生活水平有了很大的提高。与此同时，经济体制、社会结构和世界的格局也发生了巨大的变化，这是社会思想转型过渡的间接结果，价值取向呈现出多元化的特点。社会贫富差距加大，两极分化在一定程度上影响了社会主义核心价值，这样的结果让公众对马克思主义理论的接受能力产生了一定的影响。在这样的历史时期，马克思主义理论可以通过在学生中的强化教育来让大学生了解社会主义制度本身的优越性，展现马克思主义一定的理论前瞻性，体现为以下五个特征。

1. 大学生马克思主义信仰教育的时代性

随着社会的发展，世界在不停地进步，当代的青年学生更加热爱和平，更愿意生活在一个和平的地球上，他们没有皮肤色彩的界限，没有沟通的语言障碍，没有世俗的制度约束，他们不仅仅承担了国家责任，更承担了这个世界的责任。在世界的不同角落，青年大学生可以选择去地球上不同的地方，越来越多的年轻学生选择出国留学，他们知道对别人理解得越多，才能更加充实自己的见识和实践能力。这是这个时代给这个人群的一种使命。从 19 世纪马克思和恩格斯理论发展开始，每个时代都有属于自己的马克思主义理论的解释，某些理论和实践家在一定程度上丰富和发展了马克思主义理论，将马克思主义学说迅速传播开来的同时也强化了理论的完整性和合理性。马克思主义自身发展处在一个积极的过程中，这是一个自己否定之否定之再否定的过程。任何一个科学理论必须通过一个又一个实践上的考验，这样形成的理论才能形成真正的科学。马克思主义理论通过几个世纪的发展已同理论产生开始时发生了很大的变化，它涉及的范围更广，它来到中国让中国人民深刻了解到马克思主义的本质，帮助我们产生马克思主义的信仰。中国化的马克思主义对青年大学生的马克思主义信仰的客观要求更高，马克思主义本身具有与时俱进的特点，它本身并不是固定不变的。这些特点就决定了马克思主义信仰具有一定的时代特性。

2. 大学生马克思主义信仰教育的高价值性

这是一个实现自我价值的主体，马克思曾深切阐述了马克思主义价值观："价值"的概念是对满足人们自身需要以外的其他关系所产生的需要。简单地说，该对象是为了确定自己效用和意义上的主体。持有马克思主义信仰的青年学生首先应建立人生的价值观，认识到要想改变世界必须先了解世界，在这样的情况下必须要了解价值本身存在的意义。因此，了解世界的本质是学生实现自我价值的重要途径，由于年轻学生对于当今社会发生的现象很难看到其本质，对社会中负面的效应无法完全把控，因此，家长和学校要给予孩子们指导，教会他们树立马克思主义信仰，了解什么是"人"，"人"的本质是什么，所反映出的本质、真理是什么，表现出了什么样的历史观。这些都与马克思主义有着广泛的联系，学生们需要深入理解马克思主义理论，最终将马克思主义理论转变为自己的信仰。

3. 大学生马克思主义信仰教育的优越性

第一，马克思主义信仰可以当作真真切切的信仰。坚持一切从实际出发，理论联系实际，实事求是，在实践中检验真理，发展真理，这是普遍的人类在认识的发展道路上对于真理的具体体现，因此马克思主义不是虚幻的神话故事，也不是幻想的著作。

第二，马克思主义信仰是在理论和实践的基础上来阐述的，不遵循守旧，不搞教条主义，体现为理论转化为实践和未来前景，它不仅提高了人们的思想领悟能力，还可以使人们在自由中寻找真理。

第三，信仰是马克思主义在意识形态中表现出来的重要范畴。信念是从哲学的角度上来说的。从哲学上讲，人是将自己的信仰定义为中心的思想成果和在实践中寻找真理，是在科学原理上寻求依据。人生规划和理想以现实的发展为主要线索，在原有的信仰基础之上，马克思主义信仰表现出的是全人类的信仰，这是一种非常重要的表现方式，对于人类的发展方向有好的导向作用。

4. 大学生马克思主义信仰教育的实践性

青年学生的信念不仅可以存在于思想中，也可以落实到实践中。改变世界是年青一代的责任，青年学生对马克思主义理论升华的关键点在于将其付诸实践，从实践中寻找真理，具体表现为脚踏实地地工作。马克思主义理论所表现的追求真理的特性，不只是停留在意识形态层面，更应脚踏实地在实际工作中表现出来。通过将马克思主义理论思维方式的实践化来代替传统的"信仰本体论"的思维。通过实践导向的思维意识的建立，表现出意识是通过实践来行使的理论。马克思在《关于费尔巴哈的提纲》中明确指出："所有的社会生活是从实践中得来的"这样的说法在本质上是对我们所在的社会制定了一个行为法则，青少年学生的日常活动是从理论联系到实践中体现出来的。从现实本质上来看，确立了马克思主义信仰就要兢兢业业工作，踏踏实实做人。

5. 大学生马克思主义信仰教育的标志性

从马克思辩证唯物主义历史实践角度出发，从人类社会的发展角度来探讨"如何认识世界，改造世界"，将其从历史观和价值观角度来了解人生的意义，在实践中教导人们"如何做"。世界的发展是多元化的，从马克思主义理论创立开始，人类的理论就认为发展的最大限度是利用现代网络和五大洲文化的频繁交流作为交流的终极目标，青年学生的人生观和价值观是多种文化之间的碰撞。当代社会物质财富的积累和消费得以最大限度增长，这些物质的增长涉及社会的人文精神，体现出了价值目标的混乱和在虚无主义泥潭中的自我丧失。青年学生在生活中会接触到多元的文化氛围，这样的文化氛围在一定程度上影响到大学生对信仰的选择。青春是一个人重要的人生阶段，这段时期正是青年学生人生观和价值观形成的关键时期，有可能产生对社会理解的变化。马克思主义是集多种理念于一体的理论，在社会主义国家，对于自己社会理论的发展可以表现一个社会的存在，这是一种精神上的食粮。我们应该从人文关怀入手，塑造年轻学生的价值观，这就需要从马克思的深层价值理念、精神吸收来借鉴经验教训，特别是帮助青年学生学习用马克思主义的智慧来塑造自己。

（三）国内外大学生马克思主义理论教育研究现状

中国特色社会主义事业进入了一个新的发展阶段，因此，关注和研究国内外马克思主义的现状，是研究大学生马克思主义信仰危机现象必不可少的程序。我们要进一步解放思想，把握历史关系，在坚持和发展马克思主义的基础上发展国际马克思主义研究体系，这对进一步巩固思想，加强团结具有积极的价值。

1. 国外大学生马克思主义理论教育研究现状

第一，分布范围更广。国外马克思主义的理论研究有着悠久的历史，特别是在一些资本主义国家，这样的研究从未停止过，这也显示出资本主义制度本身存在的问题已经被西方国家所重视。马克思主义研究者从新的角度、新的方向重新研究马克思主义。各式各样的马克思主义学派也如雨后春笋一般出现。如有分析派的马克思主义、解放神学马克思主义、管理学派的马克思主义、发展理论的马克思主义等。早期研究国外马克思主义学说的出版物主要出现在20世纪20年代这个时期。在英美一些资本主义国家，马克思主义研究团体以新的影响力加大对新马克思主义研究，因此逐步扩大国外马克思主义研究范围。

第二，随着中国的快速发展，为提高在国际社会上的影响力，一些学者开始关注和研究中国的社会主义制度，我们应该通过他们来影响越来越多的学者研究马克思主义，在此基础上，为中国创造一个更加有利的国际研究马克思主义的舆论环境。

第三，国外马克思主义文学著作研究更加深入。国外马克思主义研究学者加强马克思主义文学著作的研究可以帮助社会主义国家的马克思主义理论学者开阔视野，也帮助我们充分认识当代中国马克思主义的发展，他们的研究成果为我们提供有价值的参考。加上马克思主义理论研究的一些专家学者和研究机构的支持，像英国、德国、法国等欧洲资本主义国家致力于新的《马克思恩格斯全集》编制、整理和出版，国际上“重读马克思”的活动也层出不穷。由马克思和恩格斯共同著作的《资本论》的早期手稿也在欧洲逐步出版，每年国际上的马克思主义理论研究会议都在定时召开。这样的学术会议高度专业化，规模也越来越大，并且每年都换不同的人来主持，继续深化了对马克思主义著作的研究。

2. 国内大学生马克思主义理论教育研究现状

在国内，对马克思主义的研究也从未停止，为了适应国际化浪潮的发展，加强推进国内马克思主义研究和创新国内高校马克思主义信仰教育的重要性也日益显现。国内的社会主义马克思主义研究机构和学者也致力于马克思主义研究。随着外来文化的进入，在经济全球化的背景下，社会在发展中不断出现各种人文问题、生态问题、安全问题是正常的，在当代马克思主义理论不断推陈出新的情况下，创新马克思主义理论和提升国际、国内马克思主义研究的话语权也摆上日程。在研究国外马克思主义的过程中，不同的研究视角不断出现，在当代中国的发展中我们可以看到新的马克思主义研究热潮的出现，这也有助于我们建立自己的马克思主义研究体系，我们应当继续推行中国特色社会主义，优化教育资源，改善教育环境，创新教育模式，将马克思主义理论研究与中国的实际结合起来，将马克思主义信仰教育的研究同学校的教学资源充分融合，将马克思主义信仰教育与大学生的实际生活联系在一起，不断巩固出新。

长期以来，在传统的教育观念影响下，人们对高校马克思主义信仰教育的认识往往有一定的偏差，我们只是了解其在大学生教育中必不可少，却忽略了教育中人的内在潜力。充足的潜力开发不仅可以充分发挥教育的职能，对于促进学生的个性发展也有很重要的作用。随着社会的发展，我们经常需要去探索马克思主义信仰教育如何进行改革和发展，这在一定程度上忽视了大学教育中建立学生个体发展模型的角度；在教育过程中，我们往往过分强调现实的社会适应能力和高校教育水平，注重学生的专业知识和技能的发展，而忽略了教育本身的主体的内在需求。为避免这些问题，必须克服一些大而空的口号，或者在道德规范上、行为准则上和其他方面来重点量化规范马克思主义信仰的教育。

二、加强大学生马克思主义信仰教育的重要意义

适当的思想指导加上实践对于意识形态来说可以与社会的不停进步保持一致。当代大学生是具有高知识水平的群体，是中国社会主义现代化建设的重要力量，因此，在经济高速发展的今天，青年学生牢固树立和继续坚持我国社会主义现代化的马克思主义理论，对于国家的和平、稳定和科学发展具有重要的实际意义。

马克思主义是科学的理论，它反映了自然科学的一般规律、社会和人的思维，它能够被理解并可以为我们探索和揭示科学真理，促进创新思想和现代文化的迅速发展，它具有科学的世界观，对社会上发生的事情也可以正确及时地反映出来。我们可以依据马克思主义科学的价值观来判断是非对错。

高校大学生的马克思主义信仰教育不仅是青年学生树立正确人生观和价值观的良好途径，在某种程度上也提高了大学思想政治理论水平。加强大学生马克思主义信仰教育主要表现为以下五个方面的意义。

第一，马克思主义信仰教育是我国建设社会主义现代化过程中高校思想政治教育的必要环节。教育设立的初衷为培养社会主义事业的建设者和接班人，确保社会主义现代化的实现。保证高等教育中的社会主义制度优越性的体现，使学生树立坚定的政治方向理念，强化学生的政治理想，就必须加强马克思主义信仰教育，必须坚持正确的高校马克思主义理论的教育方向和以此为根本特征的学习文氛围。需要明确的是，坚持正确的当代政治发展思路，能够推动马克思主义信仰的人才全面发展。当然，坚持正确的政治方向，并不意味着对于其他非政治学科的排斥，而是通过加强政治意识，培养自觉学习的习惯和刻苦学习的精神。

第二，马克思主义理论作为一个强大的精神武器，在反对封建迷信和在是非变化纷繁的世界里，是经济和科学技术飞速发展的当代社会科学理论。人们以前旧的生活方式、思维方式和思想观念都发生了深刻的变化，需要摒弃各种伪科学思想、迷信思想、极端暴力思想。在复杂的现实世界里，当代大学生容易在现实生活中迷失自己，是各种非科学观念侵蚀的对象。马克思主义信仰与真理可以武装青年学生的头脑，增强其辨别是非的能力，使其远离迷信与盲目崇拜，增强自身对伪科学的辨识能力，是一种强大的精神武器。

第三，大学生对社会环境的要求提高。社会化大生产表现出来的不仅是劳动力在全球范围内展开的社会分工，而且各个国家和地区的文化都相互传播到世界的各个地方。文化之间的相互融合和碰撞，在一定程度上，促进了人类文明的发展，但也造成了一定的文化入侵。在当代，西方资本主义国家从未停止过对社会主义制度国家文化的入侵。从改革开放开始，我国的国际环境就面临着巨大的挑战，资本主义和社会主义之间在意识形态之间的相互斗争仍然是艰巨的、长期的，随着时间的推移也将变得越来越尖锐，中国是世界上最大的社会主义国家，会面临欧美国家长时间的文化入侵，因此，作为社会主义的接班人，高校大学生必须坚持马克思主义信仰不能动摇，只有坚定的社会主义政治立场和自己的马克思主义信仰才能应对经济和文化全球化所带来的挑战。

第四，建设社会主义和谐社会的内在需要。随着国内经济的不断发展，物质资料的不断丰盈和越来越多的人开始追求物质享受，在中国社会中形成了一定的追求物质的趋势。而高度发展的社会和现代的物质资料的巨大丰富是伴随着人类精神不断减弱的。人们更多追求的是物质的，这样的思想意识让大家对更多精神上的事情更加冷漠。传统道德的逐渐缺失使人们的意识生活越来越空虚。

第五，大学生本身实现马克思主义信仰的自我需求。马克思主义信仰为中国的年轻人提供了一个无比巨大的精神上的支撑和动力。信仰是一种精神上的支撑，这种强大的驱动能力，向人们提出要求并指导人们如何生活，同时教会人们在实际中实现自己的人生价值和目标。费尔巴哈认为依赖某种人类意识可以作为信仰的基础。不同的时候，不同的格局，不同人类群体有不同的值得依赖的东西。在这个世界文化融合的环境下，如果思想不够成熟，经验不够丰富，就容易受到文化影响，进而影响个体的生活发展。广大的青年大学生可以以马克思主义作为信仰，不停地学习，为共产主义事业贡献自己的力量。

三、当前大学生马克思主义信仰教育问题分析

目前大学生马克思主义信仰教育出现了一些问题，这些问题从各个方面反映出了马克思主义理论教育手段、宣传渠道、传播方式的不健全，主要包括马克思主义理论传播主体和传播方式的不当、马克思主义理论宣传教育手段匮乏、马克思主义理论的宣传教育没有与实际相结合和马克思主义理论传播方式过于单一、缺乏多样性这四个方面的问题。

（一）马克思主义理论传播主体和传播方式不当的问题

在高等院校里，马克思主义理论的主要传播者是教师，马克思主义课程

的相关教育是马克思主义理论传播的主要途径，这样就容易造成课程的性质不是为了深入研究学习马克思主义理论，而是通过填鸭式教育的形式来定向灌输一种理论，结果致使大学生学习理论的结果是硬性接受，而不是理解吸收。这样的教育方式导致马克思主义理论课课程难以形成完整和相对系统的体系教学，一些学生发现了不仔细听课、不做课堂记录、草草应付课后作业、考试时熬夜死记硬背蒙混过关的现象，教育效果不理想，更谈不上形成马克思主义信仰。

（二）马克思主义理论宣传教育手段匮乏的问题

大学的马克思主义理论教育是正确理解马克思主义理论的主要形式，如何让大学生将马克思主义作为信仰是大学老师的重要任务，教授马克思主义理论，主要是帮助学生树立正确的人生观和价值观，但随着西方资本主义文化的融人，社会中出现了一些不和谐的现象，如物质化的价值观念，人与人之间关系的利益化，大学生的思想和行为脱离了道德的束缚。还有一些学生认为马克思主义理论本身是很空洞的，说那些大道理不能给自己带来一定的经济利益，这就造成了社会基础的不稳定。在学生眼中，马克思主义理论的学习本身是为了应付大学学分，因此大学的思想政治理论课变成了一种空洞的陈述，使一些学生产生抵触心理。甚至某些学生认为，马克思主义理论与他们所学的专业和未来毕业后的工作没有多大交集，马克思主义理论研究本身就很理论，不实际。怎样才能让学生有正确的学习计划，怎样才能正确激发正确的学习风气，让“要我学”蜕变成“我要学”，这才是马克思主义理论课教育面临的大问题。

（三）马克思主义理论的宣传教育没有与实际相结合的问题

马克思主义理论的教育是从高度抽象的理论到课堂教学材料传播的过程，从理论到材料，再从材料到理论，最后从理论到理论不间断循环教育体系，致使教育的结果与实际生活相偏离。教学活动的实践能力很差，使学习马克思主义理论的热情大打折扣。某些学生认为学习马克思主义理论纯粹只要有良好的记忆力就可以，马克思主义论并没有太多的实际价值和生活运用。学习马克思只是等于优异的记忆力。这一错误的认识马克思主义理论的意识错误，对马克思主义理论的正常传播严重削弱了，最终的效果也大打折扣。

（四）马克思主义理论传播方式过于单一、缺乏多样性的问题

在大学马克思主义理论教学的过程中，教学的主要方式是课堂上短暂的填鸭式输入，导致教学表现出形式单一、内容单调的情况，这是当今大学马克思主义理论教育的典型的问题。在课堂上，教师照本宣科地讲读相关材料，将理论按条放在课件中，学生们仅仅是认真听课，然后工整记笔记而已，马克思主义理论的教学方法没有与学生的生活和以后踏入社会工作中的实际挂钩，学生对马克思主义理论的了解也仅仅是书本和记的笔记。现代社会是信息化社会，通信手段的日新月异使得传播途径也不停地变换，我们应该将这样的信息变化与教学变化相结合，增加多样化的教学方法，教学方法的多样化可以使学生对理论理解得更加多元化，从而补充多样性的理论思路。

四、如何加强大学生马克思主义信仰教育

（一）运用社会主义核心价值观来加强和改进大学生马克思主义信仰教育

社会主义核心价值体系主要包括以下几个方面，即以马克思主义基本原则为基本指导思想，中国特色社会主义的共同理想，以爱国主义为核心的民族精神和以改革发展为主题的创新精神。这其中表现出了基本的马克思主义意识形态。中国的社会制度是社会主义，是以马克思主义基本理论为思想基础的，是以社会主义为主要意识形态的。这是一种科学的世界观和方法论，因此对我们来说，这样的思想在一定程度上是以社会主义核心价值体系为主要方向的，这是中国核心价值体系发展与进步的标志，激励和动员了人们的梦想，是人民群众核心价值的基本体现，是大家共同追求的目标。这样的思想是让人们欢欣鼓舞的，国家的发展相关，与民族的发展和振兴、个人的利益也相关，具有一定的感召力、亲近力和聚集力。

高校学生对社会主义核心价值体系领悟得越深刻，越是可以将其转化为

某种自我的价值取向。因此，在大学马克思主义信仰教育的过程中，必须通过各种各样的渠道来解决相关问题。

1. 强化理论上的教育

社会主义核心价值体系是国家领导人根据国内和国际局势深入分析，通过合理思考总结出来的中国的核心价值观，是思想和文化方向的理论结晶。我们要想办法让学生接受这些思想观念，还要有适当的教育教学方法来促进正确思想观念的形成。在此过程中难以避免灌输的教育形式，通过适当的方法以及理论输入有助于大家普遍接受某种思想，特别是对于某种理论的传播，灌输是必不可少的。但是要注意，在这样的教学方式中，万不可脱离实际，老师对学生的教育要与学生的生活息息相关、密切联系。要把从本质上提升大学生的理论素养作为工作中的第一任务。因此，高校马克思主义理论教育可以把跟马克思主义理论有关的，或是与社会主义核心价值体系相关的国际国内时事作为突破口，将理论与现实生活联系起来，引导学生产生自己的想法，加深学生对理论的理解。

2. 开创新的教学方法

在大学生马克思主义信仰教育的过程中，摒除旧的教学方法，创造新的教学模式是我们需要追求的。因此，在马克思主义理论教学过程中，以新的形式、新的方法、以人为本的方式来满足大学生需求才是正确的方式。一方面，理论上的教学方式不可放松，基础理论的教育是必不可少的；另一方面，教师要采用新的教学方法来把理论教育到学生心里去，对于教学更有针对性和重点。例如，在实施教育的环节，教师对马克思主义理论的相关讲授可以穿插时事要点也可以通过逻辑分析法、事实掺入法、教学分时法、课外采集法等各种各样的教学方法来激起学生内心的学习热情，加强学生对课程的兴趣，将马克思主义信仰教育彻底融入学生的日常生活中，让课程更有吸引力。

3. 加强课程的教学实践

马克思主义思想本身就产生于革命的实践中，其理论源头在于实践，是无数革命实践和人民的勤劳累积起来的智慧，是一笔无法用金钱衡量的巨大精神财产。所以，在马克思主义理论的教学中，理论不能脱离实践，强化教学实践环节必不可少。在马克思主义教育的各个环节，大学生的马克思主义理论教育要与实践密切相连，大学生要学会自己参与实践，教师更要通过各种方法引导学生认识到实践的重要意义。可以通过一些活动，比如校园外的学习调研、学生自发的考察学习等来强化大学生对马克思主义信仰教育的了解，拓宽学生的视野，加深他们对理论的理解。通过正确的方式来引导学生对马克思主义信仰教育的深刻认识，牢牢把握马克思主义信仰不动摇，主动学习，通过实践来体会马克思主义理论的强大生命力，将马克思主义信仰深深印到自己的心中，将信仰与自己的行为保持一致。

（二）高度高效地整合教育资源和优化教育环境

1. 将教育与科学研究相互融合

马克思主义的研究学者与大学中教授马克思主义理论的教师不是同一人群。研究学者们关注的焦点在于对理论的不断完善，不断加强，他们宣传马克思主义理论的方式有出版相关的马克思主义理论书籍，发表有关马克思主义理论学说等，他们是马克思主义理论的开创者和间接播种者。大学的马克思主义理论教师主要是加强对理论的直接传播，他们通过教学行为直接把科研的成果传播到大学生当中。马克思主义的研究学者更多是以理论的研究为重，通过适当的调查和理论分析，再通过某些实践来完成调查研究，同时完成对理论的创新和相关著作。在这个方向上，大学教师不仅要进行理论上的传播，也要学习这些研究学者，多对马克思主义的理论创新和改进提出自己的见解，也就是在传播书本知识的同时推进马克思主义理论的发展。

2. 注重学生的个性培养和对马克思主义理论学习的自觉性

当代高校大学生是社会具有高知识水平、低阅历的群体，这样的特殊性决定了他们对于身边新鲜事物的辨别能力不高，对理论的学习积极性不高。对于他们来说大学生活是人生中最重要的生活阶段，所学到的东西正是今后进入社会需要加强学习的地方，这是进入社会前非常重要的一步。马克思主义理论包含正确的科学观和方法论，包括如何面对一些问题，遇到困难如何进行解决，如何对结论进行分析，大学生学习这些理论有助于提升自己分析问题、解决问题的能力。对于教学活动中出现的问题，应主要从以下几个方面进行处理：一是要能针对不同大学生的性格特点给予不同的教育，不仅仅是教育他们不应该做什么，应该做什么，更要教育他们为什么这样做，这样做的原因是什么。通过掌握当代大学生心里所想，把大学生自己分析问题、处理问题能力的潜能彻底发挥出来。二是要继续维持马克思主义理论的权威性和严肃性，更要从马克思主义理论的活泼性和发挥大学生内心的兴趣着手，将时事政治和时事热点融入其中，让呆板的理论学习越来越有趣、越来越生动，激发学生对马克思主义理论的学习兴趣。

3. 构筑多级别、新立意的理论体系

大学的马克思主义理论教学现在大都是从教材的角度进行授课，将理论原封不动地进行传授，这样的结果就是实践减少了，理论创新度降低了，整个教学变成了一个空壳子。马克思主义理论不能脱离社会实践，大学生想在学习中加深对马克思主义理论的理解，就要深入群众中去，在现实中实践。应使教学的内容更加规范化、系统化、层次化和科学化。这就对当今马克思主义理论教学提出了更高的要求，要将一些社会中发生的事情与理论结合起来进行分析，让深奥难懂的马克思主义理论通过简明扼要、简单易懂的形式呈现在学生的面前，使他们对于马克思主义理论的内容有更深入的了解。

4. 将传播的渠道进行拓展

马克思主义理论目前还是以单一的传播渠道为主，那就是课堂传播。如果能拓宽传播渠道、摆脱单一传播的局面，马克思主义理论就可以更好地进行宣传与传播。大学的马克思主义理论教育还是上课的形式，因此，大学马克思主义理论传播包括课堂上还有下课后两种方式。

首先是在课堂上，课堂上的学习是大学生了解马克思主义理论的主要方式，课堂上的理论学习以教师传授为主，课堂上的教育可以让学生的理论水平从根本上提高，这样的情况下，要注意课堂的创新性。教师可以经常开展一些马克思主义理论读书报告会、答辩小组活动，在上课期间也要多提问，多让学生思考问题，避免只有老师在讲台上单方面授课的局面。同时教师要鼓励学生多接触马克思主义著作，教会学生自主学习。一些先进的科技手段也要融入教学之中，比如多媒体播放器等，让深奥的马克思主义理论通过一些视频、道具和图片渠道深入每个大学生的心中。

其次是在课堂后，下课后的马克思主义理论的学习也是必需的，各式各样的教育实践活动也必须要融入课堂的教学中，这样理论和教学的相互结合才能让教学模式丰富多彩。比如，社会调研、到革命老区进行学习等，实际生活中的马克思主义理论宣传必不可少；多利用学校的其他资源进行宣传，如广告宣传栏、学校报纸杂志、广播，等等。只有将课堂上的学习与下课后的实践相结合，构筑多方位的传播渠道，才能进一步宣传马克思主义理论思想。

（三）全面提升高校教师马克思主义信仰教育的基本水平

一是作为教师要苦研马克思主义理论学说，加大对理论的研究投入，对理论的深入研究有助于高校教师拓宽教育思路。首先要有马克思主义理论的扎实功底，每一位高校教师都要有一种研究意识，做到不浅尝辄止地做学问。如果不能准确地理解理论要点，明白理论中的深切含义，在日常的教学中很容易南辕北辙，无法深入开展教学。所以对于高校教师来说，多读原著才是了解理论内涵、知其精髓的重要途径。除了对马克思主义理论书籍进行研究外，教师还应该充分意识到这样的理论研究对课程教学的帮助作用。一些大学马克思主义理论教师的理论水平较低，所教课程千篇一律，多年课程内容不更新，教师的教学热情低，对于学科的研究更加缓慢。这些现象产生的主要原因是大学马克思主义理论教师没有充分认识到教学研究的重要性，他们一味地进行重复的理论教学，忽略了对理论本身的深入和拓宽，这就造成对课程教学过程的肤浅认识。在现实生活中，高校的马克思主义理论教育本身具有理论性较强但是现实性表现弱的特征，这种情况督促大学教师要对理论进行可持续研究，跟进知识点，不断将新的理论研究成果融入教学中。只有不断促进科研理论的研究，才能从根源上持续补给教学养料。大学老师必须经常对知识加以补充，拓宽自己的视野，弥补理论教学的不足，这样才能保证教学水平的质的跨越。

二是在教学中将教材中的理论与实际相结合，做到理论联系实际。因为大学生的马克思主义理论教育在大学的诸多课程中占到举足轻重的地位，因此，教师一定要做到教学不脱离教材，以书本为准，这样做也是为了保证教学内容的科学性和权威性。但是要注意以课本为教育准绳不是一味地按课本进行陈述，也不是按照书本的内容原封不动地教学，真正的教学实质应该是来自课本而高于课本。高于课本是指按照课本上的内容进行教书，但是又能根据自己的理论教学水平加入某些研究成果或是时事要点，不拘泥于课本又能将课本的内容进行升华。这就要求教师在日常的教育过程中能做到与学生本身的实际积极联系，这主要体现以下几点：首先，与学生联系密切的生活小事相关联。一部分学生觉得理论学习对生活没有多大用处，将马克思主义理论学习与生活联系在一起可以让他们在内心中真正重视这门学科。这对大学老师的教学提出更高的要求，教师必须学会将身边的一些事与教学联系在一起，学会举一反三，穿插内容，吸引越来越多的学生真正喜欢这门课程。其次，能了解学生们最关心、最注重的生活事件，将这些社会潮流或时事热点加入教学中。书本中表达的仅仅是纯理论的东西，无法及时适应社会新的潮流，但是大学生们所接触的社会和生活环境是时时更新的，学生自己也经常关注和思考一些社会思潮和热点，这就对大学的马克思主义理论教育提出更高的要求。教师要审时度势，让大学生体会到马克思主义理论能真正解决他们生活上的问题。

三是课堂上运用真情实感来带动学生的感官，用真诚的教育态度来影响学生的学习态度。国内学者朱永新曾经说过：大学的教育工作者应该投入全身心的力量去爱学生、爱教育。只有爱才能赢得爱，你爱教育事业，教育事业也会爱你，你才能获得事业上的乐趣。你爱学生，学生也才会爱你，也才会让你在和他们的交往中忘记外面的世界，忘记生活的烦恼。教师越是重视爱的投入，学生越是能感受到教育的真切，这样的良好教育气氛更能给大学生以爱的关切，师生之间的教育关系好了，教学工作才能顺利开展。教师在教育中要学会给予学生真切的关心和适度的关切，促进老师与学生之间内心的相通，优良的教学关系建立起来了，教学的效果和学生的学习态度就会提升。

（四）全方位提高大学生马克思主义信仰学习的自觉性

提出全方位提高大学生马克思主义信仰学习的自觉性这个观点，主要有五个方面的原因。

一是大学生需要确立科学的世界观和人生观。马克思主义理论体系包含以下几点：首先是理想信念的源头，将生活中所体现出来的理性思维加上理论的外衣。其次是教会学习理论的人以理性思维和良好的逻辑思维能力，马克思主义理论所蕴含的方法论更能帮助大学生运用适当的方法来解决问题，不仅能帮助一个人树立人生观和价值观，还能帮助大学生用理性的思维去思考问题，建立道德上的规范。

二是马克思主义理论本身包含如何改造世界的内容，可以帮助学习者运用到实际中去改造世界。任何一个理论都要经历时间的洗礼，马克思主义理论历经几个世纪仍然被世人所乐道是因为它有强大的生命力。马克思主义理论是从实际生活中产生的，同时又经受住了社会的考验，是为社会的不断发展所服务的，其来源于实践又对社会实践有促进作用。一个理论如果能作为信仰，那么这个理论一定是有鲜活的生命力的，这样的生命力本身来源于群众的生活。科学的理论不会停滞不前，它是不断向前发展、不断自我完善的。马克思主义理论随着世界的不断发展而不断完善自己，用科学的世界观和方法论去看世界，这样的理论是科学的，有根据的，不会消亡。

三是马克思主义理论与当前社会主义国家制定的方针政策和各种制度息息相关，这更体现出了学习马克思主义理论的必要性。马克思主义理论主要包括了辩证唯物主义和历史唯物主义的思辨方式，对思维与存在的关系进行了深刻的探讨，这样的思想是从全人类的角度进行分析的。

四是加深对马克思主义理论的理解可以帮助学生明事理、辨是非，增强对于一些不良思想的抵御力。一切从实际出发、理论联系实际是马克思主义理论提出的最宝贵的精神食粮，告诉大家实践的重要性，明确指出必须通过社会实践才能帮助我们寻找真理、发现真理。学习马克思主义理论可以帮助学生更好地掌握自己的人生方向。

五是马克思主义理论本身也包括了方法论，这些方法论的提出对学习马克思主义理论的人来说是解决问题的能力。

全方位提升大学生学习马克思主义理论的自觉性，可以通过以下几个方式实现。

一是对于学习要坚持不懈。对于为什么要学习马克思主义理论也要明确，学习理论一定要保持自己的理想信念，对于一切的外来杂念要尽全力摒除。强化大学生的马克思主义信仰主要是为了对学生的思想政治理论素养进行提升，思想政治素养的提升可以进一步提高学生的思想觉悟，对于相关媒体的政治评论有更好的独立思考的能力。学校可以定时将学习马克思主义理论专业的学生召集起来进行宣传教育，对于非马克思主义理论专业的学生更要强化学习，通过适当方式彻底地提升其政治思想觉悟和马克思主义理论水准。

二是加强学习的同时，要抓住学习重点，保证有针对性的学习。每位教师都要牢记学习的必要性和迫切性，加强学习的过程就是将学习的能力与实际工作的能力相结合。大学生的马克思主义理论教育工作是高校教师应该重视的工作，高校教师要明白教育工作与学习任务分不开，加强学习本身就是加强自身教学能力的最好途径。加强自身的学习不仅可以提升政治素养，还可以对自身的知识查漏补缺，这就要求高校教师既要保证学习的全面性又要保证学习的针对性，把日常教学工作作为基础，要学会从学习中、从工作中和从日常的教学过程中找突破口。

三是将学生的学习规范化、系统化，把学习日程作为一项重要工作来抓。教师要学会将马克思主义理论的学习作为一项重要工作去做，做到坚持不懈，以正确的态度去面对学习。作为学生也要做到持之以恒，要明白理论的学习对于自身政治素质、语言魅力和行为魅力的提升有重要作用。

第二节　加强大学生理想信念教育

一、大学生理想信念教育的现状分析

经过长期的努力和实践，大学生的理想信念整体上形成了健康向上的良好局面，大学生理想信念教育也取得了比较好的成绩，但是我们也应看到大学生理想信念教育仍然存在着诸如教育理念需要更新、教育内容需要完善、教育方法需要改进和教育队伍需要提高等诸多问题。

（一）大学生理想信念教育取得的成绩

为了引导和帮助大学生树立科学健康的理想信念，高校大学生理想信念

教育不断发展和完善，取得了一系列成果。经过长期的理论探索和教学实践，大学生理想信念整体上形成了以健康向上为主流的良好状况。

1. 当代大学生有着强烈的责任心，非常关心国家和民族的未来

当代大学生大多胸怀国家，心系民族，他们非常关心国家和民族的未来和发展，对中国特色社会主义建设充满期待，对社会主义和谐社会饱含热情和希望，对在党的领导下实现中华民族伟大复兴信心满满。他们积极关心时政，积极为社会主义的发展出谋划策，积极关心国家经济的发展状况。特别是在对待国家领土主权问题上，大学生的态度鲜明且有一致共识，那就是坚决捍卫国家主权和领土完整，支持我国在领土问题上的一贯立场。

2. 当代大学生积极拥护和支持党的领导

当代大学生大多对国家和人民充满热爱，对党和国家的路线、方针和政策积极支持，对中国共产党热烈拥护，他们相信在党的领导下，我国必将完成建设中国特色社会主义的宏伟目标，也一定会实现中华民族的伟大复兴。中国共产党的辉煌历史和丰功伟业时时刻刻激励着当代大学生不断奋、进不断向前，激励着他们全身心地投入中国特色社会主义的建设中，从而为国家发展和社会进步贡献自己的一份力量。

3. 当代大学生坚信中国特色社会主义必将取得最终的胜利

当代大学生认为坚持中国特色社会主义符合我国的基本国情和人民的基本利益，中国特色社会主义必将取得最终的胜利。他们能够深刻地意识到自己在中国特色社会主义事业中所起的重要作用，能够为了祖国和人民的未来而不断学习和努力，从而用实际行动为中国特色社会主义的建设和发展贡献力量。

（二）大学生理想信念教育存在的问题

1. 教育理念需要更新

一是教育理念不够系统和全面。大学生理想信念教育所处的复杂环境，导致其可能产生较为广泛的影响。大学生理想信念教育不仅需要广大师生的参与和努力，同时也迫切需要国家和社会的帮助，才能形成一项系统和全面的教育工程。从目前大学生理想信念教育的实际情况可以发现，教育理念还不够系统和全面，需要进一步加强。当前参与高校理想信念教育的重点仍然是广大的高校教师，这使得许多大学生没有完全意识到理想信念教育对自身发展和个人成长的重要性。而广大教师在进行大学生理想信念教育工作时也大多局限在讲课上，无法贴近大学生理想信念问题的实际情况，也无法有效地解答大学生自身理想信念出现的具体问题。同时，高校的教学工作和教育资源之间独立运行，缺乏沟通，形式上也较为分散，难以形成合力，严重影响了大学生理想信念教育的发展。

二是教育理念不够人性化。随着经济的发展和科技进步，社会对人才的定义和要求已经从重视知识技术等硬实力逐渐发展为重视多样化、独特化等软实力。而作为培养人才重要方式之一的教育，只有在理念上符合这一时代要求才能达到其应有的效果。但是实际上，当前的大学生理想信念教育依旧缺乏人性化的教育理念，表现在高校进行理想信念教育工作时常常被传统的教育理念所束缚，使得高校教师大多处于居高临下的心理位置上开展工作，缺乏对大学生的人文关怀，很容易让大学生产生紧张情绪和被压迫的感觉，从而难以完全掌握大学生思想的实际情况，以至于无法达到大学生理想信念教育应有的效果。总之，不够人性化的教育理念会严重损害大学生理想信念教育的发展。

三是教育理念缺乏主体意识。在大学生理想信念教育的过程中应该尊重大学生的主体地位，树立主体意识，从而运用多种手段调动大学生的积极性，使得其充分发挥主观能动性，这样才能达到较好的教育效果。高校在开展大学生理想信念教育的工作中应突出“学”的重要性，同时围绕着“学”进行具体的教育工作，只有这样才能够充分发挥大学生的潜力，提高大学生学习的动力，进而培养大学生主动接受和自觉学习理想信念的主体意识，达到事半功倍的效果。然而实际上，当前大学生理想信念教育的主要方式依旧是课堂讲课的传统方式，理想信念教育依旧停留在不顾实际情况一味灌输的老路子上，严重影响大学生理想信念教育的效果和质量。

2. 教育内容需要完善

当前大学生理想信念的教育内容不断充实，已经由最初单纯的政治理想信念教育逐渐涵盖了大学生个人和社会理想信念的各个领域，涉及生活、职业、道德和政治等多方面内容，有效地促进了大学生理想信念教育的进一步发展。但是教育内容上依旧存在很多问题，仍有待完善，主要表现如下：

一是教育内容针对性较弱。当前大学生理想信念教育难以达到令人满意效果的重要原因之一就是教育内容针对性较弱。讲课等传统方式虽然帮助大学生初步了解了一部分理想信念的内容，但是难以切实帮助大学生解决自身所遇到的理想信念方面的种种问题，这就使得高校的理想信念教育一直难以达到理想的效果。除此以外，大学生个体间存在着或多或少的差异，生活经验和社会历练程度迥异，自身发展状况也不尽相同，在开展理想信念教育工作时应该做到因材施教，加强教育内容的针对性，这样才能达到理想信念教育应有的成效。

二是教育内容滞后。毋庸置疑，高校理想信念教育的教育内容应该保持其本身所具有的权威性和科学性，但是这并不意味着理想信念教育内容可以一成不变。相反，想要达到良好的教育效果，教育内容就应该从大学生的实际情况出发不断更新和变化，从而符合大学生自身的成长规律和教育规律，符合社会进步和国家发展的需要，符合时代潮流。而当前的大学生理想信念教育在教育内容上还有着严重的滞后性，有相当一部分内容已经不符合新一代“95后”甚至“00后”大学生的需求，这些内容我们有必要根据实际情况进行删改，从而补充一些符合当前大学生生理心理特点和有利于其成长的教育内容，真正帮助大学生解决他们所面对的种种问题，有效防止他们在进行理想信念学习时误入歧途。

三是教育内容不够具体。当前高校在开展大学生理想信念教育工作时更多地把重心放在了课堂上，一味地由高校教师进行相关理论内容的灌输和讲解，课堂氛围沉闷，难以调动大学生的积极性，更无法引起大学生对理想信念的学习兴趣，甚至还会造成大学生的逆反和抵触心理。因此，在进行理想信念教育时应该结合当前的社会热点或身边的事例，把教育内容进一步具体化，做到具体问题具体分析，这样才更有教育意义和说服力。

3. 教育方法需要改进

大学生理想信念教育虽然提出了一些诸如PPT讲演、视频教学等符合时代潮流和高校教育发展水平的新方法，但是手段有限，缺乏创新，仍然大有改进空间。具体内容体现在以下两个方面：

一是教育载体单一。目前进行大学生理想信念教育的载体仍然停留在高校课堂上，在广度和深度上影响有限。单一的教育载体，已经无法满足新形势新背景下大学生理想信念教育的实际需要。伴随着社会的发展和科技的进步，各种各样的新兴载体开始出现，微博、微信、客户端 App、贴吧、论坛等各种新兴的平台深受大学生欢迎，通过这些载体大学生能够自由表达自身的情感诉求和内心的真实想法，同时也能够更全面地反映出他们自身的理想信念状况和遇到的问题。传统的教育方法和手段应该充分利用这些新兴方式搭建起一个多样化的大学生理想信念教育的平台，从而更好地帮助大学生培养科学的理想信念。

二是缺乏社会实践。大学生理想信念教育不应该仅仅停留在理论上，而是应该使大学生在科学理论的指导下进行社会实践，从而进一步增强对相关理论的理解，达到更好的教育效果。但是当前的大学生理想信念教育仍然不够重视社会实践。只有加强社会实践，才能使大学生更好地将自身的发展和国家社会的发展结合起来，加深认识从而树立科学健康的理想信念，同时加强社会实践也大大弥补了课堂教育的不足和缺陷。

4. 教育队伍需要提高

一是教育人员的自身素质有待提高。大学生理想信念教育的教育人员要在遵循教育规律和大学生成长规律的前提下，通过自身工作，帮助大学生树立科学的理想信念，帮助他们顺利成为合格的社会主义接班人。教育人员承担着帮助大学生树立科学健康的理想信念的重担，他们自身的素质关系到大学生理想信念教育的实施效果以及大学生自身理想信念的培养状况。整体而言当前教育队伍的素质较好，大部分教育人员能够认真负责地工作，但也有部分教育人员自身素质存在着一些问题，缺乏对理想信念教育相关理论的系统学习，甚至存在着理想信念不健全、知识匮乏、教学经验不足等问题。因此在实际的教学工作中面对思维活跃、个性鲜明的大学生很容易遇到教学瓶颈，从而难以解决大学生所面对的实际问题，最终对大学生理想信念的教育工作产生不良影响。

二是教育队伍的结构有待完善。当前大学生理想信念教育队伍中分工明确，党政干部主抓协调工作，负责思想政治教育工作的协调指导，而高校辅导员则主要负责大学生日常生活和学习上的具体事务。然而当前的高校教育队伍中辅导员越来越多地被刚毕业的博士生甚至是硕士生所担任，经验难免不足。同时负责大学生思想政治教育课程的专业教师也广泛存在着兼职的情况，缺乏专业的教育人员，整个高校教育队伍的结构也存在着许多不足之处。

三是教育人员变动较为频繁。当前高校理想信念的相关教育人员不够稳定，具有一定的变动性。高校在对待教育人员方面常常把重点停留在“用”上，而忽视了对人员的培养工作，使得整个教育队伍培训机制不够健全，缺乏系统性。同时由于起点低、工资待遇较低、具体工作内容较为繁重、激励机制不够完善等情况，一些教育人员缺乏工作的积极性，甚至把这份工作当作临时性的工作来做，无形中使得相关的教育人员频频出现变动，严重影响了高校教育队伍的发展和专业人员的培养，切实损害了大学生的相关利益。

（三）大学生理想信念教育的影响因素

1. 个人因素方面

大学生是大学生理想信念教育的主体和接受者。大学生的自身因素和大学生理想信念教育息息相关。大学生自身的心理状况、知识水平和生活阅历都在不同程度上影响着大学生理想信念教育的效果。脱离大学生个人努力和个人因素的大学生理想信念教育也就失去了存在的意义和价值。

（1）大学生自身的心理状况影响他们对理想信念教育的接受程度

当前大学生自身的心理状况大体上表现为思维上活跃跳脱、敢于否定；情感上热情奔放、爱憎分明；个性上独立张扬、勇于表现自我；追求上渴望自由和成功。同时由于正处于心理的发展期和人格的塑造期，自身的心理状况还不够成熟，大学生中间也不乏性格冲动、思维偏激、心理浮躁和情感激进的情况，加上诸如互联网等新兴科技、经济全球化、西方资本主义思潮等的影响，我们国家正处于社会主义初级阶段的基本国情下各种问题和矛盾的显现，很容易影响大学生对理想信念教育的接受程度。目前大学生中存在着个人主义、功利主义、拜金主义等不健康的理想信念，在一定程度上影响了科学健康的理想信念的接受程度。这迫切需要我们充分认识大学生自身的心理状况和特点并加以正确引导，帮助他们树立科学的世界观、人生观和价值观，帮助他们提高自身的心理素质，最终达到理想信念教育的效果。

（2）大学生自身的知识水平影响他们对理想信念教育的学习程度

大学生自身的知识水平直接关系到他们对理想信念教育的学习程度。理想信念教育的实施需要大学生自身的知识水平、理解能力、分析总结能力、思维能力等有效配合才能达到理想的效果。通过大学相关课程的学习，大学生自身的知识水平进一步得到提升，大大提高了他们对理想信念教育的学习程度，对大学生自身培养和树立科学健康的理想信念也意义重大。同时，高校开展的思想政治教育等相关课程通过课堂教学、理论讲解、案例分析等方式也在一定程度上帮助大学生掌握了理想信念的基本内容，提高了他们的理论素养和知识水平，达到了积极效果。

（3）大学生自身的生活阅历影响他们对理想信念教育的理解程度

大学生的个人经历和自身的生活阅历往往会进一步影响他们对理想信念的理解和体会。例如在生活中遇到变故的大学生，他们的理想信念比较容易出现波动和变化；拥有丰富生活阅历的大学生更容易理解理想信念教育的内容，有时甚至产生共鸣从而进一步加深他们对理想信念的学习，推动他们培养和完善自身的理想信念。高考是绝大多数大学生进入大学前主要的生活阅历之一，通常也是影响他们理解和培养自身理想信念的一个重要渠道。高考的经历，使得大学生心智上逐渐成熟，对人生的理解和感悟逐步加深，客观上也激发了他们对理想信念的需求。当然，大学生自身的求学经历、情感经历、人际交往关系等其他生活阅历也影响着他们对理想信念教育的理解程度。

2. 家庭因素方面

家庭因素主要包括家庭成员和家庭环境两方面内容。以父母为主的家庭成员在大学生培养理想信念的过程中充当着参照对象的重要角色。同时，家庭环境是大学生培养理想信念的重要条件之一。良好的家庭环境为大学生树立科学的理想信念提供了先天优势。

（1）家庭成员是大学生培养理想信念的参照对象

家庭是组成社会的基本要素之一，也是大学生学习和培养理想信念的重要起点。家庭成员尤其是作为监护人的父母对大学生理想信念的塑造有着很深的影响。在大学生理想信念的形成过程中，父母的知识水平、心理状况、道德修养等因素起着举足轻重的作用。父母的言行举止无时无刻不影响着大学生的身心发展，关系到他们性格的塑造和素质的提高，关系到他们自身理想信念的培养，更加关系到他们世界观、人生观和价值观的形成和发展。大学生在遇到困难挫折或者遭遇不顺时最先想到的大多是父母等家庭成员，家庭成员是他们内心最值得依靠和信赖的人，毫无疑问，在理想信念教育的学习过程中也是最直接最具有参考意义的人。因此，在开展大学生理想信念教育工作的时候，我们不仅要高度重视理论教学，更应该从家庭出发，重视家庭成员的影响和家庭教育。这些对大学生培养科学健康的理想信念具有重要意义。

（2）家庭环境是大学生培养正确理想信念的发动机

家庭环境是大学生培养正确理想信念的发动机，可以为大学生提供培养理想信念的先天优势。良好的家庭环境可以帮助大学生充分认识到理想信念的重要性，帮助他们提高自我价值和精神追求。只有一个和谐健康的家庭，才能给孩子健康的观念，培养孩子良好的自尊心、自信心，培养孩子的责任意识。由于历史条件的因素，当代大学生大部分都是独生子女，从小在家人的呵护甚至是溺爱下长大，无形中导致部分大学生形成了自我为中心、藐视一切的观念。他们过分关注自我，缺乏集体观念，缺乏中国传统的道德素养，自身的理想信念更是淡薄。如果不及时加以引导，他们在思想上容易误入歧途，轻则不利于自身成长，重则危害社会稳定和社会主义建设。当然也有一部分大学生因为家庭遭遇，心中背负着改善家庭状况和环境的重担，从而奋发图强、艰苦奋斗，自觉培养崇高理想信念。因此可以看出家庭环境对大学生理想信念的形成意义重大。

3. 学校因素方面

学校是大学生理想信念教育的主要阵地，从某种意义上讲，大学生理想信念教育就是学校对大学生开展的理想信念相关教育。因此，学校因素直接关系到大学生理想信念的发展状况，也是影响大学生理想信念教育的最重要因素。

（1）高校教师的指导功能

大学生正处于个人身心发展的重要时期，他们是未来国家的建设者和社会的主导者，也是民族思想观念、理想信念、道德情操的传承者。大学生自身的理想信念状况将在很大程度上影响我国社会主义的建设和发展情况，而他们所处的大学时期正是培养科学健康的理想信念最关键的阶段。在这个阶段，大学生理想信念的学习和培养，离不开包括思政教师、辅导员等高校教师的指导和帮助。他们不仅给大学生传授知识，更重要的是他们的言行举止潜移默化地影响着大学生的成长。同时，高校教师的自身素质诸如知识和教学水平、文化修养、道德素养等也会对大学生产生较为深刻的影响。

（2）专业类别的倾向功能

专业对大学生理想信念教育具有倾向功能，专业课程的学习能够影响大学生对理想信念教育的理解，不同专业的大学生对理想信念理解的侧重点不尽相同。不同专业的学生在各个时期的就业前景都会有所差别，这使得他们自身的理想信念常常出现较为明显的差异。那些所学专业好就业、有前景、发展潜力大等热门专业的大学生往往对所学专业有较高的认同感和明确的学习目标，对未来的工作有着较高的期待，一定程度上会增加他们的学习热情和积极性，甚至推动他们将个人的理想融入集体理想和社会共同理想之中，从而塑造科学健康的理想信念。相比之下，所学专业难就业、前景不明朗的大学生往往缺乏学习的动力和热情，甚至出现消极对待学习的现象，产生对未来的迷茫与困惑，从而严重影响自身理想信念的健康发展。不同专业的大学生在课程学习上各有侧重，在思维方式和思想观念上也有所不同，因而容易导致他们行为和心理出现分化，这同时也对大学生理想信念教育产生分化作用。

（3）校园文化的辅助功能

校园文化对大学生自身的成长和发展有着十分重要的意义，小到生活习惯、学习习惯、思维习惯的培养，大到包括理想信念在内的世界观、人生观、价值观的塑造都与之息息相关。作为最富活力和朝气的大学校园，校园文化一直是丰富多彩、紧跟时代潮流的。大学的校园文化虽然兼容并包，但其中有精华自然难免有糟粕。近年来的校园文化受互联网和社会风气的影响越发严重，一些学校建设开始倾向于面子工程，重设施而忽视了营造一个良好的学术环境；校园活动更多地开始倾向于晚会演出，重娱乐而忽视了培养大学生优良的精神面貌；与此同时炫富仇富之风气、攀比虚荣之风气、娱乐至上之风气等一些不良风气开始在大学校园里出现。高校应该高度重视校园文化对大学生理想信念教育的辅助功能，对此提高警觉并加以整治，否则长此以往下去后果会十分严重。

4. 社会因素方面

大学生理想信念教育的发展无法脱离所处的社会环境。社会因素主要包括两方面内容：其一是多元文化的影响，大学生理想信念教育和多元文化的关系十分密切；其二是新兴技术的影响，大学生理想信念教育的发展离不开新兴技术的影响。

（1）多元文化的影响

大学生理想信念教育和多元文化的关系十分密切。大学生理想信念教育不仅受中国特色社会主义文化的影响，而且也离不开包括西方资本主义文化在内的多元文化的洗礼。石书臣曾在《当代中国的文化格局及其发展导向》一文中指出“当多元文化共处时，每一种文化都竭力去争取和巩固自己更大的发展空间，在文化体系中占据更为优势的地位，因而摩擦和冲突便无可避免”。可以看出，多元文化造成的这种摩擦和冲突无疑会对大学生理想信念的培养产生深刻的影响。首先会对大学生的爱国情怀产生一定影响，多元文化通过意识形态上无形的渗透在一定程度上会削弱大学生的民族观念和国家意识。再加上我国处于社会主义初级阶段，各方面发展不完善的现实情况一时难能如人意，大学生的理想信念还处于塑造阶段容易被影响，很可能被别有居心的人所利用造成严重危害。值得警惕的是西方资本主义腐朽思想通过多种方式和渠道对大学生加强精神领域的渗透，歪曲否定社会主义核心价值观，造成大学生心理上的冲击和迷茫，严重影响大学生理想信念的健康发展。同时改革开放后我国与世界的交流和联系日益密切，也为多元文化的冲击提供了便利条件。

（2）新兴技术的影响

大学生理想信念教育的发展离不开新兴技术的影响。传统的理想信念教育大多是课堂讲解和书籍报纸杂志的宣传。但随着新兴科技的发展，理想信念教育涌现出多种多样的方式和媒介。与传统技术相比，大家耳熟能详的诸如微信群、小视频、真人直播等新兴方式更加形象生动，更加具有感染力，更加方便快捷。当前我国的主要矛盾是人民日益增长的物质文化需求和落后的生产力之间的矛盾。新兴技术的发展，无疑使得大学生理想信念的培养更加具有挑战性。同时新兴技术带来的丰富内容和巨大的信息量很容易使大学生一时难以判断从而造成困惑和迷茫，加大理想信念教育的难度和影响理想信念教育的实施效果，这也在一定程度上削弱了高校理想信念教育的影响力和权威性。

二、加强大学生理想信念教育的对策

为了做好大学生理想信念的教育工作，为了大学生的健康成长，为了中国特色社会主义建设，探索加强大学生理想信念教育的对策就显得格外重要。但是也应深刻认识到大学生理想信念教育是一项系统工程，它的健康发展离不开大学生自身、家庭、学校和社会等各个要素的支持和帮助。因此，加强大学生理想信念教育可以从以下几个方面采取措施。

（一）从大学生自身做起

大学生是大学生理想信念教育的主体和接受者，加强大学生理想信念教育离不开大学生自身素质的提高和努力。毫无疑问，加强大学生理想信念教育首先应该从大学生自身做起。

1. 提高认识

大学生应该提高认识，充分认识到自身的特点尤其是心理特点，充分认识到自己所处的人生阶段，充分认识到培养科学健康的理想信念的重要性。大学生正处于身心发展的关键时期，心理状况、知识水平、思维能力和分析能力、道德修养、整体素质等有一定局限性。对自身的这些不足，大学生应该调整心态正确看待。

2. 重视思想政治教育课

大学生应该高度认识思想政治教育课程的重要性。高校专门开设思想政治教育这门课程，不仅仅是为了传授大学生相关的理论知识、培养大学生良好的思想观念、道德情操和政治素养，更重要的是帮助大学生健康成长。所以大学生应该端正学习态度，转变观念，重视课堂学习，学好思想政治教育这门课程。

3. 加强学习

大学生应该加强学习。大学生应该在学好专业的同时加强学习马克思主义、毛泽东思想、邓小平理论等科学的理论知识，也应加强学习社会主义核心价值观和中国特色社会主义文化等优秀的文化知识。大学生应该不断提高自身的修养，通过学习不断提升自己，完善自己的知识结构，提高自我心理素质，培养高尚的社会道德，积极参与社会实践，结合社会需要，树立正确的理想信念。

4. 增加生活阅历

大学生应该通过多种方式和渠道增加生活阅历，从而树立正确的理想信念。通过参加各种各样的实践活动在开阔眼界的同时加深对理想信念的理解，通过培养高雅的艺术文化追求、提高自身精神、学习先进人物和事迹来提高自我要求和社会责任感。

总而言之，加强大学生理想信念教育应该从大学生自身做起，脱离大学生自身的努力，大学生理想信念教育也就失去了存在的意义和价值。

（二）从改善家庭环境做起

家庭环境是大学生培养理想信念的重要条件之一。良好的家庭环境为大学生树立科学的理想信念提供了先天优势，加强大学生理想信念教育应该从改善家庭环境做起。

1. 提高父母的综合素质

家庭成员是大学生培养理想信念的参照物。因此加强大学生理想信念教育，应该重视以父母为主的家庭成员的影响。父母应该严格要求自己，以身作则，给大学生做出好榜样。父母在教育大学生子女的同时应该提高自己的综合素质，也应该端正心态和子女平等对话，敢于接受子女的不同意见。父母应该加强对大学生子女理想信念状况和思想状况的了解，及时和子女沟通和交流，肯定和表扬健康观念，批评和纠正不良思想，从而促进大学生子女的健康成长。

2. 改善家庭环境

家庭环境是大学生培养理想信念的发动机。我们应该充分重视大学生的家庭情况和背景，尽可能地给大学生创造一个优良的家庭环境。生活上鼓励大学生养成勤俭节约、艰苦奋斗的良好作风，培养他们的独立意识和能力，帮助他们养成热爱生活的积极态度；工作上倡导大学生树立科学的职业观念和崇高的职业理想，帮助他们做好职业规划，提高工作技能；道德上号召大学生发扬奉献精神，增进对先进人物和光辉事迹的认同感，从小事上督促大学生提高自身的道德修养；政治上营造一个关心时政民生的家庭氛围，平时在家庭中加强对政治新闻和国际局势的了解和讨论，注重培养大学生的爱国情怀和民族自豪感。

（三）从完善高校教育做起

高校是大学生理想信念教育的主要阵地，从某种意义上讲，大学生理想信念教育就是高校对大学生开展的理想信念相关教育。因此，高校教育的好坏直接关系到大学生理想信念的发展状况。所以完善高校教育毋庸置疑就成为了加强大学生理想信念教育的重中之重。

1. 营造良好的校园文化环境

因为校园文化对大学生的成长和发展具有辅助功能，所以营造一个良好的校园文化环境也就格外重要。高校在校园建设的过程中应该在加大基础设施投入的基础上充分重视营造大学校园的学术氛围，通过举办主题活动或晚会的方式加强理想信念的宣传教育工作，也可以在校园内部开展有关理想信念话题的全员讨论，具体可以灵活选择讨论会、辩论会、演讲比赛、征文比赛等多种多样的形式。

2. 多种措施更新教育理念

从完善高校教育做起，也应该充分正视大学生理想信念教育中存在的问题。根据大学生理想信念教育中存在着的教育理念不够系统全面、缺乏人性化和主体意识的问题，可以开展高校更新教育理念的相关工作。具体的措施包括：第一，安排对更高层次更优秀的高校展开调研工作，从中学习先进的教育理念；第二，不定期举办有关教育理念的交流活动，可以鼓励高校教师间互相分享经验，也可以邀请专家学者来校举办讲座：第三，高校可以设置留言箱、建议簿等，动员、号召大学生畅所欲言提意见，并且积极采纳有用的意见和建议，一经采纳也可适当予以奖励，等等。

3. 完善教育内容，督促大学生学好专业知识

根据大学生理想信念教育中存在的教育内容滞后、不够具体和针对性较弱等问题，可以进行完善理想信念教育内容的相关工作。高校应高度重视大学生理想信念中存在诸如拜金主义、享乐主义、功利主义等问题，做好收集资料和研究工作，通过典型事例的深刻分析、讲解，有针对性地进行解决。高校应督促大学生学好自身专业，还可以通过专题讲座、视频演示和谈话会等形式加深大学生对自身专业的认识和了解，培养大学生的学习目标和兴趣，从而帮助他们树立良好的职业理想。

4. 改进教育方法，积极开展社会实践活动

根据教育方法中存在的载体单一、缺乏社会实践等问题，高校应该进行一定的改进。一方面要重视和发挥好思想政治教育课在大学生理想信念教育中的重要作用，通过创新思想政治课的教学方式，积极利用新兴的高科技技术增加课堂趣味和吸引力，高校教师也可以在讲课的同时积极运用当前流行的视频直播等形式进行课堂教学；另一方面可以组织并带领学生积极开展社会实践活动，比如志愿者活动、义务献血活动、捐助活动，等等。同时，也可以利用紧跟时代潮流的微信公众号、微博官方号和贴吧等新兴平台，通过不定期推送新鲜的资讯和文章，增加关注人数，从而扩大影响力和受众群体。最后，打造以新媒体技术为载体的理想信念教育，让理想信念教育真正融入大学生的“微世界”，让大学生在转发、点赞和讨论的过程中潜移默化地接受理想信念教育。

5. 提高高校教师的素质，打造专业化的教育队伍

从完善高校教育做起，应该充分认识到学校因素对大学生理想信念教育的影响。首先，应该提升高校教师的自身素质。通过组织学习培训提升高校教师的知识水平和讲课能力；通过制订合理的考核制度和评价体系提高教师的工作动力和积极性；通过加强和学生的交流沟通、提升高校教师的工作效果。其次，高校教师作为传道授业者也应该严格要求自己，加强学习理论知识，增强工作的责任心和使命感，提升道德素养，树立崇高的远大理想。

完善高校教育应该提高高校的教育力量。高度重视打造一支经验丰富、专业性强的思想政治教育队伍，可以适度提高从事思想政治教育工作教师的工资待遇和福利水平，建立详细的考核和晋升制度，从而减少不必要的人员调动和专业人才的流失。

（四）从加强社会实践做起

理想信念教育既是理论问题，又是实践问题。社会实践是理想信念形成的深刻基础，理想信念的性质、强度、稳定性以及建立的方式，都与社会实践的具体状况密切相关。因此，加强大学生理想信念教育应该从加强社会实践做起。实践是检验真理的唯一标准，大学生通过学校教育和家庭教育学习到的关于理想信念的知识，只有付诸实践才会产生更深的认识和感悟。大学生培养理想信念的过程也是经受实践检验的过程。让大学生在社会实践的过程中开阔眼界、增长见识、陶冶情操，才能使他们增加对社会主义的认同感、对国家和民族的热爱，以及建设和谐社会的责任心和积极性。

1. 举办社会调研活动

加强社会实践可以举办大学生社会调研活动，号召大学生深入农村调研，体验农村生活，领略乡土风情，让大学生真切感受到农村的发展，培养大学生艰苦奋斗、勤俭节约、吃苦耐劳的品质。同时也帮助大学生更好地认识社会，了解国情，增强大学生建设祖国，振兴中华的责任感，坚定中国特色社会主义信念。

2. 举办实地探访活动

加强社会实践可以号召大学生深入探访如广州深圳之类的改革前沿阵地，让大学亲眼看见改革开放下城市的飞速发展，增加大学生对社会主义优越性的深刻认识。或者号召大学生去西部条件艰苦落后的地区，让大学生意识到国家面临的艰巨任务，从而增强他们建设祖国的责任心。通过举办实地探访活动，用祖国的沧桑巨变和改革开放活生生的事例，帮助、启发大学生认识社会，了解改革开放的动因、现状、进程、成就和所面临的困难，坚定中国特色社会主义的信念。

3. 举办志愿者活动和公益活动

加强社会实践可以举办志愿者活动和公益活动，让大学生在这些有意义的活动中充实自己、陶冶道德情操和明白人生的意义和价值。同时，大学生能在这些活动中增强为人民服务的意识，深化与人民群众的思想感情，体会到自己的人生价值，从而树立正确的择业观，使理想信念不断得到升华。

4. 举办红色文化活动

加强社会实践活动可以举办红色文化活动，组织大学生参观红色根据地、革命遗址、博物馆，或者组织大学生观看红色文化主题电影演出等，进行爱国主义和革命优良传统教育，使大学生坚定只有社会主义才能救中国，只有社会主义才能发展中国的信念，增强使命感，从而增强大学生的爱国主义精神和饮水思源的感恩情怀。当代大学生喜欢新鲜事物，在他们本身已经比较感兴趣的基础上，加大红色主旋律文化的宣传力度，那么对大学生进行理想信念教育的效果将会事半功倍。而且在波澜壮阔的革命时期，革命前辈的爱国精神、奉献精神、矢志不渝地坚定中国一定取得最后胜利的精神，这些都是经典的教育素材。

第三节　增强大学生主流意识形态认同教育

一、大学生主流意识形态认同教育基本理论

（一）相关概念的界定

1. 意识形态

意识形态是当今世界政治、思想、文化领域内容庞杂、意义模糊、性质多样、使用频繁的概念和范畴之一。“意识形态”一词最早是由法国哲学家特拉西在 19 世纪提出来的，除了用来指观念的科学之外，特拉西还赋予它实践的意义，作为一切科学的基础。意识形态作为一种思想或者信仰体系，具有鲜明的阶级性，对统治阶级的统治具有极其重要的作用。

任何国家、任何社会的意识形态都有主流意识形态和非主流意识形态之

分。主流意识形态是指被多数社会成员接受并形成强大舆论氛围和心理倾向的意识形态。所谓“主流意识形态”的“主流”，包括两个方面的含义：第一，它无论在深度还是广度上，都对社会公众产生着强烈的影响；第二，它常常依靠政治权威维持自己的影响力。主流意识形态在社会中的影响程度，关系到政权的稳定和社会的发展。

2. 主流意识形态认同

主流意识形态的作用并不是自发形成的，而是必须内化为个人的思想，即将意识形态的政治思想、价值标准内化为个人世界观的一部分，才能真正发挥作用。因此，统治阶级对意识形态的重视，归根结底是对意识形态内化的重视，这种“内化”主要是通过认同实现的。

认同是一个被人们熟知而又复杂的概念，广泛应用于心理学、政治学、社会学、哲学、传播学、教育学等诸多领域。认同就是通过个体与社会的互动，在主体客体化及客体主体化的过程中不断感知对象，认识对象，逐渐将对象内化为自身的观念，并外化为行为的过程。从认同过程上来看，主要包括认知认同、情感认同、内化认同和行为认同四个阶段。

这四个认同阶段是相辅相成、相互联系的。首先，认知认同是整个认同过程的基础，主要通过外部灌输使人们获得知识。其次，情感认同是认同过程的动力，是人们发自内心的需要。再次，内化认同是认同过程的关键。内化的过程是一个认知和情感凝结的过程。在这一过程中意志起着重要的作用。最后，实践认同是将前三种认同转化为结果的过程。这四个认同阶段逐级过渡和转化，形成一种往复式的循环。

主流意识形态认同是占统治地位的阶级，以自己阶级和集团的利益作为国家的根本利益，倡导建立在一定经济基础和政治制度之上的思想观念体系，使社会成员对其认可接受并践行的过程。在我国，主流意识形态是以马克思主义为指导思想的社会主义意识形态。当前，我国主流意识形态集中体现为以马克思主义为指导，以中国特色社会主义共同理想、以爱国主义为核心的民族精神和以改革创新为核心的时代精神以及实现中华民族伟大复兴的社会主义核心价值体系。要发挥这一科学体系的作用，就必须加强对它的认同。

3. 主流意识形态教育

主流意识形态教育是世界各国普遍采取的一项特殊的教育活动。由于我国的主流意识形态是以马克思主义为指导的社会主义意识形态，所以，主流意识形态教育就是进行马克思主义教育，通过教育手段和教育方式将马克思主义意识形态理论转化为人们的思想政治道德素质，使之认同马克思主义，信仰马克思主义，自觉将党和国家的重要理论倡导内化为自己的思想意识，并自觉地将马克思主义意识形态理论运用于社会实践的过程。主流意识形态教育是实现主流意识形态建设目标的根本保证。当代大学生作为祖国的未来、民族的希望，社会主义事业的建设者，其主流意识形态教育工作显得尤为重要，要通过主流意识形态教育逐渐实现包括大学生在内的社会成员对主流意识形态的普遍认同，这一工作至关重要。

（二）主流意识形态认同教育的理论基础

在马克思主义理论研究学者的著作中蕴含着丰富的有关主流意识形态教育的思想，只要进行适当的提炼与总结，便可成为主流意识形态认同教育理论与实践的指南。

1. 揭示主流意识形态教育的本质和作用

经济基础决定上层建筑，教育是上层建筑的重要形式，因此经济基础决定着教育的属性。在阶级社会里，教育具有阶级性。马克思从经济基础和上层建筑的关系出发，揭示了资本主义的意识形态教育是为资产阶级服务的。意识形态教育离不开政治，离不开阶级斗争。统治阶级通过意识形态教育培养人为政治、经济服务，维护本阶级的统治，具有鲜明的阶级性。因此，主流意识形态教育的本质是为统治阶级服务的。

2. 强调主流意识形态教育的方法

马克思、恩格斯在继承前人思想的基础上提倡意识形态教育要与生产实践相结合，指出："教育同生产劳动相结合是提高社会生产的一种方法"。主流意识形态教育要灵活运用理论，反对教条主义。

3. 阐明主流意识形态教育的目的

马克思提出，共产主义的社会目的是把社会组织成这样：使社会的每一个成员都能完全自由地全面地发展和发挥他个人全部的才能和力量。马克思关于人全面发展的理论是指实现人德育、智育、体育等全方位的发展。主流意识形态教育的目的就是实现这一目标。

（三）加强大学生主流意识形态认同教育的重要意义

大学生是十分宝贵的人才资源，大学生对主流意识形态的认同程度，不仅直接关系到其自身的健康成长，还关系到社会主义事业的兴衰成败，关系到党的执政地位及国家的长治久安。因此，加强大学生主流意识形态认同教育意义重大。

1. 不断提升高校思想政治教育实效性的必然要求

在经济全球化、文化多元化、社会信息化的时代大背景下，高校思想政治教育开始出现“失效”现象，要提升思想政治教育的实效性必然离不开大学生主流意识形态认同教育。

首先是高校通过主流意识形态认同中的课堂教育对学生进行认知认同教育、情感认同、意志认同教育，使其对理论知识的掌握达到真实有效的程度。其次是通过主流意识形态认同教育的其他方式，如营造校园文化氛围、注重实践环节，对学生进行道德素质、综合素质、人格修养等方面的培养，提升学生由内化向外化转化的实际效果。主流意识形态认同教育是一个全方位、立体式的教育，不仅包括思想政治理论课，还包括环境、教师的关怀教育等方面。通过各个教育相互融合，从而提升思想政治教育的实效性。

2. 培育中国特色社会主义事业建设者的内在要求

大学生是民族的希望和祖国的未来，加强和改进大学生思想政治教育，提高他们的思想政治素质，对于确保中国特色社会主义事业后继有人，确保我国在激烈的国际竞争中立于不败之地，具有重大而深远的战略意义。大学生主流意识形态认同教育的目的是对大学生进行马克思主义意识形态教育，努力把大学生培养成为中国特色社会主义的建设者和接班人。首先，主流意识形态认同教育是培养兼具政治素养、思想品德修养与业务素养的高素质人才的政治保证。主流意识认同教育只有坚持“育人为先”的教育理念，才能培养出与民族共命运、与时代同步伐的专业人才，否则，他们就不可能成为社会主义合格的建设者和接班人。其次，主流意识形态认同教育为培养马克思主义理论队伍提供人才保障。马克思主义理论者尤其是青年马克思主义者作为中国特色社会主义宣传事业的接班人，不仅是主流意识形态认同教育的接受者，同时也是未来主流意识形态认同教育的施教者。

3. 巩固党的执政地位和实现国家长治久安的现实需要

大学生社会主义理想信念是否坚定，对中国共产党的领导是否拥护，对中国特色社会主义道路的认识是否深刻，直接关系到党的执政地位和国家的长治久安。因此，加强大学生主流意识形态教育是坚持党的领导，维护社会和谐稳定的现实需求。

国际上，经济全球化带来人类生产力的发展和科技进步，同时也逐渐把各国联结为一个相互联系的统一整体。经济上相互依赖，政治上趋同态势强化，文化上相互渗透，各国间的壁垒逐步打破，给西方国家的意识形态侵略提供了有利条件。在国内，改革开放进一步深化和市场经济的发展，使我国社会结构和利益关系发生了调整。人们的价值观念、利益需求也随之产生了十分复杂的变化。社会存在决定社会意识，因此意识形态领域也发生了变化。马克思主义意识形态“一统天下”的格局被打破，各种社会思潮成为非主流意识形态，争夺人们的意识形态认同。加之社会转型与发展过程中的问题不断涌现，在这种多重原因夹击的局面下，出现了对主流意识形态的认同危机。在高校中主要表现为淡化马克思主义的指导地位；对中国特色社会主义道路产生怀疑；对党和政府产生抵触情绪等个别现象。因此，必须要加强大学生主流意识形态认同教育，务必帮助大学生划清是非界限、澄清模糊认识，增强当代大学生对主流意识形态的认同，巩固党的执政地位，实现国家的长治久安。

二、提升当代大学生主流意识形态认同教育的对策

（一）加强大学生主流意识形态教育的内容创新

在大学生主流意识形态教育过程中，内容选择是基础。大学生主流意识形态认同教育就是教育者通过各种途径和方法向大学生传递主流意识形态内

容的过程。总体来说，教育内容包括两个层面：第一层面，是特定的社会和阶级所要求的主流意识形态教育内容；第二层面，是教育者根据相应的教育目的，按照主流意识形态教育规律的要求，在具体的教育活动中，对前述内容进行组织、编排，以直接进行主流意识形态认同教育的内容。其中，第一层面的内容具有给定性，第二层面的内容则是对第一层面的教育内容进行加工、组织的结果。这两个层面的内容之间具有密切关系，但又有重要区别。大学生主流意识形态认同教育的有效进行，有赖于第一层面内容的科学制定，同时也有赖于第一层面内容向第二层面内容的科学转换。对于第一层面的内容，我们这里不做探讨。以下主要针对第二层面的内容进行分析。

1. 联系社会实际，不断结合最新理论成果进行理论教育

大学生主流意识形态教育的内容创新应紧密结合当今时代特征，紧跟党的理论创新脚步，体现主流意识形态认同教育的与时俱进性。

一是强化马克思主义中国化最新成果教育。马克思主义具有与时俱进的理论品质。中国共产党秉承马克思主义的基本立场、观点和方法，并且在领导人民进行革命、建设和改革的过程中，不断结合新的时代和新的实际，不断丰富和发展理论，取得了一系列理论创新成果。在这些成果当中，马克思主义中国化最新成果因为直接扎根于当代中国的社会生活实践，对社会成员包括大学生具有直接的指导意义。因此，在对大学生进行主流意识形态认同教育的过程中，应当联系社会实际，不断结合马克思主义中国化最新成果进行理论教育。中国特色社会主义理论体系涵盖了 1978 年中国改革开放以来中国共产党的一系列理论创新，是马克思主义中国化的最新理论成果，是当代中国的马克思主义。因此，中国特色社会主义理论体系应当成为主流意识形态认同教育内容中的重要部分。当前对大学生进行主流意识形态认同教育，党的十六大以来的一系列创新理论如科学发展观、执政能力建设、先进性建设、和谐社会、和谐世界、中国梦、五位一体建设布局等内容应当成为教育内容选择中的重中之重。只有不断用马克思主义中国化最新理论成果武装大学生的头脑，当代大学生的主流意识形态认同教育才能真正落到实处。

二是进行中国特色社会主义共同理想教育。理想表达了人的信念和愿望，体现了人们对美好生活的向往和追求。理想是指路明灯，没有理想，就没有明确的奋斗方向。共同理想指社会共同体全体成员共同的价值追求、价值取向和价值目标。任何一个国家和民族，只有具有共同理想才会有强大的凝聚力和向心力，才能实现全社会的共同发展目标。在社会主义初级阶段，中国各族人民的共同理想，就是在中国共产党领导下，走中国特色社会主义道路，实现中华民族的伟大复兴。近年来，由于国际国内形势的深刻变动，由于各种思潮的互相碰撞，部分大学生不同程度地存在政治信仰模糊、理想信念缺失、价值取向扭曲等问题，亟须用中国特色社会主义共同理想教育大学生。引领当代大学生树立中国特色社会主义的共同理想，是促进大学生成为中国特色社会主义事业的合格建设者和可靠接班人的需要。大学生只有把个人发展与全社会共同理想有机结合起来，才能找准自己的人生坐标，勤于读书，勇于实践，逐渐实现成长、成才。而大学生作为国家宝贵的人才资源，其成长、成才也最终关系到建设富强民主文明和谐的社会主义现代化国家这一目标的实现，具有十分重要的意义。

三是培育大学生具有中华民族的民族精神和新时期的时代精神。民族精神是一个民族信心和力量的重要源泉，时代精神是每一个时代特有的普遍精神特质。弘扬民族精神和时代精神是社会主义核心价值体系的重要基础，也是对大学生进行主流意识形态认同教育的基本内容。中华民族是一个伟大的民族，有上下五千年文明史。在五千多年的发展历程中，中华民族逐渐形成和积淀了以爱国主义为核心的团结统一、爱好和平、勤劳勇敢、自强不息的伟大民族精神，其中的核心就是爱国主义。每一个时代都有该时代特有的时代精神。党的十一届三中全会以来，我国人民在新时期改革开放的历史实践过程中，不断培育和积累了以改革创新为核心的与时俱进、开拓进取、求真务实、奋勇争先的时代精神。民族精神和时代精神，是国家稳定和发展的精神基础。大学生民族精神与时代精神的培育，能够增强大学生的民族自尊心、自信心和自豪感，促进大学生更加开拓进取、求真务实和奋勇争先，更好地成长为国家的栋梁之材。

2. 贴近学生实际，选择更具吸引力的内容进行理论教育

在对大学生进行主流意识形态认同教育的过程中，教育对象即大学生的实际情况应当受到教育者的高度关注。因为任何价值认同，包括主流意识形态认同，都要经由一定的教育转化过程，最终由教育对象来加以实现。因此，要通过多种方法与途径充分把握大学生各方面的实际情况，力求选择对大学生更具吸引力的教育内容来进行主流意识形态认同教育。在此过程中，特别要注意联系以下三方面的实际情况：

一是联系大学生的思想实际。一方面，大学生正处在人生发展的关键时期，他们对未来充满憧憬，对国家发展大局问题较为关心，对国内外风云变幻的局势较为敏感；另一方面，他们面对社会生活中的负面现象也容易产生偏激的心理倾向。因此，在进行主流意识形态认同教育的过程中，应当认真研究和把握大学生的思想实际。这里所说的思想实际既包括思想发展规律，也包括思想内容实际。特别要注意针对大学生的思想症结和思想困惑选取教育内容，不断增强大学生主流意识形态教育的针对性和实效性。

二是联系大学生的生活实际。大学生的大部分时间是在大学校园中度过的，大学时光也是他们学习知识和增长智慧的关键时期。多数大学生对自己的大学生活有所规划，对自己的未来职业和事业选择有所向往。他们期望得到来自教育者的正确引导，帮助他们合理规划大学生活。基于这一点，在大学生主流意识形态认同教育的过程中，一定要紧密结合大学生的学习生活实际来进行，使大学生感受到主流意识形态内容与自我发展和自我实现密切相关，从而更加自觉主动地加强主流意识形态内容学习，提高自身的思想理论素养。

三是联系大学生所关心的社会实际。改革开放以来，中国的社会转型可以概括为“六大转化”，即中国社会正在从自给半自给的产品经济社会向有计划的商品经济社会转化，从农业社会向工业社会转化，从乡村社会向城镇社会转化，从封闭半封闭社会向开放社会转化，从同质单一型社会向异质多样性社会转化，从伦理社会向法理社会转化。这一社会转型极大地改变了国内民众的社会生活和社会结构，导致社会的经济社会结构、组织形式、就业方式、利益格局等诸多方面都发生了巨大的变化。在这场史无前例的社会转型过程中，社会成员包括大学生面对激烈的社会变革，在内心中会产生不同程度的思想困惑。例如，如何看待社会生活中存在的享乐主义、拜金主义、损人利己和唯利是图等消极现象，如何看待现阶段社会中迅速拉大的贫富差距等问题，都紧密地牵动着大学生的神经。如果能够联系这些大学生关注和关心的社会实际进行主流意识形态认同教育，为大学生答疑解惑，无疑将会极大地提高大学生对主流意识形态的认同度。

（二）实现大学生主流意识形态教育的方法创新

“方法”一词在中国古代是规矩、规则的意思。我们所说的方法，就是人们根据事物发展规律的认识而为自己规定的活动方式和行为准则。在当代中国，大学生主流形态认同教育要善于进行方法创新。高校思想政治教育工作者要努力探索和应用新的手段、方法，选择适合大学生主流意识形态教育的各种方法，以便更好地将以马克思主义为指导的社会主义意识形态转化为大学生本人的认识、经验、评价和行为习惯。

1. 创新大学生主流意识形态教育方法的原则

在进行大学生主流意识形态认同教育方法的创新过程中，要遵循一定的原则。具体包括：

一是务求实效原则。进行大学生主流意识形态认同教育，最终目的是使大学生能够认同和接受以马克思主义为指导的社会主义主流意识形态。因此，在教育方法选择过程中，实效性是关键。能否提高受教育者的思想觉悟是衡量教育方法选择恰当与否的重要标准。思想政治教育方法的实效是衡量思想政治教育成功与否的基准和标尺，所选择的方法，必须具有实际使用价值，具有较强的可操作性。传统的硬性灌输的教育方法，在有些情况下容易造成大学生对主流意识形态的反感，影响教育效果，因此，应当选取一些新的方法去加以补充和发展。

二是全面借鉴原则。方法具有普遍性。在大学生主流意识形态认同教育方法选择问题上，我们要打开视野，不仅要更好地继承中国共产党历史上曾经成功运用过的各种教育方法，而且要善于吸收和借鉴国外思想政治教育的有效方法，同时，要进行跨学科研究，借鉴其他相关学科的宝贵经验和成果。对于现代西方流行的主流意识形态教育方法，如道德两难问题讨论法、价值澄清法和社会学习法，我们要加强学习和研究，以便在此基础上进行吸收借鉴。在大学生主流意识形态认同教育的过程中，也要善于借鉴诸如社会学、政治学、心理学、伦理学、管理学等其他学科的理论和方法，使得大学生主流意识形态教育方法不断推陈出新。

三是自主参与原则。在过去传统的大学生主流意识形态认同教育过程中，我们比较习惯于“教师讲，学生听”这种宣讲教育方法。这种教育方法具有理论阐述系统化和教育过程有序化等自身优势。但是，这种方法在某种程度上忽视了学生在教育教学过程中的主体性地位，不利于学生更好地内化所接受的思想理论知识。因此，进行大学生主流意识形态认同教育方法创新，应当注意选择和创造出多种有助于学生参与到教育教学过程之中，充分发挥其主体性的教育方法。案例教学法、研究性教学法、讨论法等就是可供选择的一些重要方法。学生通过参与和互动，能够对相关主流意识形态知识有更加深刻的体验和更加透彻的理解。

四是综合应用原则。事实上，任何方法都有其优势和长处，同样也有其缺点和不足。例如，理论宣讲法有助于全面呈现主流意识形态的理论逻辑，具有准确性、严谨性等特点。但是，单纯的理论宣讲会长久地使教育对象即大学生陷于被动接受的地位，使学生感到倦怠。社会实践教育法有助于大学生在社会实践过程中获取亲身体验，更好地内化其所学到的思想政治理论，但是，社会实践教育如果离开必要的理论讲授必将失去目的性，从而流于形式。课堂教学中的案例教学法在创造教学情境方面具有独特的优势，但无法呈现给学生清晰的理论体系。因此，在创新大学生主流意识形态教育方法的过程中，要强调从具体的教育内容出发，综合应用多种教育方法，以最大限度地提升主流意识形态认同教育效果。

2. 创新大学生主流意识形态教育方法的思路

创新大学生主流意识形态教育方法，要打破固有的思维模式，以新思维取代旧思维努力实现教育方法的“转型”。

一是从重灌输向重交流的教育方法转换。传统的意识形态认同教育习惯于教育者对受教育者进行相关主流意识形态内容的单向灌输，这在一定时期和一定条件下具有合理性。但是，随着时间的推移，当代大学生平等、自由的意识空前高涨，自主性大大增强。教育者过多地运用灌输的教育方法，以说教者的姿态出现，很容易使大学生产生逆反心理，损害教育者的教育形象。

因此，当前在大学生主流意识形态教育方法创新过程中，应当重视教育者与受教育者之间的双向互动，充分尊重大学生的主体性，调动他们的积极性、能动性和自主性。教育者更多的时候要扮演协助者的角色，协助教育对象即大学生解决他们所面对的问题和困难，而并非代替他们解决这些问题。

二是从重教到重导的教育方法的转换。传统的意识形态认同教育特别强调教育者的“教”，即教育者通过种种方式和途径将特定的知识传授给学生。具体来说，是通过教育者的口头讲解、阐释，使特定的知识为学生所理解，然后学生将这些知识记诵下来，形成知识体系。但实际上，单单通过“教”的方式进行主流意识形态认同教育具有较大的局限性。一些大学生思想政治理论课分数很高，但实际的思想道德状况不理想，产生了知行不一、高德育分数低道德水平等种种消极现象。当前，在大学生主流意识形态认同教育过程中，我们更应强调“导”的方法。导与教之间存在着重要的区别，教强调教师对特定理论知识的传授，导则突出学生具体问题的解决；教突出的是教师的地位，导突出的是学生的主体地位；教的时空有限，主要局限于课堂教学，导则强调全时域，师生随时随地皆可进行。可以通过疏导、引导、指导、开导、诱导、劝导、领导、督导等具体方法来因势利导，极大地提升大学生主流意识形态认同感。

三是重显性教育向显隐相结合的教育方法的转换。显性教育是公开的、有领导、有组织的、有系统教育体系地向教育者表明教育目标的主流意识形态教育方法，如课堂教学、谈话、座谈、讨论学习、开会等。这种方法具有公开性、规模性和易于操作等特点和优点。然而，传统的显性教育由于具有浓重的灌输痕迹，在一定程度上忽视了受教育者的个体差异，不能完全满足当代大学生的心理诉求。相比较而言，隐性教育是指在宏观主导下通过间接、内隐的教育方法使受教育者不知不觉地受到教育影响的教育过程。这种方法渗透教育过程于休闲逸致间，以“潜移默化”“润物细无声”的方式对受教育者的思想、观念、价值、道德、态度、情感等诸方面产生影响，能够很好地消除受教育者的逆反心理，进而达到显性教育方法无法达到的效果。事实上，作为主流意识形态认同教育的思路，显性教育与隐性教育二者正确的关系应当是相辅相成、互为补充的。在大学生主流意识形态教育中，应当将二者综合起来运用，才能切实提高主流意识形态认同教育的实效性。一方面，要强化隐性渗透。可通过有意识地在主流意识形态认同教育过程中设置一定的情境、环境和氛围，巧妙地借助图片、文学、语言、声音等媒介，对大学生进行感染和熏陶，使他们在不知不觉中认同主流意识形态的教育内容，从而达到“润物细无声”的效果。另一方面，要注重社会实践活动，促进大学生关于主流意识形态的知行统一和知行转化。通过参观访问、社会调查、社区服务、生产劳动等社会实践活动，不断提高大学生的思想认识水平，以达到在潜移默化中实施主流意识形态教育的目的。

（三）加强大学生主流意识形态教育的路径创新

大学生主流意识形态认同，必须通过具体的路径来付诸实施。当前，大学生主流意识形态教育，既要抓住高校思想政治理论课教学这一教育主渠道，更要全面把握、推陈出新，积极探索校园文化、社团教育、网络媒体等新的路径，提高主流意识形态认同教育的吸引力和凝聚力。

1. 加强校园文化建设

大学生的大部分时间是在高校校园中度过的，校园文化对大学生的成长和发展具有重要影响。校园文化，是学校在长期办学实践中形成的学校精神、学校传统、校园文化活动及文化环境的总称，以塑造学生良好的综合素质为宗旨，以学生与教职工的积极交往互动为主干，以课外活动为主要手段，以学校精神与校风为主要特征，所展示的是校园独特的文化感召力、吸引力和统摄力。校园文化主要由校园物质文化、制度文化和精神文化三部分组成。校园文化，是一种宝贵的教育资源，它能够以一种特有的潜在力量影响大学生的道德修养、价值取向、政治素质以及行为选择等方面。因此，应将校园文化作为进行大学生主流意识形态教育的重要载体，努力建设先进的和谐的高校校园文化，以促进大学生主流意识形态认同度。

第一，始终把社会主义核心价值体系作为高校校园文化建设的根本指针。校园文化的正确定位，关键在于其指导思想。社会主义核心价值体系，作为当今社会主义意识形态的核心内容，理应成为高校校园文化建设的指导思想和根本指针。在校园文化建设过程中，必须坚持以发展中的马克思主义特别是当代中国的马克思主义为指导，弘扬民族精神和时代精神，使社会主义核心价值体系成为当代大学生的精神共识。

第二，坚持系统推进校园文化建设。校园文化建设是一项系统工程。在校园文化建设过程中，既要注重校园“硬件”方面的建设，努力完善各类教育设施，同时也要高度重视校园“软件”方面建设，充分利用校报、电台、广播台、校园网等传播媒介，推动优良校风和良好学风的形成，在校园范围内营造浓郁的积极向上的校园文化氛围，使大学生从中受到良好的熏陶和鼓舞，潜移默化地接受主流意识形态教育元素。

第三，积极开展各类校园文化活动。校园文化活动，是调动大学生主体性、参与性使其融入校园文化的重要途径。要通过寓教于乐的方法，选择大学生喜闻乐见的形式开展各项活动。在组织校园文化活动过程中，一方面，要弘扬主旋律，不能单纯追求娱乐效果而偏离主旋律；另一方面，也要避免空洞说教，既要注意活动的思想教育性，又要积极探索多种活动形式和活动方法，让大学生在活跃的校园文化活动中加深对相关思想政治、道德理论等方面问题的理解，促进主流意识形态认同教育目标的实现。

2. 完善社团教育形式

大学生社团，是大学生依据共同的兴趣爱好自发组成，并按照组织章程自主开展活动的学生群体。大学生社团是实施素质教育的重要方式，是大学生进行自我教育、自我管理和自我服务的重要载体，同时也应当成为当代大学生主流意识形态认同教育的重要途径。较之于大学生主流意识形态认同教育的其他途径，大学生社团主流意识形态教育路径具有其独特的优势。大学生社团由于是广大大学生自愿参加、自主选择、自发成立的，因此其活动过程也将成为大学生自我参与和自我体验的过程，有助于大学生在参与过程中更好地体验实际遇到的一系列道德问题、价值观问题，等等。具有一定思想性的大学生社团活动将在增进大学生主流意识形态认同度方面发挥重要作用。当前，应努力发挥大学生社团活动对大学生主流意识形态认同教育的积极作用。一方面，高校应加强对大学生社团的管理和指导。各相关部门要在党委领导下把握大学生社团的建设和发展方向，坚持用主流意识形态和主流价值观引领大学生社团建设，将主流意识形态教育内容有机渗透进大学生社团活动中。另一方面，大学生社团要不断发挥自身优势，创新活动形式，提升活动质量，增强吸引力、凝聚力和影响力，不断提升自身建设水平。社团活动质量必须体现时代性，集娱乐性与思想教育性于一体，提升社团活动的文化品位，弘扬积极健康的主旋律。

3. 建构校园网络媒介

在当今的信息技术时代，网络已经深深地融入大学生的日常生活之中，极大地影响着大学生的学习、生活、交友等模式，更对大学生的政治态度、道德风貌、价值取向及行为模式等各方面产生着重要影响。这既对大学生主流意识形态认同教育构成了一定的难度，同时也给大学生主流意识形态教育带来了难得的发展机遇。为适应网络时代的迅速发展，必须积极创新大学生主流意识形态认同教育的网络路径。一方面，要建立一支高素质的网络大学生主流意识形态认同教育队伍。首先，这支队伍中的每个成员，要掌握现代科技，具有相关网络知识技能，能够充分借助现代网络技术的力量支持，采用图文并茂的表现形式来增强网络意识形态教育的吸引力和感染力；其次，要具有过硬的思想理论水平，能够随时针对大学生思想中存在的问题和困惑，设置话题，起到思想引领作用。另一方面，要建设大学生主流意识形态认同教育主题网站即“红色”网站。网站要有明确的指导思想，保证以马克思主义为指导，加强正确的舆论导向，主动做好主流意识形态宣传教育工作。要加强网站的宣传推广力度，采取各种办法来聚集学生积极参与到网站建设之中，增强网站“人气”，使更多的学生登录网站，对网站高度认同和肯定。在此基础上，还要及时更新网站内容。因为滞后的理论展示难以达到教育目的，并将使网站逐步丧失对大学生的吸引力。只有不断追踪最新时事热点，及时报道事件最新进展，提升网络实效性，才能提起大学生的浏览欲望。此外，还要加强大学生主流意识形态认同教育网站的网络管理，不断净化校园网络环境。

（四）强化大学生主流意识形态教育的实践教学环节

思想政治理论课实践教学作为大学生主流意识形态教育的重要环节，对于增强大学生主流意识形态认同具有十分重要的作用。一方面，思想政治理论课实践教学将理论知识与感性体验相结合，通过现场参与调动大学生学习的主动性，这转变了大学生被动接受的学习地位。另一方面，实践教学解决的是内化的问题。通过接触社会、了解社会、认识社会，大学生可以加深对中国历史和现状的了解，更好地认识国情和社会主义建设的规律，从而理性对待社会现实，主动寻求理论认同，逐步树立中国特色社会主义共同理想及共产主义最高理想。基于思想政治理论课实践教学对增强大学生主流意识形态认同的重要性以及目前思想政治理论课实践教学存在的问题，当前，改进思想政治理论课实践教学，为大学生主流意识形态认同教育奠定实践基础，应从以下几个方面着手。

1. 全面提升对思想政治理论课实践教学的重视程度

思想决定行动。提高认识，高度重视思想政治理论课实践教学，是强化大学生主流意识形态教育实践教学环节的首要问题。首先，各级领导的重视和支持是有效开展思想政治理论课实践教学的前提。各级领导要转变教育观念，高度重视思想政治理论课实践教学。高校领导、有关职能部门和思想政治理论课教学单位等应组织、协调合作事宜，合理配置实践教学资源，共同解决实践教学中遇到的问题。其次，高校思想政治课教师的高度重视是进行思想政治理论课实践教学的保证。高校教师应提高认识，认真开展每堂实践教学课，不仅要保证理论知识的传授，帮助大学生形成正确的思维方式，还要使学生将所学理论外化为行为体现于社会实践中。最后，大学生对实践教学的重视是开展思想政治理论课实践教学的根本。思想政治理论课实践教学的主体是大学生，只有大学生端正对思想政治理论课实践教学的态度，充分认识到思想政治理论课实践教学对个人素质、自身成长的重要性，才能提高大学生的积极性和参与性，更好地达到教育效果。

2. 丰富高校思想政治理论课实践教学的内容和形式

思想政治理论课实践教学的内容是开展实践教学最基本的问题，不仅体现了实践教学的目标要求，也决定着实践教学的基本形式。实践教学必须紧紧围绕思想政治理论课教学内容来确定，可开展爱国主义教育、党的路线方针教育、改革开放成就教育等一系列活动。对于课内实践教学可根据课程本身的性质、内容，选择实践教学内容。例如，“思想道德修养与法律基础”课可重点突出爱国主义教育、法制教育、诚信教育等主题，“中国近现代史纲要”课可侧重挖掘各地革命史和建设史等主题等。对于课外实践教学，可选择一些具有思想理论教育意义的活动的内容，如公益活动，“青年志愿活动红色之旅”的参观学习等，还可增加思想政治理论课实践教学拓展性内容，即在保持思想政治理论课实践教学原有内容的基础上，拓展新的空间，增添新鲜内容。内容决定形式，不同的实践教学内容应当采取不同的实践教学形式。除了要保留传统有效的实践教学形式之外，还要创新实践教学形式，设计一些有现实意义的课题，充分发挥大学生的主观能动性，引导大学生积极参与、深化认识、主动认同。当然这些内容和形式的选择都必须具有鲜明的意识形态属性，以马克思主义中国化的最新理论成果为指导，紧密围绕大学生普遍关心的、与他们的学习与生活密切相关的问题开展有针对性的实践活动，这对于增强大学生主流意识形态认同十分重要。

3. 完善高校思想政治理论课实践教学的组织和实施

组织和实施是高校思想政治理论课实践教学的重中之重。其一，要加强教学管理。应把思想政治理论课实践教学纳入学校总体的教学计划中，保证实践教学的教学时间，教师根据教学大纲和教学计划负责组织实施思想政治理论课实践教学，教务处督促教学部门组织实施。其二，要完善保障机制。这是保证思想政治理论课实践教学顺利进行的重要条件。高校要提供足够的实践教学经费，保证实践教学的必要开支；要对思想政治理论课教师进行实践教学专门培训，使教师更好地设计与指导学生的实践教学；要建立相对稳定的实践教学基地，如与爱国教育基地、红色旅游区、城市社区、乡村示范点等建立长期稳定的合作，确保实践教学活动得以长期开展。其三，要建立科学合理的考核评价体系。这是保证思想政治理论课实践教学的各个环节与教学效果的必要条件。考核评价主要考核教师和学生，教师由教学管理单位进行考评，考评内容包括思想政治理论课实践教学的选题的内容和质量、实践方案设计的形式和质量、组织实施教学过程的效果和质量等。学生由教师进行考评，考评涉及大学生的思想品德、个人修养、团队精神等方面，要根据学生的学习情况和学习效果进行学分化管理。

第四节　“泛娱乐化”影响下的大学生思想政治教育

历经改革开放四十多年的中国，大众文化快速发展，与此同时，在文化的生产和消费领域也呈现出“泛娱乐化”的表现。所谓“泛娱乐化”，指的是电视等媒体制作、播出的格调不高的娱乐类、选秀类节目过多，制造的笑料、噱头、“恶搞”、“戏说”过滥，连新闻、社教类节目也掺进“娱乐”元素。

当前，“泛娱乐化”现象对大学生的影响也比较明显，比如，对“真人秀”节目的热衷、对“选秀”类节目的关注、对各种“穿越剧”的追捧，等等。由此可见，“泛娱乐化”给大学校园，尤其是大学生带来诸多影响，值得教育工作者予以关注。

一、大学生对“泛娱乐化”现象的总体认知情况现状

纵观各个电视台的节目，娱乐似乎逐渐成为一种潮流，成为媒体刺激大众的重要手段。如今各个类型的节目都在夸大“泛娱乐化”的功能，大有“不娱乐不罢休”的态势。那么，对于大学生群体来说，他们又是如何看待与“泛娱乐化”现象有关的一些具体问题的呢？

（一）“找乐子，打发时间”成了大学生观看娱乐类节目的主要目的

作为从小受电视荧屏影响的一代人，当代大学生可以说是与电视节目一同成长的。虽然现在的大学生更多的是通过网络来收看电视娱乐节目，但是大学生群体仍是电视娱乐类节目非常重要的目标收视人群。据调查，大学生最关注的三类节目类型依次为时尚娱乐类、电视剧类以及时政新闻类。由此可见，对当代大学生而言，时尚娱乐类节目在他们的生活中扮演着较为重要的角色。当前一部分大学生是出于“找乐子，打发时间”的目的去观看娱乐节目的。

（二）大学生普遍能够认识到“泛娱乐化”现象的客观存在

目前许多大学生认为现在的很多电视节目中存在着“过于媚俗、低俗”的内容。换句话说，大学生已经清楚地认识到了“泛娱乐化”现象的客观存在。

（三）大学生能够客观认识到“泛娱乐化”现象产生的原因

大学生们对于“泛娱乐化”现象成因的认识是比较客观的，他们对于这一现象可以从市场化的需求、大众心理、社会压力等各方面进行把握，充分体现出大学生对于这一问题的多角度分析能力。

（四）绝大多数大学生对“泛娱乐化”现象持“一边享受，一边批判的态度”

虽然大学生对“泛娱乐化”的负面影响都能够客观认识，然而与自身相联系时，却又持有不同的态度和看法。对于“泛娱乐化”现象的现状、成因等，大学生的认识多是理性客观的，这些都反映出大学生对于这一现象认知的积极一面，值得肯定。然而，如果深入研究，就会发现他们仅仅是从表面看待“泛娱乐化”现象，并没有理性、客观地看待这一现象对他们产生的深层次影响，只是在表象上一边否定一边享受。作为娱乐类节目的重要观众群体，大学生对“泛娱乐化”的态度，体现了当代青年对这一社会问题缺少深层次的理性认知和判断，这也为我们冷静、客观地分析“泛娱乐化”对大学生的影响做了铺垫。

二、“泛娱乐化”现象对大学生的深层次影响

结合“90后”“00后”大学生这一特殊群体，我们有必要对“泛娱乐化”现象对大学生的影响进行深层次的分析和把握。

（一）对大学生价值观念的影响——削弱了大学生的社会责任感

当前，娱乐占用了大学生正常的学习生活时间。当代中国正处在社会转

型时期，各种文化思潮和价值观念相互交织、相互碰撞，使得大学生缺乏批判和分辨的能力，在“泛娱乐化”的侵蚀下，容易造成理想信念模糊、政治信仰迷茫、诚信意识淡薄、价值取向扭曲等问题。

比如，在“泛娱乐化”现象的影响下，一些大学生把消费、娱乐当成一种时尚，认为娱乐才是快乐的生活方式，沉浸在嘻哈哄闹的环境中，视野狭隘，缺少“天下兴亡、匹夫有责”的社会责任意识，对国家发展及国际形势少有关心。又如，受“泛娱乐化”的影响，有些大学生不知何为正当的娱乐，疏于辨别，在娱乐中庸俗化、低俗化。再如，当前大学校园中的一些社团，为吸引同学们的眼球，赢得同学们的关注，举办活动时，也以“娱乐至上”“恶搞”为特点。

由此可见，受“泛娱乐化”的影响，大学生的价值观建设受到严重的挑战。“泛娱乐化”正侵蚀着校园文化的健康，削弱着大学生的社会责任感和使命感。

（二）对大学生知识体系建构的影响——解构了大学生的知识架构

受“泛娱乐化”的影响，一些大学生的思维方式在悄然发生着改变，部分学生乐于在爆笑、杂耍、恶搞的电视节目中寻求刺激，缺乏内涵和深度。

这种思维方式的变化，使得大学生对于知识的理解、问题的分析缺乏深度，只求表面化的“速成”。比如，一些大学生不愿意读经典，而是喜欢各种各样的“水煮”快餐文化，追求浅阅读、零思考；一些大学生偏爱恶搞，传统文化中的精神内涵被娱乐所消解。

这些变化除了影响大学生的生活外，甚至在课堂教学中也有所显现。不少大学生希望老师在课堂上多增加些笑料，少一些知识点的分析，多一些欢笑，少一些理论的探讨，甚至有些学生希望老师像娱乐主持人一样幽默，上课如讲评书一样有趣。

勤奋好学、持之以恒、求真务实、刻苦钻研、奋发图强、不辱使命、崇尚美德、知行统一，都是我们当今应当弘扬、传承的主旋律，然而，在“泛娱乐化”的环境下，这些价值观和理念都逐渐被忽视了，这些问题和现象需要教育工作者引起高度的重视。

（三）对大学生审美情趣的影响——降低了大学生的文化品位

娱乐，源于精神的需求。娱乐一旦失去审美价值和精神诉求，就等于失去了灵魂。“泛娱乐化”重要的病态表现之一，就是使得大学生的审美弱化、丑化，甚至是物化。

在当代中国社会，我们会发现一些奇怪的现象，“发现美、欣赏美、创造美”的审美追求被边缘化，甚至出现了一些美丑不分、是非不分、荣辱不分的怪现象。这些现象在大学校园中也有其拥护者，导致大学生的文化品位降低。比如，无论是靠炒作出名的草根，还是艳照门缠身的娱乐人物，在大学生中都可能会得到部分人的认同，对于一些大学生来说，出名就是一种“成功”，“享乐”就是一种生活方式，至于获得成功的方法，生活的真正意义是什么，他们不做深究。于是在大学生群体中，就出现了一些“越是臭名远扬，越是走红”的认同怪圈。

在这里，我们不得不理性地加以审视和反思。对于大学生群体来说，一旦审美的品格失守，判断的标准失效，把美丑、荣辱、是非的界定模糊起来，“泛娱乐化”的糖衣炮弹打垮的将不只是大学生们的审美取向，恐怕还有中华民族的文化品质与价值尊严。

（四）对大学生行为方式的影响——弱化了大学生的实践能力

“泛娱乐化”的文化环境，使得大学生的社会实践能力弱化。有的大学生有时间就观看媒体节目，不喜欢出门，生活扁平化，成为“宅男”“宅女”。他们不会去积极主动地与人交往，学习掌握交往的技能，也不会去主动接触社会、认识社会，参加社会实践。

在深受娱乐节目的影响后，一些大学生会一味追求快感而逃避现实压力，封闭自我，减少社交，由此导致社会实践能力的减弱甚至丧失。一些大学生对社会环境缺乏了解，适应社会生活的心理准备和实践技能明显不足。长期浸泡在娱乐氛围中，对即将面对的就业形势和人生旅程估计不足，缺少乐观向上的心态和不屈不挠的坚强意志，甚至碰到挫折就一蹶不振，自暴自弃。一些大学生不积极参加健康的文体活动，不关心集体的事务，不关注国家和社会的发展，过分依赖网络生活，甚至患上自闭症。因此，从实践的角度来看，“泛娱乐化”在某种程度上弱化了大学生参与社会、认识社会的能力，进而对大学生的行为方式产生消极的影响。

综上所述，“泛娱乐化”现象对大学生的深层次影响是现实存在的。身处于“泛娱乐化”环境中的当代大学生，其价值观、人生观、世界观都还不成熟。“泛娱乐化”现象与梦想无关、与灵魂相隔，更无法解决大学生所面对的各种现实精神困惑，这些都是教育工作者值得关注和反思的问题。

三、高校思想政治教育应对“泛娱乐化”现象的路径

从古至今，优秀的中国知识分子既承担着知识传承、道德教化的重任，也有引导社会人文精神向着真善美前进的义务。大学生群体作为中国社会的一个特殊而重要的群体，其价值观念、审美情趣、行为方式关系到中国社会未来的发展。当前，“泛娱乐化”现象对大学生的负面影响值得我们深思。对于这些问题，需要客观地审视，并进行针对性的改进。

首先，从思想政治教育的对象入手，开设相关课程，提升大学生的“品位度”。

在当前“泛娱乐化”的冲击下，从大学生主体来看，可从“品位度”入手，提升大学生的品位修养，如娱乐“什么”，“怎么”娱乐，也就是说从娱乐的内容如何选择、娱乐的效果如何界定、娱乐的实质如何理解等问题着眼，提出适合大学生的切实可行的对策。

目前，我国的基础教育和中学教育过于注重应试能力的培养，而往往忽视了“人文教育”领域，从而导致大学生在人文素养方面“先天不足”，因此，为大学生“补课”十分必要。

中国传统教育一向强调“先成人，后成才”，育人德为先，再辅之以智育、美育和体育的培养。人文教育的实质就是人文精神的塑造，其目标在于促进人性境界的提升、理想人格的塑造以及人的价值的实现。与思想政治教

育相比，人文教育的内容更为丰富、形式更加多样、方法更为灵活，从而使大学生们更乐于接受。比如，在日常的课程设置中，可以加强人文素质教育的内容，如音乐欣赏、电影文化、文学鉴赏课程的设置等，通过人文知识的传授和熏染，使大学生的人格、品质、修养得到全面提升。

中国优秀的传统文化为我们留下了极其宝贵而丰富的人文教育资源。比如，什么是“华夏精神”，如何理解“衣冠之美”“礼仪宏大”，如何理解自强不息、忧患自省、正道直行，等等。这些内容，都有着中华民族优秀传统文化的深刻烙印，是民族精神的精华。总之，应让大学生在人文素质的熏陶中学会区分、学会选择、学会提升，从而增强自身的品位和修养。

其次，从思想政治教育的教育者入手，加强社会主义核心价值观培育，形成“全员育人”的氛围。

在大学课余生活受到“泛娱乐化”的影响下，作为高校的教育工作者必须通过各种手段弘扬主旋律，从各个方面增强社会主义核心价值观的培育。

面对当前中国文化建设中所面临的多元、多样、多变的特征，在社会主义核心价值观培育的过程中，高校的思想政治理论课教师必须首当其冲，在这个“泛娱乐化”的时代担负起引导大学生的历史使命和责任，教会大学生在多元中谋求主导、在多样中谋求共识、在多样中辨别方向。

当然，这种对于大学生的世界观、价值观、人生观的引导，不是哪个部门、哪名老师凭一己之力就可以达到的，这也不单单是政治理论课教师所担负的责任，必须做到“全民皆师、全员育人”。在课堂教学中，需要各门课程老师们的共同协作，在学校层面，需要党、政、工团等部门的密切配合，充分依托各个层面的育人力量，统一思想、步调一致，从而在社会主义核心价值观的引导下，对大学生的思想政治、道德品质和行为规范等产生积极的影响。

最后，从思想政治教育环境入手，营造积极、健康、清新、高雅的校园文化风貌，建设“文化校园”。

高等学校是培养优秀人才的摇篮，是培育先进文化的场所。高校的校园文化建设是社会文化建设的先锋，它通过孕育、营造各种良好的学术环境和文化氛围，使大学生在潜移默化中受到先进文化的熏陶，因此，在“泛娱乐化”的冲击下，加强高校校园文化建设意义重大。

尽管当前“泛娱乐化”现象在社会生活各方面不同程度地出现，但对这一现象还需要辩证地对待，既要看到大学生娱乐需求自发延伸对校园文化建设造成的不利影响，又要看到“泛娱乐化”现象产生的必然性和可借鉴性。在校园文化建设中，过于刻板、严肃的校园文化不利于大学生主体能动性的发挥，适当引入娱乐元素是有必要的，但不能过分夸大它的作用和功能。比如，当前校园的各种社团活动，有些过于娱乐化，已经脱离了社团建设的宗旨和目标，应该进行反省和提升。

大学的校园文化建设，可以从校园网络平台建设、社团活动建设、校园主流文化建设等方面入手，建设“文化校园”。尤其值得强调的是，高校应加强网络平台的建设。当前，大学生对于网络的依赖性很强，平时的生活和情感交流很多都依靠网络来实现。因此，高校更应加强对网络平台的建设，尤其要在校园中营造一种“主流文化”的氛围，让大学生感受到积极、健康、清新、高雅的校园文化风貌，并外化于自身的行为中。

美国学者尼尔·波兹曼曾在《娱乐至死》一书中指出：一切公众话语日渐以娱乐的方式出现，并成为一种文化精神。我们的政治、宗教、新闻、体育、教育和商业都心甘情愿地成为娱乐的附庸，毫无怨言，甚至无声无息，其结果是我们成了一个娱乐至死的物种。对于当代的中国大学生而言，如何在文化多元化的时代面对各种纷繁复杂的文化现象，在“泛娱乐化”的环境下坚守住自己的原则和立场，不“无声无息”地成为“娱乐的附庸”，是值得理性反思的现实话题。

第五节　高校思想政治教育中大学生公民身份意识的培养

健康、稳定是所有国家都追求的目标，如何维持一个政治共同体的建康和稳定，也是西方政治思想传统一直关注的一个主题。我国社会主义基本政治制度相较于西方资本主义民主制虽具有制度优越性，但其健康稳定的发展依然有赖于公民身份的行使和实践。因此，在本节中，我们将首先分析公民身份在我国社会主义政治文化和社会文化背景下的具体含义，然后考察目前高校思想政治教育如何能够与培养一种积极公民身份的公民教育相结合，为巩固和发展我国社会主义政治制度提供高素质的公民和有效的公民参与。

一、中国特色社会主义背景下的公民身份观念

作为一个极具包容性的观念，公民身份被广泛地运用于对各种政治、社会现象或问题的谈论和分析当中。普遍地使用一方面证明了这个概念的生命力，另一方面也造成了意义含混、所指模糊的问题，并且研究的哲学或政治出发点不同，对其定义的侧重点也会有所差异。故此，我们有必要首先明确公民身份概念在本节中的具体含义，以及对为什么选择这些含义而非其他竞争性意义进行说明。

这里首先需要说明的一点是，虽然全球化的国际背景引发了很多对公民身份的新思考，很多公民身份的研究者也主张应该根据这种思考背景的变化来改变或拓展公民身份的内涵，提倡一种世界公民身份或者多元公民身份，以此克服与民族国家相连的公民身份的局限性和狭隘性，然而本节还是将在国家这一共同体框架内来探讨公民身份问题。公民身份作为拥有其他权利的权利，在其最原初的含义上体现的是个体与国家的关系，在目前的日常政治中，唯有通过与国家这一政治形式相连，公民身份才有其现实意义。没有国家确保公民身份的人，其存在始终处于一种无所依傍的状态，连生存权都得不到有效保障。

公民身份内涵大致包含三个层面：地位、认同感和实践。

1949 年，马歇尔（T. H. Marshall）在剑桥大学做了题为“公民身份与社会阶级”的演讲，这一演讲后来成为研究公民身份的经典文献。马歇尔在演讲中将公民身份界定为一种地位，拥有此地位者在权利和义务方面都是平等的。马歇尔的这一定义为后来的研究者普遍接受，作为地位的公民身份不仅指向公民的法律和政治地位，还包括其经济地位和文化地位，换言之，它指的是作为一国公民所享有的权利、义务和责任。

公民身份的第一层含义当然包含权利因素，权利的重要性在于，它承认个人的能动性，承认个人拥有值得尊重和肯定的价值。权利之所以宝贵，在于它是一种按正义原则进行资源分配的方式，同时承认所有共同体成员都拥

有平等地位。除此之外，权利在维持社会稳定方面还发挥着重要的作用。正如我们在前面已经提到的那样，甚至公民身份都可以被称作拥有权利的权利，在此基础上，我们才可以谈论其他更为具体的权利。因此，公民身份涉及两个层面的权利，最根本的公民权和在此基础之上的政治权利、经济权利、社会权利和文化权利等。虽然权利在任何成熟的公民身份观念中都十分重要，但公民身份在任何意义上都不仅仅是公民权利。公民按其本义就是享有政治权利并承担政治责任的人。对公民而言，行使权利与履行义务同样重要。因而公民身份是“各种权利和义务的集合”，至于公民身份具体包含哪些权利和义务，则没有一个普适原则可加以规定，这应当取决于每个社会具体的社会背景和政治背景。国家为其国民提供自由、安全，包括医疗、教育和交通等在内的公共服务，国民则承担这些服务的公共成本和保持对其忠诚。通过行使权利和承担责任，公民身份将国家与个体联系在一起。从学术传统来看，自由主义的公民身份论述更强调权利，而社群主义更重视责任和义务。公民权利、公民义务和责任共同构成了作为地位的公民身份的具体内容。

公民身份的另一层含义是指公民对国家这一政治共同体的认同感和归属感，更确切地说，是建立在对国家政治权威的某种正当性理由的认识和对该政治共同体文化认可的基础之上的国家认同感。公民身份是国家对个体身份的一种正式确认。

现代国家面临着自我奠基的难题，也就是要为自己寻找到某种正当性并将之确立为权威，普遍的做法是将国家打扮成民族意志的代表，其治理的正当化理由就在于它是全体国民意志的化身。因此，公民对国家的认同感，源自他们相信国家的基本制度体现了他们的共同意志，是他们自由选择的结果。另外，个体也相信自己与其他国民分享共同的利益、意识形态、生活方式和传统。当然，公民能否平等地获取服务和切实地享有公民权利，即公民能否获得完全公民身份，也直接影响到他们对政治体的归属感。

公民身份的第三层含义在于，个体意识到自己的生活与他人相联系，能自由参与社会并为了政治、社会、文化或经济等目的与他人相联合，一同努力促进实现自由、平等和正义的价值目标。虽然被称作公民的人不计其数，但真正名副其实地享有公民权利或地位的人只有一小部分，而能够以一种负责任的态度行使公民身份的人更是少之又少。然而，与这一现实状态相反，公民身份本身恰恰要求在参与活动中不断重构自身。公民身份不是一个静态的概念，而是在实践中不断被建构，通过公民身份的实践活动，个体再生出公民身份的条件。公民参与也可以避免个体与国家隔离状态的出现和权力的滥用。如果权力集中在少数精英手中，公民因缺乏参与决策甚至表达意见的途径而表现出政治冷漠，这样的政治生态本身就是不健康的和不安全的。相反，更多的公民参与社会公共事务有利于营造更加和谐的个体——国家关系，使二者从紧张对立走向依赖互生。公民或公民群体在这个过程中会变得更加强大，政治共同体更加稳固。

在考察上述公民身份意义时，我们不难发现，公民身份通常与自由、平等、团结、忠诚等价值联系在一起。然而，公民身份的这三层含义提供的仅是一个基本框架，至于其中的政治权利和责任、它所承载的公共价值究竟应该偏向哪些方面，这些具体内容则取决于特定社会的社会背景和政治背景。

二、作为公民教育的思想政治教育

人就其本性而言是政治的，只要人们必须面对如何在一起生活的问题，政治存在就是人基本的存在方式之一。然而人并非天生的政治动物，成为公民、拥有公民身份需要经过一系列的公民训练，因而是后天教化的结果。公民身份的研究者对公民身份和教育特别是公民教育之间的联系基本达成一个普遍共识，那就是公民身份意识是有目的、有计划的系统公民教育的产物。教育一直是培养年轻人成为未来公民的一种方式，而公民教育，顾名思义，更是直接以培育“好公民”为己任。因此，公民身份观念须以公民教育为依托，缺少公民教育，公民身份有流于空洞观念的危险。

现代国家一般都非常重视公民教育，但我国公民教育的研究和实施相对滞后。20 世纪 90 年代以后，对公民素养、公民文化和公民身份意识的要求日益迫切，促进了学术界对公民教育的讨论和研究，也促使人们开始探索在现实环境中开展公民教育的可能途径。

大学在承担公民教育的任务上发挥着重要作用。作为青年人步入社会前所接受的最后一阶段的正规教育，大学教育能否包含必要的公民教育将直接影响到这些未来公民的公民素养和态度。就目前大学教育的现状而言，思想政治教育可以与公民教育相融合，承担起公民教育的责任。诚然，公民教育与思想政治教育存在诸多差别，但在目前公民教育缺失，而公民教育与思想政治教育的内容实际上又有部分重合的情况下，思想政治教育更多地承担起公民教育的责任，这不仅可以填补公民教育的空缺，而且对于思想政治教育自身的转型，也不失为一个可探索的方向。

下面就将在我国社会主义初级阶段的政治文化和社会文化背景下结合我们对公民身份含义的分析，具体考察高校思想政治教育可以在哪些方面对大学生公民身份意识的培养发挥作用。

首先，思想政治教育可以提供关于基本权利和义务的教育，使这些未来公民对其权利和义务有统一的认识。这与公民身份最基础的含义也是一致的——公民身份的第一层含义就是公民权利、义务和责任，进行这方面的普及教育十分具有现实意义。

其次，对应公民身份的第二层含义，思想政治教育同时发挥着国家认同教育的作用。虽然国家可以通过周期性的仪式或庆典以及一些特殊的纪念性符号，如国旗、爱国主义歌曲来培养或强化国家意识，但国家认同要取得真实的效果，主要还是通过教育来完成的。公民教育也承担着一定的国家认同教育的功能，思想政治教育更是如此，培养公民对国家的认同感和归属感是其主要目标。我们知道，认同是对所认同对象的价值的理性认同，要巩固大学生的国家认同感，就必须为这种认同提供某种有力的正当化理由，空洞的说教或者与现实不符的宣教，只会导致反感和抵触甚至更强的隔离感。一方面，革命传统及其所蕴含的革命精神构成了我们共享的集体记忆，是我们在巩固认同感时需要不断回溯和汲取的资源；另一方面，作为我国社会主义事业指导思想的马克思主义将共产主义设定为历史目的和社会建制的理想类型，较之西方资本主义社会，具有明显的优越性，这一目标及其所代表的价值观也可以为公民的国家认同提供某种资源。

最后，也是最重要的一个方面，思想政治教育可以承担起培育大学生政治参与的基本素养和技能的任务。我们知道，仅仅了解公民权利和义务的知识并不会自然导致对权利的享有或义务的履行，公民身份一半甚至一大半的意义取决于公民的“去参与”和“去行动”，只有通过实践，公民身份才能获得其完满的意义。

因此，为了让大学生更自然地进入他们未来的角色，为成为一名好公民做准备，思想政治教育可以在以下方面对学生进行合理引导：

第一，思想政治教育的课程设置应包括对国家基本政治制度、治理结构、主要事务、社会主义核心价值观以及实际政治、社会问题的介绍和分析。这些是任何一个公民理解、讨论公共议题的知识背景和基础。大学生若要参与公共生活，首先要对政治社会现实有一个较为全面深入的了解，包括国家所采用的政体形式，支撑这一政体形式的价值体系、它们的实际运作情况等，这些是其参与政治生活所需具备的基本知识。反过来，从后果论上看，公民们具备什么样的公民身份意识和实践也会深刻地影响社会文化和政治生态。

第二，激发大学生参与公共政治活动的愿望和热情。虽然政治冷漠在当代西方成熟的民主国家是普遍存在的现象，而我国还处于社会主义初级阶段，公民参与的程度较低，但作为具有制度优越性的社会主义国家，对其公民的政治参与显然要有超越西方资本主义国家的自信。公民身份的实践需要公民超越对一己私利的关注，为了共同利益而投身公共生活。从这种意义上说，政治参与既是责任也是美德。思想政治教育可以帮助学生理解他们潜在的公民角色和政治参与的意义，从而激发他们参与的兴趣与热情。通过让学生选择自己感兴趣的主题、自己所希望保护或改变的事物，并自由地展开和组织讨论，他们可以在学习的过程中就进行公民身份的实践。思想政治教育的教师应当在这个过程中引导学生发觉他们自身对公共事务的选择性偏好。

第三，培养大学生进行公民参与所需的基本政治素养和技能。在一名合格公民所应具备的政治素养清单里，最重要的就是反思批判精神。马克思主义本身就是一种极富批判精神的哲学，以马克思主义为指导的思想政治教育当然也应当将这种精神传承给年轻的公民，培养他们批判性思考的能力，使其能够对事件做出独立的政治或道德判断。教师应当利用思想政治课这个平台鼓励学生质疑信息、观点和政策的态度和能力，鼓励他们形成自己的独立观点并为这种观点提供恰当的理由，而当相反的观点能够提供更充分的理由时，也能够改变自己的观点。简言之，就是具备说理和被说服的可能性。

除了独立思考，一名好公民还应该具备宽容、自由、公正、理性和忠诚、平等、尊重他人等素养，这些素养所代表的价值取向与马克思主义的基本价值具有一致性。比如，马克思主义追求的根本价值目标之一是实现人的自由而全面的发展，在这一愿景中，“每个人的自由发展是一切人的自由发展的条件”，这与当代政治自由主义者所提出的平等自由原则不谋而合。尽管马克思主义所展望的共产主义社会最终以实现人与人之间事实上的平等为旨归，而这一事实上的平等也许在现阶段的政治、社会、经济环境中还是遥不可及的梦想，并且只能下降为机会平等这一更切实的平等原则，但马克思主义所蕴含的自由、平等、正义等价值也正是当代公民身份理论所倡导的公民基本素养。通过思想政治课程，教师可以为学生打开接触、了解以及内化这些价值的一个重要窗口。尽管通过传授社会和政治价值，塑造大学生的价值立场十分重要，但这同时也是传统思想政治教育的重要内容；尽管公民身份所代表的很多公共价值都具有普遍性或不容置疑的性质，但灌输在任何情况下都不能是唯一的教育方式，不仅有违教师职业伦理，而且与公民身份所追求的独立判断力背道而驰。思想政治教育当前面临的最大困难就是如何摆脱其传统的意识形态灌输教育的方式和形象，在价值引导和培养大学生独立思考能力之间寻求平衡，使后者能够在反思的基础上自主选择价值。

此外，由于有效的公民身份更仰赖对它的具体实践，因而具备一些参与公共事务的技能也是必不可少的，包括收集和整理信息、组织和分析材料、推理和论证、交流观点、辩论和动员，等等，没有这些技能，公民就无法履行其责任。

第四，思想政治课应当鼓励学生表达观点，参与班级、社团和学校的管理和决策，把学校当作他们演练“公民”身份的一个平台，为将来参与社会团体和社会政治生活做准备，最终目的是使学生从对学校普通共同体事务的参与过渡到对政治共同体事务的参与；从对国家基本制度、政治结构、主要事务等的了解，到具备一定的知识、技能和价值观念，能有效参与地方和国家的公共生活，使他们作为公民逐渐融入公共政治文化。思想政治教育作为公民教育，在最低限度上要避免大学生成为托克维尔所说的“心胸狭隘的公民”，其目标是要培养适合国家的好公民。

第三章　高校思想政治理论课教学内容的改革与创新

第一节　思想政治理论课教材体系向教学体系的转化

一、对于思想政治理论课中教材体系和教学体系的理解

（一）两者的含义

教材体系是指某一门课程各种形式的教材资源的总称，主要有教科书（核心教材）、教学指导书、学习参考书、教学案例分析等。教学体系是指教学主体（主要是指教师和教学组织者）为实现教学目标所设计使用的教学要素总和，它是有机运行的系统，主要包括教学理念与教学指导思想的确立、内容设计、教学方法设计、教学过程设计和教学结果评价等。

（二）两者的特点与功能

教材体系的逻辑结构具有严谨性，内容全面完整，立足整体和全局，知识理论具有学术权威性、理论科学性和表述准确性等特点。教材体系是根据教学的目的和大纲要求，给教学提供的所应遵循的基本蓝本，是课程目标和内容的载体，它的作用和功能是潜在的，必须依靠教学体系来发挥。而教学体系在内容的选择上具有问题针对性，根据具体授课对象的特点和差异性突出重点，把握难点，是师生深入解读、理解教材体系的基本途径和方式，主要解决怎么教、怎么学和将课程目标及内容转化为学生的知识理论和操作技能，同时也培养他们良好的思想品德的过程。

（三）两者的设计思路

在设计和编写教材体系时，应在注重整体设计的基础上，做到具有核心概念，反映学习过程，体现教育价值。对课程的框架内容进行梳理时，做到心中有数，注重梳理每个章节间的内在逻辑联系。而在设计教学体系时，其主要思路是依据教育对象的基本情况和具体问题出发，使学生理解抽象深奥的思想政治理论。设计时尊重教育对象的特点和差异性，提倡多元化，确立“以学生为本”的教学理念，通过灵活多样的教学手段和方式开阔学生视野，发展学生个性，关注当代大学生的思想特点、心理特点、成长规律及变化趋势，开展思想政治理论的教育。

二、思想政治理论课中教材体系与教学体系之间的关系

教材体系和教学体系虽有密切的联系，但又有所不同。教学体系是以教材体系为遵循，为了实现培养社会主义接班人和建设者这一教学目的，由各种教学要素有机结合而成的具有一定教学功效的整体，这一整体主要包括教学主体、教学客体、教学内容、教学方法等关键要素。思想政治理论课的教材体系与教学体系在培养人、教育人上的目标是一致的。从教材体系与教学体系的区别来看，教材体系主要指教科书（核心教材）、教学指导书、教学案例分析等，因此它是相对静止的，而教学体系则是指教学主体为实现教学目标所设计使用的教学要素总和，它是动态的有机运行的系统；教材体系强调教学内容，教学体系则要把教学内容和要求通过灵活多变的形式转化成鲜活的、生动的教学过程，更强调教学效果的有效性。

三、实现高校思想政治理论课从教材体系到教学体系转化的必要性

（一）实现转化是新时期思想政治理论课教师队伍建设的重要内容

当今，世界各国之间的制衡更多的是国家文化软实力之间的对抗，一个

国家的文化软实力，从根本上说，取决于其核心价值观的生命力、凝聚力、感召力，而思想政治理论课教师队伍是大学生培养和学习社会主义核心价值观的指导者和引路人，是党的理论、路线、方针、政策的宣讲者。进一步加强思想政治理论课教师队伍建设，促进思想政治理论课教材体系向教学体系的转化，提高教学水平，对于用社会主义核心价值体系武装大学生，让大学生在思想政治理论课教学中自觉践行社会主义核心价值观有着十分重要的意义。

（二）实现转化是课程建设的关键环节

思想政治理论课课程是由教学主体、教学客体、教学内容、教学方法等方面组成的一个有机整体，对课程体系进行改革创新要深刻理解各方面之间的相互关系，整体考虑课程建设的每一个方面。将教材体系转化为教学体系是课程建设的关键环节，涉及教学主客体、教学内容、教学方法等诸多方面。在思想政治理论课课程体系建设中，教师首先要做的就是钻研教材，对教材进行提炼，做到熟练驾驭、精辟讲解。在实现教材体系向教学体系转化的同时，教师也应及时把本学科领域的最新研究成果与课堂教学相结合，以知识整合为核心，对教学内容进行深化，避免科研与教学脱钩的现象，始终保持教学内容的前沿性，实现教学的再创造，以灵活多变的教学手段和方法促进教材体系向教学体系的转化。

（三）实现转化是保障教学质量和教学效果的必然要求

宣传教育是思想政治理论课最突出的特点，这也就决定了思想政治理论课教师的责任并非“照本宣科”，而是要善于将教材体系转化为教学体系。思想政治教育是一个长期性的过程，更何况一个人思想的形成不是一朝一夕的事情，而是一个反复、曲折的长期过程，会受到客观和主观多种因素相互作用的影响。社会现实的变化和思想内部矛盾的运动，会使人的思想内容发生曲折的、多方向的变化。因此，思想政治理论课的教学要吸引学生，就应通过充分展示马克思主义理论的魅力，从大学生自身的需求出发，使学生真正体会到思想政治理论课对他们来说是“有用”的课程，最终将思想政治理论课的理论知识内化为大学生的“信仰体系”和“价值体系”，外化为大学生的行动指南。

四、教材体系向教学体系转化过程中的问题

（一）对教材内容研究不够，科研与教学脱钩

教材是课堂教学的依据，要取得课堂教学的实效，就要对教材内容进行充分研究，精心设计教案，构建主题突出、重点鲜明的课堂教学体系。思想政治理论课教师应增强其科研能力、厚积马克思主义理论素养，树立起研究性教学新理念和学科建设的新思路，形成比较完备合理的知识结构。但一些高校的教师并不是马克思主义理论或思想政治教育专业出身，虽然承担着思想政治理论课的教学任务，但他们的理论研究方向并不在于此，这就存在科研与教学脱钩的现象。如果要搞科研，他们就往往把原先学科的内容当作自己科研的主要方向。因此，这部分教师基本上不做与思想政治理论课教学相关的科研，甚至连马克思主义理论一级学科下的研究方向的科研也少有涉足，科研与教学严重脱节也就在所难免了。另外，部分思想政治理论课教师缺乏马克思主义理论素养、科研能力比较欠缺、科研时间难以保证的现象也普遍存在，这也导致了思想政治理论课教师难以保证以专业研究的心态和充足的科研时间来对教材内容进行研究，无法将其科研成果贯穿于教学各环节，以提高教学有效性。

（二）教学内容安排不合理，理论与实际相脱节

在思想政治理论课教学中，有的教师对教材结构总体把握不准，教学内容安排不合理，对教学内容“平均用力”，教学重点内容不够突出，非重点内容讲得过多，不能完成既定的教学任务。有的教师上课讲的内容比较浅，浮光掠影，教学思路紊乱，教学结构松散，教学中抓不住重难点，使学生对教学内容的领悟不得要领。教师在课堂中的教学内容必须依托教材，结合社会实际来进行理论分析和讲解。而有的教师只求在课堂上按教材的要求，完成精心准备的教学内容，注重理论本身的逻辑的宣讲。有些内容比较陈旧，有些甚至脱离社会实际，就事论事，就理论讲理论，将社会现实与理论割裂开来，有的内容可能还与学生以前学过的内容有重复，学生听起来好像老生常谈、毫无新意。这也就导致了思想政治理论课教学的针对性、实效性不强，

无法引导大学生运用理论正确分析社会现实中的问题。

（三）课程讲授与学生的实际学习相脱离，吸引力、感染力不强

在实际教学中，教师经常以“讲”为主，只求按照教材的要求完成既定的教学任务，与学生身边的实际生活关联不大，忽视了学生本身的学习需求。苏格拉底说过：“教育是一种在灵魂深处的激动、不安和压抑的对话。”这种“对话”的唯一目标便是对真理的本然之思，以整个身心去体会和接受真理的内核。当代大学生具有独立性、批判性、职业导向性的特点，学生不希望课堂上只是进行纯粹的理论灌输，而是希望理论能够被直接或间接的典型经验加以证明，感受到实实在在的理论。这就需要教师针对学生的学习需求，进行有效的转化，并在转化中建立平等的对话关系。因为只有建立了以沟通为取向的对等关系，才能使师生形成情感和谐共鸣、思想融汇共振的局面。

（四）教学方法单一，教学实效性不强

在思想政治理论课教学体系中教师和学生都是主体，因此要求教师和学生在和谐的气氛中平等对话，在相互理解和沟通中达成共识。但在实际教学中，教师以“讲”为主，忽视“讲”的质量者不乏其人。“我讲你听、我说你听”的教学方式以教师为中心，这就形成了教师上课的“一言堂”“独白式”。如果在思想政治理论课教学过程中，教师处于主导地位，学生被动接受教师所灌输的知识理论，灌输多而启发少，就忽视了学生参与教学过程的主动性和创造性，教师成了台上的“表演者”，学生则成了台下的听众，使思想政治理论课教学的效果大打折扣，难以满足新形势、新任务背景下的思想政治理论课教育的需要，也严重制约了教材体系向教学体系转化的进程。

五、促进高校思想政治理论课教材体系向教学体系转化的途径与方法

（一）加强教师队伍建设，提高转化能力

实践表明，不管是从什么样的角度去讨论教材体系向教学体系的转化，

教师在转化中的主体地位是不可更改的，因而转化的执行力必须放在教师自身。以下提出相关的建议和对策。

1. 进一步提高思想政治理论课教师的政治素质

对思想政治理论课教师的政治素质基本要求包括政治上可靠坚定，具有坚定的理想信念和确保中国特色社会主义事业后继有人的责任感和使命感。课堂讲授有纪律，坚持学术研究无禁区，具有坚定的政治方向，正确的政治立场。具体建议和对策如下。

（1）加强忠诚教育

“忠诚党的教育事业”，对于思想政治理论课教师来讲就是要忠诚马克思主义理论教育和中国特色社会主义理论体系教育。需要指出的是，思想政治理论课不仅仅是“知识课”，而且更是“思想课”“政治课”。因此，思想政治理论课既要传授马克思主义的理论知识，更要宣传思想、培育信仰、指导人生。教学实践生动而又深刻地一再表明这样一个“老生常谈”却又“常谈常新”的命题；思想政治理论课教师必须注重自我形象的塑造和维护。教马列主义，首先自己得信马列主义。如果讲马列主义的不研究马列主义、也不相信马列主义，那肯定不会有说服力和感染力。

（2）强调思想政治理论课的课堂纪律

这里讲的思想政治理论课的课堂纪律，其对象不是指大学生，而是指教师，其内容不是一般意义上的不迟到不早退，而是指思想上、教学实践中必须和党中央保持高度一致。思想政治理论课教师的课堂纪律也就是对思想政治理论课教师的政治要求。

强调思想政治理论课的课堂纪律，在当今信息社会显得尤为重要和必要。网络的普及、互联网的链接，使得每一个地球村的居民，都没有什么特权或优先权可言。以前传统的“先党内、后党外”“先领导、后群众”“先口头传达、再广播登报”等信息传播方式，现在都一去不复返了。当下的情况是，教师和大学生处于同一条“起跑线”，大家同处于形形色色的政治信息和多元价值的信息笼罩之中。这就特别需要思想政治理论课教师，在课堂上，以足够的理智和理性，从容应对“三多”和“三交”，即从容应对“多元、多样、多变”的各种思想观念，从容应对各种社会思潮的“交流、交融、交锋”。如果说，在这“鱼龙混杂”的信息大海中，思想政治理论课教师自己都分辨不清、把握不了，其结果只能是“以其昏昏使人昭昭”，或难免在讲台上成为网络传言或小道消息的传播者。这是在新形势下，特别应引起我们警惕和关注的。

从获取信息这一点来讲，教师已不具有绝对优势，有些学生甚至还超越了教师。最简单地说，目前大学生中不懂电脑、不会上网的非常少，但思想政治理论课教师不懂电脑、不会上网的情况就存在，更不用说要求教师自己动手收集资料，制作 PPT 或多媒体课件了。

当然，身处信息社会，思想政治理论课教师不是和大学生去比试计算机技能，争当网络高手，而是要以坚定的政治立场、清醒的政治头脑，凭借人生和社会阅历的经验，以拥有能够通过现象对事物本质有所揭示的思维特长，对同一个问题认识或分析得更为透彻等途径，来最终达到以理服人的效果。需要指出的是，课堂教学不仅仅是“量”的问题，更重要的是“质”的问题。就思想政治理论课课堂教学而言，不仅要求教师尽可能获得更多的及时的信息量，还要求对这些信息进行梳理和分析。

强调思想政治理论课教师的课堂纪律，还基于目前有一些教师，对党和国家的大政方针不感兴趣，个别教师还养成了不看报纸头版的习惯。这些教师对自己的标准，只满足于当一个普通教师。然而就是因为思想政治理论课教学的特殊性，使得这看似通情达理的职业道德，或许在其他数理化、外语、体育、计算机等公共课教师那里可能行得通，但在思想政治理论课教师的基本规范中，就过不了关。这是因为思想政治理论课教师担当着培育党员和干部“后备人选”的重任，作为从事大学生必修课教学的思想政治理论课教师，其教育对象，也就是今天在课堂里听讲的大学生，是未来党和国家干部的重要来源，教师的政治忠诚度如何直接关系和影响到未来我们各级干部的政治素质。也正是从这一点讲，遵守思想政治理论课的课堂纪律，与加强思想政治理论课教师的“政治素质”，有着内在、必然的联系，只能加强，不能削弱。

2. 进一步提高思想政治理论课教师的马克思主义理论素质

进一步改善高校思想政治理论课教师马克思主义理论素质参差不齐的现

状，需要探索各种有效途径和办法。一是思想政治理论课教师要以专业研究的心态和眼光来从事教学工作，厚积马克思主义理论素质，树立起研究性教学新理念和学科建设的新思路，将其贯穿于教学各环节，以提高教学实效性；二是思想政治理论课教师要坚持不懈研读马克思主义经典著作，多读书、读好书，认真领会马克思主义的精神实质，树立起坚定的马克思主义理论立场、观点和方法；三是建立严格的职业准入制度、长效的职业培训机制，开拓广阔的专业化发展途径、建设合理的思想政治理论课教师考核制度。具体建议如下：

（1）加强和改进培训研修

建议市教育主管部门在思想政治理论课师资培训的内容方面，更多考虑教师的职业和专业培训，有效整合教师的专业理论知识结构，注重马克思主义理论素质的养成式培训；建议在优秀思想政治理论课教师的评选内容方面，增加教师自身马克思主义理论素质的相关要求，不能过多依赖“一堂课”的精彩；建议思想政治理论课的教育教学比赛中，讲课者的理论阐述水平、运用理论解决问题的能力应该占据相当的比重。

（2）在教学实践中加强专业化与职业化的有机结合

建议思想政治理论课学校主管部门硬性规定思想政治理论课的教授不能脱离本科教学的岗位，坚决响应教育部的有关规定和倡议，让为数不多的思想政治理论课教授必须到第一线为本科生教授理论知识；建议学校督导老师听课多听思想政治理论课教学的理论分析和运用能力，多看学生对理论讲述的反应，不要过多注重形式要件的完美；建议校领导重视思想政治理论课教师专业化、职业化发展的内在诉求，一方面给他们减负，另一方面给他们加压，拓展其职业发展空间和专业发展前途。

（3）建立和完善相关的制度

建议思想政治理论课师资的引进要“有的放矢”，应更多考虑应聘者的马克思主义理论素质；整合学术团队，促使教师全面加强理论素质，促进教师队伍整体结构现代化；建议部门藏书更专业化，健全图书管理制度，开列专业必读书目；建议有常规预算，经常性组织理论学习小组活动、经典研读活动、学术沙龙活动和专题讲座。

（4）加强理论素养的自觉和自信

建议每名思想政治理论课教师，特别是中青年骨干教师，建立一个较为完整的职业生涯规划和完备而合宜的经典阅读计划；建议更新职业理念，提高马克思主义理论素质是自身职业发展的内在需要，这是实现自我价值、获得自我成就感的内在要求，应当成为思想政治理论课教师的自觉意识和行为。马克思主义理论的文化自觉是中华民族伟大复兴的重要内容，也是思想政治理论课教师加强理论素质的意识前提。

3. 进一步提高思想政治理论课教师的能力素质

思想政治理论课教师的能力素质体现在教师的教学能力上。增强思想政治理论课教育教学的吸引力、感染力，关键是不断提高教师的教学能力。

（1）通过观摩教学的形式来学习、提高教学能力

一种是校内教师之间的教学观摩，另一种是兄弟院校优秀思想政治理论课教师课堂教学的观摩。通过观摩其他老师的教学，反思自己的课堂教学，提高自己的课堂把控能力，提高教学效果。

（2）充分理解和把握教材的基本内容和精神

教材是课堂教学的依据，要取得课堂教学的实效，就必须充分理解和把握好教材的基本内容和基本精神，精心设计教案，构建主题突出、重点鲜明的课堂教学体系。注重启发和引导运用符合学生身心发展并易于被他们接受的、循循善诱的教学方法进行渗透，切忌空谈说教、强制填鸭的“灌输式”教学，应力求在潜移默化的教学过程中为学生树立正确的思想导向和价值追求。

（3）教师的教学语言必须通俗、简明

教学的对象是学生，教学的语言是让学生能听懂的语言，其目的不是卖弄，显示自己学问的高深。教学语言抑扬顿挫，幽默风趣，能吸引学生参与到课堂教学中来。此外，教师的“讲”要充满激情，无激情地讲课、不动真情地讲课，讲台上下就会如死水一潭。

（4）教师要把理论研究和课堂教学结合起来

注重教学和科研的齐头并进，用科研成果来提高自己的理论水平，为思想政治理论课课堂教学提供有力的学术支撑。

4. 进一步提高思想政治理论课教师的心理素质

社会环境是影响思想政治理论课教师心理健康的重要因素，应不断提高思想政治理论课教师的社会地位和经济地位，尊重思想政治理论课教师的劳动，提高全社会对思想政治理论课的重视程度，为思想政治理论课教师营造一个支持思想政治理论课教师职业威望的社会大环境，排除不良社会环境对思想政治理论课教师心理的影响，增强其职业认同感。同时，学校要重视思想政治理论课教师队伍的建设与发展，制定科学合理的教育教学评价体系，为教师解决实际困难，建立咨询服务机构，关心教师心理状态，增强其安全感、归属感、保障感，以此来维护教师的良好心理素质，及时解决教师的心理问题。思想政治理论课教师个人也要正确认识和评价自身工作，自觉提高自身心理品质，用积极的心态去面对和解决教学中遇到的困难，善于调节自身情绪，增强适应力。

5. 进一步构建科学、合理、人性化的思想政治理论课教师测评指标

（1）硬性指标

包括具有坚定的政治方向，正确的政治立场。新任教师原则上应该是中国共产党党员，且具备马克思主义理论学科的教育背景，具有研究生以上学历，拥有硕士以上学位。受法律惩处和道德上有重大瑕疵的不能从事思想政治理论课教学。应具备较高的教学能力和水平，其理论水平应在马克思主义理论学科具备先进水平。

（2）软性指标

评价标准包括评价主体人员、评价工具及技术的采用、评价指标的量化等多项内容。在评价者主体的选用上，课堂观摩的评价主体成员应是校内外本学科专家、同行教师、学校管理人员及大学生群体等；实操测试可通过师生问卷、笔试、面试、心理测试等方式进行。

另外，兼职教师必须经过一定的标准与程序之后才可以准入，需要制订严格的把关制度。一是准入标准关。兼职教师准入标准可参照专任教师任职标准和要求制订。除此之外，在准入标准上不论是校内校外学术带头人和教学骨干，还是社会上专家学者和领导干部，或者离退休哲学社会科学著名专家学者，都必须属于和马克思主义理论研究宣传教育相关或相连的工作或学科领域。二是准入程序关。兼职教师在承担相应的思想政治课教学任务时，必须要进行试讲环节，经过相关专家和教师的认可方可准入。对于兼职教师的聘用，要科学、有序地引进，对兼职教师队伍的整体结构有一个明确的规划。三是准入内容关。在教学内容的选取原则上，必须要坚持马克思主义理论学科的学科规范及学科语言，讲授与大学生思想政治教育有关的课题和内容，防止偏离方向。四是准入质量关。对兼职教师的教学效果必须及时作出科学合理的评价，切实保证思想政治理论课的教学质量。

除此之外，还要加强对兼职教师的管理制度建设。针对兼职教师与学校没有直接的隶属关系，流动性较大，缺乏稳定性的情况，应成立专门机构或由专人负责管理。还要通过学习、专题报告、集体备课、教研活动等多种形式加强与兼职教师的定期交流，搭建一个结构合理、功能不断优化且又有战斗力的教学和科研团队。建立退出机制、完善评价机制，采用合理激励机制加强兼职教师管理，进一步优化教师队伍建设。

（二）进一步加强教材和教学内容的研究

1. 吃透各门课教材，把握共同重点

高校思想政治理论课的新课程体系是一个结构比较合理、功能互补、相对稳定的课程体系，其几门主干课程之间在内容上有一些交叉部分，如关于社会主义本质问题，“原理”“概论”和“纲要”课程均有所涉及，虽角度各有不同，但知识点是相通的。关于中国特色社会主义建设问题、中国国情问题，“概论”课和“纲要”课之间也有诸多重复之处。关于社会主义核心价值体系、爱国主义、民族精神、思想道德建设等问题，“基础”课与“概论”课也有重复之处。对诸多的重复之处，既不能在讲课时采取简单的弃之不理的态度，也不能按部就班、面面俱到地讲授。一些学校为解决上述问题展开了积极的探索，要求各门思想政治理论课的任课教师在设计教学方案时，在总体把握课程教学目标和功能的前提下，明确各门课程的定位、教学主题、主线和重点，把握好各门课程之间的逻辑联系和论证角度，根据每一门课程教学目标的要求，最终确定讲授的角度和深度。要求教授同一门课程的教师要集体备课，互相沟通，交流经验。对于“概论”课和“纲要”课之间过多

重叠的地方，有侧重点地来讲授。对于不同课程涉及的同一个问题，主张从不同的角度来讲解。就“概论”课来说，既要联系历史，更要注重解释现实；既要坚持马克思主义的基本原理，更要侧重马克思主义中国化的解读。就“纲要”课来说，既要重视历史解读，也要联系社会实际；既要重视对国情的梳理，又要重视历史的经验和教训。

2. 认真研究教学内容，规划好教学切入点

促进教学内容的转化要在全面理解教材的基础之上，做到融会贯通，精辟讲解。应注意以下几点：其一，教学切入点的转化。从涉及理论观点的实际问题导入，面对学生的实际学习需求，特别是从学生感到困惑，又是在社会中能反映社会热点问题和理论热点问题入手，激发学生的听课兴趣，但不是就事论事，而是就事论理。通过具体问题阐述所要说明的理论观点形成的历史、逻辑的根据，将思想政治理论课理论与实际相结合，从而让学生看到问题背后的思维方式和价值观念，达到教学目的。其二，教学重心的转化。根据教学理念的要求，讲授的重心要转向理论思维能力的训练和明辨是非能力的培养。在讲清理论体系的内在逻辑性的基础上，内容上做到“详略得当”，突出讲授各章节的重点内容，促使学生达到“知、信、行”的统一。其三，教学手段的转换。善于运用现代教育技术和手段来为教学内容服务，以声情、图文并茂的形式，体现教学内容的思想性、科学性和时代性，从而使马克思主义理论本身更吸引人、更感染人。

（三）探索创新思想政治理论课教学方式方法

在探索和选择合适的教学方法时，可以从以下几个方面进行把握：其一，在知识传授上，贯彻理论联系实际的基本原则，应深入开展社会实践，把理论武装与实践育人结合起来。其二，在师生关系上，贯彻民主原则，增强教学课程中的互动性，强调教师应具有实用的知识技能，是传授科学知识的传送带和中心台，突出教师的主导作用，彰显教师的主体精神。在此基础上，又强调学生是学习的主体，教师和学生均是思想政治理论课教学中的主体，要求师生形成平等的关系，而不是隶属“主”“客”分明的“我—他”关系。其三，在教学对象上，贯彻层次性原则，在充分关注授课对象专业背景差异性的前提下，思想政治理论课教师应积极探索行之有效的教学方法，以提高思想政治理论课教学的有效性。

1. 贯彻理论联系实际原则，增加“教学实践”环节

（1）提高认识

实践教学之所以存在一定程度的落空和虚化现象，与各高校对实践课的认识程度较低关系密切。有些高校的教学管理部门没有把实践课纳入教学计划之中，更没有明确的教学计划和教学大纲；有的高校的实践课没有经费保障；有的高校虽然有计划，但也没有认真去落实，或简单应付，或流于形式，等等。所有这些问题的解决都要以提高认识为前提。只有认识提高了，才会认真去组织和实施，才能真正做到自觉地组织实施、深入开展社会实践。

提高认识包括提高对社会实践本身的认识，应该选择何种实践形式、如何组织实施等的认识。只有真正清楚了思想政治教育范畴的社会实践，一些高校才能走出实践误区，也才能真正丰富大学生的社会实践形式，提高实践的有效性，而不是形式化，甚至误解实践。具体来说，包括应理清哪些是思想政治教育范畴的社会实践形式，哪些不是。

提高认识还包括教师本身也要提高对实践的认识。一方面，教育者首先要受教育，教马列主义要信马列主义。实践也是让思想政治理论课教师“信马列”的重要途径。教师可以通过社会实践了解国情、世情、时情，在实践中提高认识，使教师本身真正信仰马克思主义，从思想和行动上真正认同和支持党和国家的路线、方针、政策，真正成为中国特色社会主义建设的积极支持者和参与者。另一方面，只有把理论与实践结合起来，才能使理论更有说服力。思想政治理论课教师在课堂上向学生讲授的政治理论，如果没有教师亲身实践的支撑，连教师自己恐怕都难以完全说服自己，当然也就很难说服学生，教育的有效性就难以保证。如果思想政治理论课教师能在理论教学中结合自己亲身经历的实践，理论的说服力无疑要大很多。

因此，也要定期组织思想政治理论课教师参加社会实践，或提供给他们社会实践的机会。各高校至少每学年要组织思想政治理论课教师分别在市内和市外各社会实践一次，在条件允许的情况下，还应该组织教师到境外社会实践，了解更广阔的世界，对提高教师上好思想政治理论课的能力是有直接作用的。

（2）加强组织与管理

第一，要加强社会实践活动的教学规范。目前许多高校首先要做的就是要把社会实践纳入学校教育教学总体规划和教学大纲，明确规定学时和学分，这是对实践课教学进行有效组织和管理的第一步。

第二，要逐步建立各部门的协作机制。很多实践课“落空”的学校，并非没有实践课，而是这些实践活动都不是思想政治教育教学的一部分，不是由思想政治理论课教学部门或思想政治理论课教师主持和组织实施的，而是由宣传部门，学生工作部门，校团委，各二级学院党、团组织组织实施的。当务之急是各高校应该积极探索与建立一套管理体制，把思想政治理论课教学部门与各部门所组织的学生实践活动结合起来，促进思想政治理论课教学实践的有效开展。

建议思想政治理论课教学部门与学校的有关部门保持紧密联系，思想政治理论课教师积极参与以上各部门开展的学生社会实践活动，把这些活动纳入思想政治教育中，使这些活动成为思想政治教育社会实践教学的一部分。学校党委应该在这些部门间做必要的联系和协调工作，而且要把这些联系制度化、正常化。

第三，要加强对实践环节的组织与管理。计划制订以后关键就是落实，落实不到位仍然会使实践教学流于形式。如大班教学带来实践课教学组织的困难。大班化教学并非不能组织有效的社会实践，之所以“班大人多”成为组织实践教学的首要困难，是因为许多教师想当然地认为，课堂教学的大班化必然带来实践教学同样的大班化，另一原因是把实践教学活动局限于听报告、参观等活动。但是，大班化的课堂教学并不等于实践教学也必须实行大班化，完全可以化整为零，分散、分期、分批进行，还可以同班学生采取完全不同的实践形式，关键是加强组织和管理。

同时，有些实践活动，包括听报告，如果完全由思想政治理论课教师来组织确实存在一定困难，需要学校主管部门牵头或出面协调。因此，建议各高校党委担负起组织实践教学的责任，在必要时召开学工、宣传、团委及各实习基地负责人、各二级学院领导参加的协调会，在取得共识的基础上，建立经常性、制度化的联系机制。

在实际教学过程中，每一次实践过程教师都必须有相关记录和总结，学期结束时，授课教师对该学期的实践教学完成情况做总结，再根据学生的实践表现给出实践成绩，按规定的百分比计入学生思想政治理论课成绩中。只有严格的管理才能真正保证实践课的有序和有效开展。

第四，要建立健全社会实践评估机制和评价体系。缺乏有效的社会实践评价体系是社会实践无法有效组织的一个重要原因。我们可以从“学校重视程度”“社会实践组织水平”“学生认识水平”和“社会实践直接效果”等几个方面，构建社会实践教学效果评估指标体系。

第五，要保证必要的活动经费。有一定的活动经费是保证社会实践课教学顺利开展的重要条件，建议各高校根据实际情况采用“固定经费制”，即根据每学期或学年上社会实践课的实际学生人数，按生均比例计算，在事前列入预算；也可以采用“弹性经费制”，即在不超过一定限额的情况下，根据每学年或每学期实践课的实际开支实报实销。无论实行固定经费制还是弹性经费制，建议各高校以每学期生均至少 100 元为标准，加入学校的思想政治教育经费。

2. 贯彻层次性原则，做到“因材施教”

对于思想政治理论课教学来讲，要想贯彻层次性原则，提高教学的有效性就需要正视基于专业背景而产生的相同专业学生内部的共同性或者不同专业学生之间的差异性，真正实施“因材施教”。比如，理工科专业的学生高中阶段重视的是数理化，文科的语文、政治、历史一般不是他们学习的强项，进入大学后学习的专业又是理工科专业，他们学习的精力一般集中在专业课的学习，对于思想政治理论课的学习，较难付出太多时间和精力，再加上现实中的就业压力，使得很多学生对外语、计算机等实用性很强的课程十分重视，而对不能给就业带来直接作用的思想政治理论课的学习缺乏直接的动力。目前由于对思想政治理论课缺乏学习兴趣而造成大学生“显性”逃课和“隐性”逃课问题的存在，严重影响了高校思想政治理论课的教育教学效果。

近年来，伴随着思想政治理论课教学改革的不断推进，充分贯彻层次性原则，注重学生专业背景“差异性”的问题，日益受到思想政治理论课教师的关注。为提高基于学生专业背景差异的思想政治理论课教学的有效性，提出以下建议与对策。

（1）优化队伍，提升教师满足学生多方位需求的能力

探究基于学生专业背景差异的思想政治理论课教学的有效性，首先必须从优化教师队伍开始。具体来讲，思想政治理论课教师应从以下几个方面来加强自身建设，才能不断满足学生的多元化需求。

第一，不断优化知识结构。思想政治理论课教师在促进自身专业素质纵深发展的同时，也要拓宽对学生所学专业知识的横向了解。对思想政治理论课教师而言，首先要树立自身的专业权威性。通俗地讲，就是教师在自己的专业领域里要有研究，要有扎实的专业素养，要不断提高自己的可信性，也就是理论自信。当今世界，经济社会发展日新月异，互联网的普及让教师在掌握信息方面逐渐失去优势，这些对思想政治理论课教师的理论水平和知识结构，都将是一个严峻的挑战。教师要全面提升马克思主义理论底蕴，树立自身的专业权威，唯有如此，才能通过教师的理论阐释，充分展示马克思主义理论的魅力，使学生真正体会到思想政治理论课对他们来说是有用的课程。同时，思想政治理论课教师还要对学生所学专业有所了解，只有这样才能在教学实际中从学生的专业特点出发，因材施教。鉴于现代社会知识分化的大趋势，每个人精通一门学科知识都很困难。因此，思想政治理论课教师对学生专业知识的了解只能是一般性的了解，但是这种一般性的了解可以帮助教师在教学设计中更好地兼顾到不同专业特点的学生。

第二，有较强的科研意识和创新能力。从宏观角度看，我们的教育是要培养具有创造能力、应变能力、开拓能力的创新型人才，这就要求教师也必须具有创新精神和创新能力，思想政治理论课教师自然也不能例外。从微观角度看，就思想政治理论课教学工作本身而言，思想政治理论课要真正做到“三贴近”，教师就要对社会现实、理论问题、学生实际开展深入研究。思想政治理论课教师仅仅以知识传递者和品德示范者的形象出现在讲台上，是远远不够的。因此，教师要具有获取、分析、整理、交流、运用信息的能力。在知识爆炸的信息时代，只有善于掌握和使用信息，才能真正实现思想政治理论课释疑解惑的教育功能。

第三，转变自身角色定位，加强自我完善。思想政治理论课教师要善于转变角色，成为与学生共同构建学习空间的参与者。作为参与者，必须打破教师对着书本和黑板讲课的传统模式，创设融洽和谐的学习氛围，与学生一道去追求真理。教师不能只顾自己作为教学主体的地位，而应当真正把学生当成课堂主体对待。只有这样，不同专业学生的特点才能得到尊重，他们的个性化需求才能得到满足，思想政治理论课教学才能真正实现因材施教。

此外，作为一名思想政治理论课教师，要在职业生涯中，不断学习，自我完善，不仅要有深厚的专业理论功底，还要有广泛的知识面和人文修养。只有这样，在与不同专业学生打交道的时候，才能增强自身的人格魅力，提高引领学生的影响力。

（2）改进方法，增强思想政治理论课对不同专业学生的吸引力

第一，处理教学内容的方法。目前比较普遍采用的是专题教学与系统讲授相结合的办法，它可以有效地解决“一”（每一门思想政治课课程都有统一的教学目标）与“多”（不同专业学生有不同的特点和需求）之间的矛盾。系统讲授可以保证理论的系统性和完整性，确保课程教学目标的实现。专题教学则可以有针对性地设置能满足学生需求的内容，确保思想政治理论课教学的针对性和实效性。

第二，组织教学形式的方法。教学形式的组织，可采取多环节互动教学的方法，让学生真正参与到对真理的探索过程中来，既能尊重不同专业学生的不同特点和不同需求，又能调动学生参与课堂的积极性，从而达到良好的教学效果。此外，还可以借助作业设计、社会实践、考试方式等环节来体现学生的专业分层。拿作业设计来讲，教师在设计作业时，要充分考虑学生的专业特点和由于专业不同而带来的知识水平的不同，布置不同风格的作业。如艺术专业的学生文化课底子较差，但能够用艺术表演和创作的形式表达感情和思想，因此，在作业设计时以艺术创作和表演为主要内容就是一个不错的选择。对于计算机专业的学生来讲，围绕思想政治理论课教学内容开展多媒体课件制作不仅能发挥学生的特长，也能激发学生对理论的学习热情。

（3）研究受众，推进思想政治理论课教学因材施教的执行力

从传播学的角度来讲，传受双方有共通的意义空间是传播成立的前提之

一。参照上述原理我们会发现，构建共通的意义空间是保证思想政治理论课教学有效性的重要条件。而研究学生的“意识框架”和“人格图式”是构建师生共通的意义空间的重要条件。在学生“意识框架”和“人格图式”的形成过程中，专业背景无疑起到非常重要的作用。一般而言，学生在高考之前往往会根据自己的兴趣爱好、知识积累、学习特长甚至是未来的职业取向来选择自己进入大学之后所攻读的专业。这也就是说，不同专业的学生在思维习惯、兴趣爱好以及知识结构等方面都存在一定差别。大学期间的专业学习和训练更强化了他们原有的知识结构、兴趣爱好以及思维习惯。我们可以做出这样的判断，作为思想政治理论课教学受众的大学生，同一专业或是相近专业的学生，在“意识框架”和“人格图式”方面也具共通性的特点，而不同专业的学生之间，也肯定会在“意识框架”和“人格图式”方面表现出差异性。

因此，对于思想政治理论课教学来讲，要想真正实施因材施教，提高教学的有效性，就要正视这种基于专业背景而产生的共同性或者差异性，教师要加强对当代大学生，尤其是不同专业大学生的研究，把握他们的思想动态以及兴趣爱好，并有针对性地提供能将学生吸引到课堂中来的教学，不断推进思想政治理论课教学效果的提高。

3. 贯彻民主原则，多采用互动式教学

（1）思想政治理论课互动式教学的理论基础

目前，已有众多学者在社会学、哲学、心理学等方面为互动教学提供了广泛的理论基础，比如需要动机理论、群体动力理论、符号互动理论等。

根据马斯洛的需要动机理论，思想政治理论课教学要重视学生成长的需要，使之由“潜伏状态”变为“活跃状态”，使需要的渴望得到满足，激发学生对思想政治理论课的兴趣。教师在满足学生现有合理需要的同时，也应注重培养学生更高层次的需要，使学生不断提高参与思想政治理论课教学互动的积极性。

群体动力理论提示我们，学生在思想政治理论课上，通过互动合作学习，能使他们学会倾听，学会理解；交流沟通和争论可以帮助他们产生新的理解与认识；可以增强他们自尊、自信和自重的情感，从而激发他们学习思想政治理论课的动力。

符号互动理论认为心灵、自我和社会的形成和发展，都以符号为先决条件。只有在社会中个体的各种行为才有意义，因为个体的意识是在社会中通过不同的群体沟通才产生的。根据符号互动理论，思想政治理论课教师与学生的交流沟通要以学生所认可的方式来实现，教师要学会、理解和使用学生认可的符号，也就是应该掌握某些技术以便更好地开展互动。

（2）思想政治理论课互动式教学的理念

长期以来，思想政治理论课教学中，教师与学生的关系一直被理解为“主体—客体”关系，教学过程就是教师主体作用于学生客体的实践过程。这样教师就成为绝对权威，有优先话语权，甚至将自己视为真理的化身，而学生则成为顺从、受支配的客体。这种对象性思维的存在，导致思想政治理论课成为“一言堂”，沦为教师对学生的“训练”和“控制”。

思想政治理论课互动式教学的理念是在一种交往关系思维下建立起来的，它超越了“主体—客体”二分的思维模式，把目光转向“我们”，倡导一种主体间的共同性，注重整体和谐性的存在，它强调教师和学生都是有独立人格的主体，倡导二者在平等民主的对话中实现交往。这就使得思想政治理论课互动式教学从重“理论、规范”的灌输转向以“人”为本，从对象化活动转向交往活动，从单一主体性转向主体间性。思想政治理论课互动式教学的理念主要通过互动式教学的原则体现出来。

思想政治理论课互动式教学的原则主要有主体间性原则、民主平等原则、交往理性原则和尊重差异原则，其中以主体间性原则最为重要。主体间性原则强调在思想政治理论课教学中每个人都是主体，都是彼此相互关系的创造者，教师与学生、学生与学生互动的前提就是不仅承认自我的主体性，同时也承认他人的主体性。

在思想政治理论课互动式教学中坚持主体间性原则，以下三点是必须予以明确的：首先，教师和学生都必须意识到自己和他人是平等的交往主体，要摒弃各种形式的“话语霸权”。其次，教师和学生主体间关系平等但仍具有差异。思想政治理论课互动式教学中所表现出的平等性并非完全否认教师和学生之间的差异，只是肯定师生双方在人格上的平等、双方拥有平等的话语机会和思想权利的平等。最后，教师是思想政治理论课互动式教学的主导者。与传统思想政治理论课教学模式相比，教师在互动式教学中的地位、作用和角色发生了很大的变化，教师不再是教学的控制者和主宰者，但教师的作用并没有被抛弃，而是得以重新建构，成为内在于教学互动中的主导者。

（3）思想政治理论课互动式教学的要素

第一，教师和学生均是思想政治理论课互动式教学的主体。思想政治理论课互动式教学坚持教师和学生都是主体，要在和谐的气氛中平等对话，在相互理解和沟通中达成共识，但教师和学生的角色不能混同，教师作为主体，是教学活动的组织者和引导者，学生作为主体，是生成、建构与发展的主体。教师要给予学生更多的关心和帮助，学生也不能忽视教师的主体地位，应虚心接受教师的引导，不能滥用平等话语权去抵制合理的教育秩序和教育要求。同时，要始终明确一点，那就是思想政治理论课不是自由论坛，它必须旗帜鲜明地批判和抵制各种错误思潮，必须坚守马克思主义阵地。对此，只能通过教师在思想政治理论课教学中主导性作用的发挥才能实现。

第二，在思想政治理论课教学互动中，教师和学生之间的关系是主体间关系。既然学生和教师都是思想政治理论课互动式教学的主体，那么师生之间的关系就不是“主体—客体”关系或“互为主客体”关系，而是主体间关系。只有主体之间的关系才能算得上是相互关系，因为主体和客体的关系是分主动和被动的，是单向的，因此不能成为相互关系。思想政治理论课教学互动中，师生都是主体，教师主体与学生主体是相互依赖的共生性存在，缺少了任何一个主体，就不能形成主体间关系。主体间的互动和沟通，教学相长，甚至师生之间的误解、分歧和冲突等，既包含正面的也包含负面的，都是主体间关系的生动体现。在主体间的双向和多向交流中，形成一个开放的、动态的“公共空间”。

第三，教师与教学资源、学生与教学资源之间的关系是主体—客体关系。与教师和学生共同主体相对的客体是教学内容和教学环境等所组成的教学资源。当思想政治理论课教师和学生以主体间关系为纽带共同作用于教学资源时，教学过程中的教和学就成为既可以区分又不可以分割的实践活动。教师主体对教学内容是一种认识与被认识、改造与被改造的主客体关系。教师认识理解思想政治理论课教材，同时把教材改造成适合学生接受的形式，也就是把教材体系转化成教学体系，为师生之间的互动打下基础。在学生的学习活动中，教学内容是学生学习和作用的对象，处于被动状态，是学生主体的客体。教学环境主要指教师和学生所处的校园物质和文化环境。在综合性大学和以文科见长的大学的思想政治理论课上进行积极互动的学生比率要高于理工科大学，校园环境尤其是校园文化环境对思想政治理论课教学互动具有不可忽视的作用。

（4）建议

①切实推进教学创新，抓好思想政治理论课互动式教学。从学校层面上讲，应进一步支持思想政治理论课教师的教学工作。不少高校在对思想政治理论课教师的课堂教学评价中，已把“教学方法灵活多样，能激发学生的学习兴趣”与“老师与学生积极交流，鼓励学生提出问题”作为评价教师教学水平的一项标准。当前，应进一步深化思想政治理论课教师进行互动式教学的考核，使之量化。在优秀教师评选等方面，应给予更多的支持。从思想政治理论课教学科研管理部门的层面上讲，既要加强对教师的科研管理，又要加强对教师的教学管理。可以采取多种形式组织本校教师和校外教师讨论学习，组织互动式教学论坛，积极听取学生意见，采取合理的激励措施。对教师而言，要重新定位师生关系，重新演绎课堂教学。运用互动式教学法，要把握互动式教学的理念和原则，理解教师和学生的主体地位以及师生的主体间关系。思想政治理论课教师除了具备一般教师必备的专业知识和课堂授课技巧外，还必须具有号召力、感染力和激情。只有思想政治理论课教师具备了这些综合素质，才能在和学生的互动中，在自身周围形成一定的磁场，将学生的兴趣和注意力吸引到互动教学中来。

②拓展思想政治理论课教学互动的深度和广度。要拓展思想政治理论课教学互动的深度和广度。在互动的深度方面，教师应设计对学生充满挑战性和探究价值的问题，以锻炼和提高他们的思维能力。在专题讨论中，教师应让学生围绕相关主题进行资料梳理和独立思考，避免学生在发言时只说一些肤浅的感受。而在案例分析中，教师让学生分析的案例应具有必要的矛盾和冲突。而在互动的广度上，对于不发言或发言较少的同学，教师要进行必要

的引导和激励。总之，要提升问题的探究价值，挖掘专题讨论的深度，提升案例分析的档次，扩大课堂互动的范围。

③学校要安排有利于思想政治理论课互动式教学的班级规模。影响师生互动的一个现实问题就是班级规模过大。高校思想政治理论课“要以中班教学（每班100名学生左右）为主体组织开展教学活动”。但实际上，仍然有一些班级人数超过100人，甚至更多。面对如此多的学生，在有限的课堂时间和空间内，自然难以进行有效的课堂互动。因此，应该增加思想政治理论课教师数量，尽可能缩减思想政治理论课班级规模。在班级规模难以缩减的情况下，思想政治理论课教师应该积极探索大班和中班背景下互动式教学的有效实现途径。

第二节　“立德树人”教育思想的主要内涵

党的十八大报告明确指出把“立德树人”作为教育的根本任务，报告指出“教育是民族振兴和社会进步的基石”，高校培养人必须以“立德树人”为根本，以立德树人作为人才培养的基本方略。2018年1月20日国务院在《关于全面深化新时代教师队伍建设改革的意见》（以下简称“意见”）中指出“百年大计教育为本，教育大计教师为本”，也强调“坚持兴国必先强师”，要把高校教师思想政治素质和职业道德水平摆放在首要位置，突出师德的养成。立德树人是一项系统工程，需要创造性地加以建构和不断完善。本节将围绕社会主义核心价值观这个中心，以教师队伍建设和学生培养为着力点形成在立德树人工作中两者之间相互联系又有所区别的建构体系，从而分析立德树人的内在结构和主要元素，探索其工作机制，揭示高校立德树人的内涵。

立德树人有两个要素，一是“立德”，二是“树人”。高校承担着人才培养、科学研究、社会服务、文化传承、知识创新等多项职能，但是立德树人是教育的主旋律，是教育的核心和灵魂。同时立德树人还涉及两个主要方面，即教师和学生。教育的主体是学生，但学生的教育工作离不开教师，因此国务院的“意见”提出教师承担着传播知识、思想、真理的历史使命，肩负着塑造灵魂、塑造生命和塑造人的时代重任。欲树人必须先立德，兴国必须先强师。“意见”还特别提出教师是教育发展的“第一资源”，是富民强国的“重要基石”。那么在现今的中国社会我们应该立什么样的“德”、树什么样的“人”呢？答案显然是要把社会主义核心价值观贯穿教书育人全过程，树立教师和学生正确的历史观、民族观、国家观、文化观，坚定中国特色社会主义道路自信、理论自信、制度自信、文化自信。培养具有中华文化底蕴、具有中国特色社会主义理想和国际视野的社会主义建设者和接班人。

一、立德树人是以爱国主义为立足点树“目正”和“心正”之人

立德树人是育人的根本，是教育工作的主旋律。那么什么是德呢？德的字义为道德、品行。由“道德”引申为“客观规律”。由“道德”又引申为“信念”“心意”。如“同心同德”，又由“道德”引申为“有道德的贤明之人”。

核心价值观实际上就是一种德，既是个人的德，也是一种大德，即国家的德、社会的德。在这个“德”中，爱国主义是社会主义核心价值观里最深层、最根本和最永恒的主题，是人“目正”和“心正”的根基。中华文明绵延数千年，在世界文明中具有独特的价值体系，它潜移默化地影响着中国人的思想和行为。中华文化中的爱国主义体现在自觉维护祖国统一和民族团结，旗帜鲜明地反对分裂国家的阴谋，破坏民族团结的言行，注重和传承中华历史文化，增强中华民族的归属感、认同感、尊严感、荣誉感，既立足民族又面向世界，善于从世界文明中寻求智慧、汲取营养、不断增加中华文明的生机和活力。

党的十八大提出要倡导“富强、民主、文明、和谐、自由、平等、公正、法治、爱国、敬业、诚信、友善”的社会主义核心价值观。这 24 字的核心价值观将国家、社会、公民三个层次的价值要求融为一体，深刻回答了我们要建设什么样的国家、建设什么样的社会、培养什么样的公民的重大问题。

爱国主义的集中体现不仅在于继承和发扬我国的优秀文化传统，还在于要积极地学习其他国家的文明和文化。全世界的文化遗产为世界各国人民所共有，它们是全世界劳动人民历时数千年艰苦创造的结晶。我们对国外各民

族创造的文明成果兼容并蓄地加以吸收，有利于在合理借鉴的基础上努力创造和激发出有中国特色的思想、智慧和文化。高校教师无疑承担着教育引导、文化熏陶的责任，肩负着让社会主义核心价值观在学生中内化于心、外化于行，使他们成为“目正”和“心正”之人的光荣使命。

二、立德树人是以敢为人先的理念培养学生的创新意识

我国强调要提升大学创新人才培养能力，实行学术人才和应用人才分类、通识教育和专业教育相结合的培养制度，强化实践教学，着力培养学生创意和创新能力。提高创新思维就是敢为人先、不迷信经验以及不迷信权威和惯性思维，以敢于突破藩篱的勇气解决问题开创局面。然而创新并非与过去彻底断裂，不是另起炉灶，而是具有源头和延续性的变革。创新是在新旧之间、历史和现实之间、理论和实际之间建立起有机的内在联系。

到目前为止，国内外对创新型人才基本达成的共识是具有创新意识、创新精神、创新能力并能够取得创新成果的人才。具体而言，当代中国社会的创新人才是既立足于现实又能面向未来，既有博与专的知识准备又有高度发达的智力和能力，既有积极的人生价值取向和崇高的献身精神又有健康的心理和强健的体魄，既有独立的人格又有强烈的社会责任意识的综合型人才。

创新型人才指富于开拓性，具有创造能力，能开创新局面，对社会发展做出创造性贡献的人才，通常表现出灵活、开放、好奇的个性，具有精力充沛、坚持不懈、注意力集中、想象力丰富以及富于冒险精神等特征。具体特征为：①有很强的好奇心和求知欲望；②有很强的自我学习与探索的能力；③在某一领域或某一方面拥有广博而扎实的知识，有较高的专业水平；④具有良好的道德修养能够与他人合作或共处；⑤有健康的体魄和良好的心理素质，能承担艰苦的工作。

创新人才应具备基础理论扎实、科学知识丰富、治学方法严谨、勇于探索未知领域同时具有为真理献身的精神和良好的科学道德。他们是人类优秀文化遗产的继承者、最新科学成果的创造者和传播者、未来科学家的培育者。由此可以看出培养创新型人才与立德树人的社会主义核心价值观是完全一致的。

三、立德树人是用马克思主义的人才观培养“全面发展的人”

人的全面发展是培养创新人才的基础，联合国教科文组织有关21世纪教育发展的报告要求培养创新型人才，但在教育目的的阐述上仍坚持“全人”或“完人”的培养目标。德国大学的人才培养深受洪堡大学理念的影响。德国教育家雅斯贝尔斯提出大学应该培养“全人”的理念，在追求“全人”前提下进行创新。“全人”或“完人”指的是他们首先应该成为作为人的人、真正自由的人、具有个体独立性的人，而不是成为作为工具的人、模式化的人、被套以种种条条框框的人。虽然个性自由发展的人不一定都有创造性，但实践证明没有了个性的自由发展，创新人才是不可能诞生的。

人的全面发展是马克思主义的最高价值理想，所谓全面发展是指人的活动、能力、社会关系、个性和人类整体的全面发展，即作为一个完整的人占有自己的全面本质。美国哈佛大学以追求真理为办学宗旨，在人才培养上以培养全面发展的人、有教养的人为目标，强调所培养的人才应该是在情感、智力方面全面发展的人，应该是受过广泛而深刻教育的人，应该是具有独立思考能力、分析能力、批评能力和解决问题能力的高度发展的人才。

现在我国正处在建设中国特色社会主义、实现中国梦的快速发展新时期，教育思想必然体现中国特色和社会主义核心价值观。随着国家对教育事业的重视，广大教育工作者在实践和总结的基础上必将形成中国特殊的社会主义教育理论。中国在源远流长的历史长河中也产生过从孔子到陶行知等一大批伟大的思想家和教育家，产生过如《论语》《大学》等著作，形成了中国特色的大教育观、全面发展的育人观以及和谐发展的教育观，其特色始终将道德教育放在首位，强调道德教育和知识教育的并重发展，重视家庭教育和社会教育，强调内外兼修、知行合一，着重发挥人的内心自觉。

诚然，培养创新人才离不开高质量的师资队伍建设。国务院的“意见”指出高校要全面贯彻党的教育方针，落实立德树人的根本任务，遵循教育规律和教师成长规律，培养高素质教师队伍，造就一支学科知识扎实、专业能力突出、教育情怀深厚的高素质复合型教师。同时结合“一带一路”建设和人文交流机制，我国将有序推动国内外教育资源的双向交流，使教师静心钻研教学，切实提升教学水平。从教育实践的前瞻性看，要达到人的全面发展的培养目标，学校还要不断回归教育的本质，要探索适应未来需要和终身学习的模式，不断培养出适应新时代社会经济发展、满足社会需求的人才。教育永远是一项涉及人的工作，因此教育工作的重心要以人为本，这是促进人的全面发展、释放每个人的潜能、满足建设中国特色社会主义的时代需要。教育这项工程很伟大也很艰巨，教师将在其中添砖加瓦，让社会主义核心价值观真正落实到立德树人的教学工作当中。

第三节　思想政治课程与课程思政的协同育人机制

高校注重思想政治课程结合课程思政，使两者形成协同效应，实现高校思想政治的合力教育，从而提升高校思想政治教育育人效果。现阶段已经有部分高校实行课程思政教学改革，但对课程思政与思想政治课程的本质联系、协同育人机制的意义以及如何建立协同育人机制存在一定的模糊认识与误区，需要高校对以上相关内容进行深入的研究，从而发挥其各自育人优势与作用。

一、“思想政治课程”与“课程思政”的本质联系

（一）共同的任务目标

高校思政理论课的功能并不仅限于对高校大学生进行思想政治教育，还需要从其他课程中对思想政治教育进行挖掘，使多种专业课程在向学生讲授知识的同时加强学生的全面思想政治教育，提高学生思想道德素养与修养，提升学生思想政治觉悟，使高校学生的思想政治教育工作能够贯穿高校教学的全部过程。课程思政的教育观念是在高校各种专业课程的相关教学与改革过程中融入思想政治教育，满足在教育教学全过程中贯穿思想政治教育工作的要求，在新形势下起到改进与加强高校思政工作的重要作用，实现高校思

政工作的全民化与实际化。思想政治课程与课程思政都属于高校思想政治教育工作的组成部分，属于课程思政共同体，根本任务是立德树人，引领大学生思想，共同目标是为社会主义培养接班人与建设者。

（二）一致的方向功能

在本质上课程思政与思想政治课程具有一致的方向与功能，以坚持社会主义办学为方向，以发挥育人作用为功能，在一致性的基础上还存在明确的指向性。高校思政理论课教育的明确指向体现在课程教育的“向”与“行”，“向”即正确的政治方向，“行”即进行思想政治教育。在实际上高校思想政治教育的同向同行是指思想政治理论课与其他高校专业课程共同对正确的政治方向进行坚持，充分发挥共同思想政治教育职能与作用，做到合力对大学生进行思想政治教育，实现协同育人效应。思想政治课程与课程思政在方向功能上的一致性是对高校专业课程欠缺思想政治教育现状问题的反思。传统的高校教学观念认为大学生的思想政治教育属于思政理论课的教学任务，因此其他专业课更注重教授学生专业知识，使思政理论课与专业课缺少联系，而课程思政的教育理念能够有效解决这一问题。

二、高校“思想政治课程”与“课程思政”协同育人机制的意义

（一）体现思想政治课程价值

在向学生传播知识的过程中，课程思政强调学生的价值引领，在教学传播价值的过程中课程思政强调对知识底蕴进行凝聚。课程思政借助知识传授与价值引领相结合的有效教育形式，将价值观引领融入高校知识传授的过程实现两者在高校教育教学中的同频共振。课程思政对传统思想政治课程的理论说教式教学方式进行了改变，以学生易于接受的方式，提升学生对思想政治课程的认知，从专业教育与德育角度提升思想政治教育对学生的感染力与说服力，有效对高校专业课程轻德重智的问题进行了扭转，使思想政治课程

通过课程思政得到学生的喜爱，提升学生素养，使学生能够终身受益，从而体现思想政治课程价值。

（二）完善思想政治课程形式

课程思政使高校思政理论课课程突破自身教学的传统局限性，对思想政治教育理念进行彻底的革新结合，网络运用、社会实践与课堂教学完善了思想政治课程教学形式。在课程思想政治教育理念影响下，高校针对思想政治课程创新教学方法、丰富教学手段、更新教学内容、改善教学状况、降低思想政治课程现有的表面化与形式化问题，体现课堂主渠道的地位，并对思想政治课程的育人功能进行不断强化。学生在高校实行课程思政教学的过程中通过知识学习与相关经验了解，能够产生一定的情感体验并愿意主动参与到社会实践中实现自身对专业知识的内化，形成独立人格与完整的思政精神。高校完善思想政治课程需要借助新媒体技术的优势，在课堂教学过程中加强师生互动，对教学实效性进行有效提升，积极使用互联网等新媒体渠道与载体推行“翻转课堂”、微课等教学新形式，使高校思想政治课程与课程思政的协同教育更富有活力并贴近学生生活。

（三）构建思想政治教育体系

课程思政在高校教育过程中的有效实行能够帮助思想政治课程构建更完善的教育体系。课程思政强调融通隐形教育与显性教育，将高校全部课程进行思想政治教育隐形课程与显性课程的划分。作为高校思想政治教育的主体课程，高校思政理论课属于显性课程，而隐形课程则是自然科学课程、社会科学课程、公共基础课程、通识教育课程等。高校将思政理论课、综合素养课与专业课三者结合，构建三位一体思想政治课程体系，将思想政治课教师、校内外专家与专业课教师联合形成思政协同育人体系，育人体系与课程体系的融合为高校思想政治教育体系的建立与完善提供了保障。针对思政理论课与专业课及综合素养课，高校有机结合课程相应的显性价值引领与隐性价值渗透，使得高校教育针对学生的德育教育能够充分发挥教育合力作用，从而实现全过程、全方位、全员的高校思想政治教育体系的构建。

三、高校“思想政治课程”与“课程思政”的协同育人机制策略

（一）健全思想政治课程体系

为实现高校思想政治课程与课程思政的协同育人机制，需要高校全面构建自身思政体系，创建以课程资源形式协同育人的相关机制。高校建设协同育人机制需要认识到这不是阶段性的任务，而是高校实行思想政治教育的常态，并需要全面提升高校教师在这方面的自觉性。高校建设思想政治课程与课程思政的协同育人机制需要做到全面发动、全面提升、全课程渗透。全面发动高校全部教师在课程思政认识上达成一致，自觉行动，将思想政治教育全面融入各自教授的课程中，实现高校立德树人的教育目标。全面提升高校教师的自身专业课程理论水平与思政理论水平，还需要提高教师在心理学教育学层面的相关理论水平，从而提升大学生对思想政治教育的认同感，提高大学生的思想政治素养。全课程渗透是指在高校全部课程内，包括各种专业理论课与思想政治课做到思想政治教育的显隐结合，尤其在专业课教学时，教师需要注重对学生健康成长起到引导作用，有机统一专业课教学的知识与价值，实现隐形课程思政。

（二）实现立体德育育人

现阶段高校落实课程思想政治教育理念需要打造高效立体育人教育格局，在高校各个专业课程中充分挖掘其课程体系中的思政德育元素。在高校教育体系中存在多类专业课程，每一类课程都有其自身的功能地位与作用方式，并具有自身的教育价值。高校需要有机统一育人全面性与课程多元化，结合课程特征对课程中的德育元素进行充分挖掘，并有效利用，从而融合思政理论教育体系与高校整体课程体系，充分体现高效专业课程与思政理论课课程的同向效应。高效思政理论课要起到示范作用，凸显主渠道地位与功能，实现教学的进一步改革。高校需要建设教材、规范课程、创新教学形式、丰富教学内容，对教师综合素质进行提高，从而达到课堂教学实效性提升的效果。

高校需要借助社会科学类课程培训大学生的科学精神、理想信念、人文情怀、国际视野，从而拓展大学生的综合素养。在课程思政的教育理念下，高校需要挖掘专业课程资源优势，立足学科理论，提炼课程文化价值，将其向社会主义核心价值观转化，在学生进行专业课学习的过程中实现学生思政层面的精神指导，达到课程思政隐形的效果，体现协同效应。

（三）创新课程思政方法

高校思想政治课程想要实现与课程思政协同育人，需要对课程思政方法进行创新，引导高校教师在践行立德树人教育理念过程中的自觉性。高校建设课程思政体系需要以培养学生文化自信与自觉为目标使核心价值观真正做到在学生之间的内化于心与外化于行。高校需要为课程思政在思想政治课程与其他课程中的良好运行建立相应的保障机制，重视课程教学质量的相关评估，针对课程思政建立育人评价体系，从而在学评教内容中有效融入德育元素。高校需要重视课程教学的设计，针对每一门课程特有的德育教育功能明确教师职责，挖掘专业课德育元素与功能，将思想政治教育内容融入各自教学课程中。高校创新课程思政教学方法需要有机结合渗透与灌输，创新课堂方式丰富课堂教学内容，尝试新型课堂教学形式、提升学生在课堂的参与度，使学生在行为与认知上对课程思政教学产生认同，潜移默化地形成自身的思政素养。高校在建设课程思政与思想政治课程协同育人的机制时，需要重视自身师资队伍的强化，提升教师课程思政落实自觉性。在高校教师深刻理解核心价值观、明确德育教育作用的情况下，课程思政才能发挥作用实现高校德育育人。

第四节 习近平新时代中国特色社会主义思想融入思想政治课教学

党的十九大报告指出习近平新时代中国特色社会主义思想是对马克思列宁主义、毛泽东思想、邓小平理论、“三个代表”重要思想、科学发展观的继承和发展，是马克思主义中国化的最新理论成果，是党和人民实践经验和集体智慧的结晶，是中国特色社会主义理论体系的重要组成部分，是全党全国人民为实现中华民族伟大复兴而奋斗的行动指南，必须长期坚持并不断发展。党的十九大最大的理论贡献就是提出了习近平新时代中国特色社会主义思想。高校要高度重视习近平新时代中国特色社会主义思想的学习。

一、习近平新时代中国特色社会主义思想融入高校思想政治课教学的客观要求

习近平总书记在党的十九大报告中系统阐释了新时代中国特色社会主义思想的形成条件、基本内涵、历史地位和重大意义，指出新时代中国特色社会主义思想是党在建设中国特色社会主义伟大实践中的最新理论成果，是指引全党全国各族人民新时代全面建成小康社会、实现民族复兴中国梦的行动指南。深入学习贯彻党的十九大精神，重点要准确理解和把握习近平新时代中国特色社会主义思想。思想政治课是高校对大学生进行思想政治教育的主阵地和主渠道。高校思想政治课教学要与时俱进，及时将党的创新理论成果融入课程教学。

（一）习近平新时代中国特色社会主义思想融入高校思想政治课教学是深入学习贯彻党的十九大精神的客观要求

党的十九大是在中国特色社会主义建设进入关键时期召开的一次重要会议，系统总结了党的十八大以来以习近平同志为核心的党中央带领全国各族人民建设中国特色社会主义取得的伟大成就，对所处的新时代做出了科学研判，制定了未来中国特色社会主义现代化建设的发展步骤。党的十九大将习近平新时代中国特色社会主义思想写进党章，实现了党的指导思想又一次与时俱进，为全国各族人民紧密团结在党中央周围、全力以赴推进中国特色社会主义伟大事业提供了行动指南和精神动力。深入学习贯彻党的十九大精神，自觉用习近平新时代中国特色社会主义思想武装师生头脑是高校当前一项紧迫而重要的政治任务。高校要发挥思想政治课的主阵地、主渠道作用，通过思想政治课教学向学生讲清、讲深、讲透习近平新时代中国特色社会主义思想，使学生全面理解和准确把握习近平新时代中国特色社会主义思想的基本

内涵、精神实质和实践要求，把思想和认识统一到党的十九大提出的奋斗目标和战略部署上来。

（二）习近平新时代中国特色社会主义思想融入高校思想政治课教学是用党的最新理论成果武装大学生头脑的客观要求

把大学生培养成中国特色社会主义事业的合格建设者和可靠接班人是高校人才培养的根本目标。抓好大学生思想政治工作必须用马克思主义基本理论、党的创新理论武装大学生的头脑，坚定大学生对中国特色社会主义的理想信念，坚定大学生对中国共产党的信任。高校要牢牢把握社会主义办学方向，必须以习近平新时代中国特色社会主义思想为指导，用马克思主义中国化最新理论成果武装师生头脑，使高校发展方向同国家发展的现实目标和未来方向紧密联系在一起，为人民服务，为中国共产党治国理政服务，为巩固和发展中国特色社会主义制度服务，为改革开放和社会主义现代化建设服务。高校在思想政治课教学中向学生系统讲授习近平新时代中国特色社会主义思想，能够增强大学生对这一思想的认同，自觉用马克思主义中国化的最新理论成果武装头脑，自觉抵制各种“腐化”思想侵蚀，坚定理想信念，勤奋学习，苦练本领，努力成长为能担当民族复兴大业的新时代青年。

（三）习近平新时代中国特色社会主义思想融入高校思想政治课教学是提高思想政治课教学质量的客观要求

提高思想政治课教学质量的关键在创新。高校思想政治课教学创新要创新教学内容、教学方式、教学评价机制、教学保障机制等。创新思想政治课教学内容就是用党的最新理论成果充实教学内容，使思想政治课教学内容与时俱进。习近平新时代中国特色社会主义思想是马克思主义中国化的最新理论成果，是党的理论在新时代的创新成果。学习、宣传、研究习近平新时代中国特色社会主义思想是高校思想政治课教师的一项重要任务。高校要通过改革创新思想政治理论课教学工作来学习领会习近平新时代中国特色社会主义思想的精神实质与核心要义，既要围绕习近平新时代中国特色社会主义思想来深入研究“教什么”“教给谁”“怎么教”的问题，也要创新思想政治理论课学术话语体系，还要坚持潜心研究与关注社会相统一的原则来实现思想政治理论课教学内容与时代同步，增强教学的吸引力、说服力、感染力和时代感。

（四）习近平新时代中国特色社会主义思想融入高校思想政治课教学是新形势下加强和改进高校思想政治工作的客观要求

新形势下加强和改进高校思想政治工作必须坚持以习近平新时代中国特色社会主义思想为指导，认真学习贯彻党的十九大精神，坚持立德树人，用党的创新理论武装师生头脑，建立健全思想政治工作责任机制，发挥思想政治课教学主渠道、主阵地作用，构建全员育人、全程育人的大思政格局。当前高校思想政治教育的重点是给大学生讲清楚习近平新时代中国特色社会主义思想的理论精髓和地位、作用，坚定大学生的理想信念，增强其抵御各种非马克思主义思潮尤其是错误思潮侵蚀的能力，从而为推动新时代中国特色社会主义事业和实现中华民族伟大复兴提供人才支撑。

二、习近平新时代中国特色社会主义思想融入高校思想政治课教学的路径

（一）推进习近平新时代中国特色社会主义思想融入课堂教学

党的十九大系统总结了党的十八大以来我国社会主义建设取得的丰硕成果，描绘了未来中国发展的美好蓝图。高校思想政治课教学要把党的十八大以来改革发展取得的各方面成果作为教学的典型案例增强理论教学的说服力，增强大学生对中国特色社会主义的自信心。高校思想政治课教学要及时将习近平新时代中国特色社会主义思想融入教学大纲、教学内容并列为考核内容，提高大学生对习近平新时代中国特色社会主义思想学习的重视度。高校要组织思想政治课教师系统学习领会习近平新时代中国特色社会主义思想，根据思想政治课不同的教学要求，将习近平新时代中国特色社会主义思想融入思想政治课相关章节中，充实和创新教学内容，增强思想政治课教学的时代感，要在思想政治课教学中开设习近平新时代中国特色社会主义思想专题，对大

学生系统讲解习近平新时代中国特色社会主义思想的基本内容、精神实质、历史地位和重大意义，帮助学生全面深刻准确理解习近平新时代中国特色社会主义思想基本内涵、精神实质和实践要求。

（二）推进习近平新时代中国特色社会主义思想融入实践教学

理论来源于实践又对实践起指导作用。理论宣传教育只有融入实践才能真正让群众，掌握并发挥理论应有的作用。习近平新时代中国特色社会主义思想是中国共产党人把马克思主义基本理论与新时代建设中国特色社会主义伟大实践相结合的产物，是全党集体智慧的结晶。实践教学是高校思想政治课教学的重要环节。习近平新时代中国特色社会主义思想融入高校思想政治课教学要抓好实践教学这一重要环节。高校思想政治课教师要在课堂上组织学生通过观看视频、讨论交流等教学活动，课下组织学生参观考察、开展社会调查、阅读经典文学等，来加深学生对习近平新时代中国特色社会主义思想的理解。

（三）推进习近平新时代中国特色社会主义思想融入教研科研

理论创新永无止境。习近平新时代中国特色社会主义思想是发展着的马克思主义。高校学习和宣传习近平新时代中国特色社会主义思想要把学习贯彻与研究结合起来，组织教师深入研究习近平新时代中国特色社会主义思想基本内涵，不断丰富和发展这一理论成果。学习研究习近平新时代中国特色社会主义思想对在新时代推进马克思主义中国化、时代化、大众化和中国特色社会主义事业具有重大的理论意义和实践意义。高校推进习近平新时代中国特色社会主义思想融入思想政治课教学，要加强对习近平新时代中国特色社会主义思想相关问题的研究，总结有教学参考价值的研究成果并指导教师将研究成果运用到教学中，丰富教学内容，提升理论教学水平，帮助学生全面深刻把握这一创新理论；要坚持教学研统一，以学促教，以教促研，以研促教，实现教学科研相得益彰；要遴选研究课题，组建科研团队，聚焦习近平新时代中国特色社会主义思想“八个明确”“十四个坚持”基本内容。

三、构建推进习近平新时代中国特色社会主义思想融入思想政治课教学协同机制

习近平新时代中国特色社会主义思想融入高校思想政治课教学不是高校思想政治课教学管理部门一家的事，必须组织学校各部门形成合力。要坚持校内校外相结合构建推进习近平新时代中国特色社会主义思想融入思想政治课教学的协同机制。

（一）坚持内外结合，协同推进马克思主义学院标准化建设

马克思主义学院是高校思想政治课教学的职能管理部门，是推进习近平新时代中国特色社会主义思想融入高校思想政治课教学的具体实施部门。加强马克思主义学院建设要对照教育部马克思主义学院建设标准加强党政一把手对马克思主义学院建设的领导，加大对马克思主义学院建设人力、物力的投入力度，不断提升马克思主义学院在学校二级院系中的地位和影响力。

（二）坚持质量为本，协同推进思想政治课教学质量保证体系建设

高校要建设以人为本、立德树人、强化质量意识、聚焦思想政治课教学效果和大学生获得感这一核心指标，紧紧围绕思想政治课课程建设、教师队伍建设、教学方法改革等关键环节，认真组织开展思想政治课教学质量专项督察，着力消除影响思想政治课教学质量的体制机制障碍，着力提高思想政治课教师待遇，着力深化思想政治课教学改革，着力构建思想政治课教学自我诊断与改进体系，不断提高思想政治课教学质量，不断增强思想政治课教学的实效性。

（三）坚持协同创新，共同推进习近平新时代中国特色社会主义思想融入思想政治课教学

习近平新时代中国特色社会主义思想融入高校思想政治课教学工作不是一蹴而就的。高校党政领导班子要加强对思想政治课建设工作的领导，大力

支持定期召开党委会、校长办公会，专题研究思想政治课建设和推进工作，从人力、物力等方面给予充分保障，学校宣传、组织、党办、共青团、教务处、学生处等部门要配合思想政治课教学管理部门为推进习近平新时代中国特色社会主义思想融入课程教学提供必要支持，加大宣传力度，营造学校推进习近平新时代中国特色社会主义思想融入思想政治课教学的良好氛围。

第五节　社会主义核心价值观融入思想政治课教学

一、社会主义核心价值观融入高校思想政治教育概述

社会主义核心价值观根源就是社会主义核心价值体系，它是从核心价值体系中历经反复实践和推敲最终汇聚出来的，是时代赋予国家、社会、个人价值观的新要求。以社会主义核心价值体系为支撑，将社会主义核心价值观与高校思想政治教育相融合是高校树德育人任务的前提。

（一）社会主义核心价值观的提出

社会主义核心价值观的提出就是以社会主义核心价值体系为前提和基础，严格以社会主义核心价值观为指导，建设中国特色社会主义“五位一体”总布局。进一步讲，社会主义核心价值观与社会主义核心价值体系必须一体坚持、一体贯彻，不能顾此失彼，也不能相互替代。正确认识二者之间的关系，准确把握他们之间的联系和区别，对于今天我们将社会主义核心价值观融入高校思想政治教育具有重要的指导意义。

1. 社会主义核心价值体系

马克思主义思想是指导我国各项事业取得发展的重要思想法宝，具有统摄全局的重要地位，其不仅为我国经济社会的发展提供了科学的指导方法，更对核心价值体系的性质和方向起着决定性作用，同时也是毛泽东思想、中国特色社会主义理论体系的重要理论和思想来源。我党始终坚持以马克思主义为行动指南，坚持不失时机地将马克思主义基本原理与中国社会的具体实践相结合，并产生了一系列指导我国社会实践的科学指南。

从中国革命、建设和改革的经验来看，马克思主义基本理论仅仅是我们党必须要时刻坚守的重要指导思想还不够，它必须要成为全社会人民的行动自觉，即全社会成员都要以此为指导思想。当代中国已经成为仅次于美国的第二大经济实体，我们必须要牢牢记住这一点：中国共产党是中国工人阶级的先锋队，只有在中国共产党的指导下中国特色社会主义事业才能勇往直前、无往不胜。因此，我们必须要坚持以马克思主义为党和国家一切行动的科学指针，筑牢马克思主义在我国意识形态领域的主导地位，任何时候都不能有所动摇。换句话说，要坚定不移地走中国特色社会主义道路，离不开马克思主义的正确指导，同时更应该正确认识社会主义核心价值体系的重要地位，准确把握社会主义核心价值观的性质和方向。

中国特色社会主义共同理想是社会主义核心价值体系的主题，它主要是对我国今后的道路和方向问题进行综合考量，做出正确的判断。毋庸置疑，这是在我国长期艰苦奋斗过程中逐渐形成的，它既是中国共产党的伟大理想，更是广大人民群众的共同目标，我们坚信在它的指引下，“两个一百年”目标以及中华民族伟大复兴的中国梦都将会如期而至。一个国家所要追求的理想，所要达成的目标和为实现此目标而采取的方针策略应该跟社会实际发展道路、标准、模式联系在一起，绝不能另辟蹊径走不符合实际的道路。

改革开放以来，我国经济社会的发展取得了令世人惊羡的成就，这些成就不仅体现在经济实力的迅速跃升，国家的综合国力、国际竞争力和影响力都明显增强，还表现在人民群众生活水平和生活质量的大幅度提高等方面。可以说，改革开放以来，我国发生了翻天覆地的变化，而之所以能够取得这些成果，主要还是得益于高举中国特色社会主义伟大旗帜，坚定不移走中国特色社会主义道路，以及坚持以中国特色社会主义理论体系为指导。当代世界已经成为“鸡犬相闻”的“地球村”，在经济全球化视域下，我国意识形态领域也出现了多元化的现象，那么，如何才能自觉维护马克思主义在我国意识形态领域的主导地位呢？这就需要我们要对这些价值观念在有效辨别的前提下，积极扬弃地吸收和借鉴，更重要的就是要在全社会达成共识，让中国特色社会主义共同理想在全社会蔚然成风。进一步讲，只有全体社会成员形成了思想上的合力，才能形成行动上的自觉，进而充分发挥各自的潜力，为经济社会的不断发展提供源源不断的人力资源和社会资源。

2. 社会主义核心价值观

中国共产党在第十八届全国人民代表大会上突出强调了加强社会主义核心价值观必须要从国家、社会和个人三个层面来落实，又称“24 字”方针，社会主义核心价值观是我国所特有的价值规范，不仅对不同的主体都进行了严格要求，同时彰显了其自身所具有科学性以及鲜明的中国特色。从国家层面来看，当前，正是中国特色社会主义“五位一体”总布局的全面建设关键期，而“富强、民主、文明、和谐”正凸显了我们对建设中国特色社会主义现代化国家以及实现中华民族伟大复兴“中国梦”的根本诉求和目标体现。具体讲，国家层面的目标，就是经济实力不断壮大更加繁荣，政治更加民主，文化更加蓬勃发展，社会安定有序，人与自然更加和谐。

“富强”主要是针对我国经济领域所提出的具体要求，我们必须要坚持一个中心，两个基本点，在科学发展观的指导下，坚持科技创新和人才培养，唯有如此人民群众的生活水平和生活质量才能快速提升，进而激发人民群众的积极性和创造性，社会主义各项事业才能不断向前推进，全面建成小康社会才能如期而至。

“民主”突出强调了我国作为社会主义国家有别于资本主义国家所特有的鲜明特征。众所周知，人民民主专政的主体是国家，客体是广大人民群众，只有人民当家作主才能确保社会主义政治生命永葆生机和活力。因此，我们必须要时刻坚守这样一个信条，那就是无论任何时候都必须做到权为民所享，利为民所谋。让人民群众更多更公平的共享改革的成果，同时必须要将正确认识党的领导、人民当家作主和依法治国有机统一。

“文明”是社会进步的重要表现，更是进一步推进我国文化大发展大繁荣的价值旨归。当前，我国要屹立在世界民族之林，就必须不断提升文化这个软实力，必须不断加强全民族的科学文化素质和文化创新能力，把科技和教育摆在经济社会各项事业发展的重要位置，增强国家整体文化水平和文明程度，使中国特色社会主义先进文化生活更具魅力。

“和谐”是实现国家长治久安的前提。它不仅包含人际关系、社会关系的和谐相处，同时包含人与自然和谐共生，这些思想在我国古已有之，显然这是我国一直以来所要达成的美好夙愿，也是我国全面建成小康社会视域下怎么构建资源可持续、成果可共享的重要因素，更是我国确保国家稳定发展、社会安定有序、民族团结互助的重要内容。

社会层面的“自由、平等、公正、法治”是社会主义核心价值观在社会领域的价值要求，对于实现中国梦和现代化建设具有重要的指引作用。社会是全体中华儿女共同生活的家园，良好的社会氛围是建成富强国家的有利保证。中华人民共和国成立以来，党和国家致力于实现全社会成员的平等、公平、正义，让改革的成果惠及每一个人，激励全体社会成员为实现现代化的中国而不懈奋斗。

“自由”是马克思主义政党实行以人为本发展根基的根本要求，是赋予人们全面发展的前提条件，个体自由而全面的发展是全人类自由而全面发展的条件。自由是实现人的全面发展必不可少的中心环节，是建设中国特色社会主义法治国家和实现共产主义社会的必然要求。

“平等”就是每个人都依法享有法律赋予的平等权利，这种平等是不分性别、不分民族的平等，没有例外，更不存在法律之外的特权，是所有公民生而平等。

“公正”是我国社会发展所必须存在的必然要求。主要凸显的是以人为核心的价值理念，尊重群众主体地位，关注人们利益和价值愿望，促进人的全面发展。当前，我国大力倡导“大众创业、万众创新”，这是给每个公民以公平的机会，更是对公正最有力的现实诠释，公平正义旨在维护法律赋予公民的合法权益的同时，为每个公民提供更多公平、公正的发展机会。

“法治”是维护国家稳定，确保人民安居乐业不可或缺的关键手段。党的十八届四中全会就是以全面依法治国为主题，倡导在新形势下加强社会主义法治建设，坚持有法可依、有法必依、违法必究、执法必严为基本原则，力争把我国建设成为现代化法治国家。

“爱国、敬业、诚信、友善”是我国每个公民必须具有的精神面貌和状态，是对公民提出的基本的社会规范。当前我国进行高校思想政治教育，就必须将这些价值观念纳入教育理念之中。大学生在我国是一个重要的价值实践主体，我们要培育社会主义建设合格的接班人，或者说为社会主义建设事业输送高质量的人才，就必须要让他们在生活和学习中不仅要积极践行，更重要的是形成一种自觉。特别是在经济全球化的今天，加之西方多元价值的“入侵”以及敌对势力通过网络传播西方社会不良思潮，对我国传统文化和现阶段建设社会主义文化强国形成挑战。所以，如何把公民价值观教育和高校大学生社会主义核心价值观教育更深入、更透彻、更明晰地贯穿到全民教育中去，将是今后社会主义核心价值观教育的一个重要课题。

“爱国”主要体现了我国各族人民对祖国的深切热爱之情。任何一个国家都由社会中的每个个体而组成，每个个体是这个国家大家庭不可分割的重要组成部分，二者相互影响、相互依存。

“敬业”属于道德的范畴，是一个人社会公德、职业道德和个人美德结合体的有力表现，更能检验一个人是否能够以一种谦虚、谨慎的态度对待自己所从事的事业。这要求我们在实际工作中，必须要处理好国家利益与个人利益、集体利益与个人利益、长远利益和眼前利益之间的关系。不能为了一己私利而损害集体利益，必须要树立大局意识和整体意识。敬业是中华民族的传统美德，对于即将毕业走向社会的大学生来说，必须时刻遵循敬业的职业道德操守，正确把握个人价值实现观和职业从事贡献观的关系。

“诚信”是维护社会安定和谐的重要基石。社会性是人的本质属性，也就是说每个人都不能离开社会而单独存在，而要进行社会交往就要以诚待人，言必信行必果，这是维系社会系统正常运转的基本准则。以诚信为支撑，在全社会和高校加强社会明礼诚信和个人诚实守信教育。力争让每一位公民形成诚信友善、崇德向普的社会风尚，这也是党在新时期继续在全社会推进思想道德实践的方向。所以，我们不管处于社会的何种地位，都必须要遵守诚信的原则。

“友善”是指我们在与他人进行社会交往时，要和睦相处、友善相待。它是构建社会主义和谐社会必不可少的因素，提倡所有公民与人为善，保持人与人之间的亲近和睦，因此，不论我们生活在何种制度之下，属于哪个民族，都是中华民族不可分割的组成部分。因此，我们就应当团结互助、友善他人、敬爱邻里，建立和谐、友爱、平等的人际关系。

3. 社会主义核心价值体系与社会主义核心价值观

价值体系和价值观相辅相成、同出一源，又各有侧重、相互区别。前者为全体社会成员践行后者提供了可能，换句话说，前者为后者提供了前提条件，前者构建的程度对于后者具有直接的影响。社会主义核心价值观是社会主义核心价值体系的外在表现和内在张力的外在形式，集中体现了这一体系所具有的现实诉求和根本目标，并在实际中不断深化、扩展。社会主义核心价值观寓于这一体系之内，是它在现实社会中的高度凝结，更是社会主义核心价值体系的具体表征。

因此，只有实现两者的互联互通，才能为中国特色社会主义指导思想和理论体系提供合理的价值依据，并指导我国各项事业不断取得胜利。同时二者的出发点和最终归宿在本质上是一致的，是相互交织、相互促进的，社会主义核心价值体系为核心价值观宣讲与学习提供了坚实的支撑。

（二）社会主义核心价值观融入高校思想政治教育的必要性

当前，全社会都在大力宣传和践行社会主义核心价值观，尤其是高等教育更加积极响应国家号召，激励青年一代学习和践行社会主义核心价值观已成为当前高校思想政治教育工作必不可少的一环，对优化高校自身教育教学以及进一步树立高校大学生的价值观有着十分重要的意义。

1. 实现高校人才培育的必然选择

高等教育的目标旨在为推进社会发展提供高标准、严要求的知识型人才，它是施展个人能力、培养人才的重要“阵地”，因为它集中体现了一个国家的教育水平。当今世界各个领域的竞争越发激烈，国家急需高校输送各类更高质量的人才，这也对高校的人才培养提出了更高的要求。高校思想政治教育工作作为培养中国特色社会主义事业建设者和接班人的战略任务，摆在了更加突出的位置。新时代的大学生必须要有过硬的专业本领、高尚的职业道德以及较强的社会适应能力，在面对时刻变化的社会环境时，还要具有较强的政治素质、心理承受能力和思想高度。尤其是思想政治素质，对于每个大学生无论今后从事什么样的职业，都将起到奠基的重要作用，同时对于个人的成长历程同样具有重要的指导作用，这也体现了高校思想政治教育所具有的不可替代性的地位。为此，我国高校今后在培养学生时应注意综合素质的培育，尤其是要将大学生的思想政治教育放在突出的位置。而积极践行和培育社会主义核心价值观，就是提高大学生素养的重要方法之一，因为其是一种科学的世界观和方法论，不仅能够帮助大学生拥有深刻的政治觉悟，还能够帮助他们茁壮成长，最终为我国现代化建设事业提供更多人才支持。

2. 提升高校思想政治教育水平的内在需要

任何事物的发展都有其自身发展的规律性。同样，高校大学生思想政治素质的培养也有其要遵守的客观规律——坚持社会主义核心价值观的指导。思想政治教育作为任何高校都必须要设置和学习的重要学科，其在发展的过程中也形成了自身的规律，只有牢牢抓住这些规律，才能在提高大学生思想政治教育素质工作上取得实质性进展。良好的校园环境和雄厚的师资力量是高校开展大学生思想政治教育工作必不可少的重要载体，但除此之外，高校本身就是具有社会属性的教育组织，同时也是社会的一部分，高校思想政治教育还会不可避免地受到来自外界各种因素的影响。

3. 高校思想政治教育得不到有效重视

高校是思想政治教育的主体，大学生是其教育的主要对象，高校应把思想政治教育放在与其他专业课教育同等重要的位置，做到与其他各门课的优势互补，主动肩负起大学校园里人文和价值观的育人功能和价值传递职能。但是，在实际生活中出现了与此相反的现象，甚至随着高校办学的多学科、多专业化，致使高校对学生思想政治教育的重视程度出现下滑。

缺乏完善的思想政治教育工作体系，致使其自身所具有的功能不能充分展现出来。当前，高校思想政治教育工作要想取得突破性进展，首先要加快构建一个健全的工作体系，如在管理机制、人员配置、财政支持等方面。此外，还要破解一些人在思想上存在的错误观念，如有个别人认为高校思想政治教育工作主要是辅导员和团委书记的工作，显然，这是一个应当引起我们重视的问题。这些亟待解决的问题已经为我国高校思想政治教育工作的开展带来了负面影响。

（三）高校核心价值观教育的基本原则

社会主义核心价值观是中国特色社会主义在新时期、新阶段、新形势下提出来总领不同层面以及不同领域的价值观指导方针，社会主义核心价值观在高校思想政治教育的培育与创新需要遵循以下基本原则。

1. 以人为本的原则

从中国革命时期开始经过改革开放的浪潮，我国在全民族思想政治教育方面取得了很丰富的育人经验和实践总结，这其中高等教育在人们思想品德和价值观教育方面的作用功不可没，所以到今天，我们已经在思想政治教育方面打下了非常深厚的工作基础。面对时代提出的新要求，我们应当坚持以人为本，实现大学生的主体功能作用，整体推进各大高校社会主义核心价值观教育，大胆用这个新型武器来指导青年一代成长成才，为国家做出应有的贡献。所以，要坚持始终突出大学生的主体性和支撑性，围绕大学生在学习和生活当中的所感、所想、所做，为教育工作的出发点和落脚点夯实校园价值观的人本基础。

2. 理想信念教育原则

随着市场经济的快速发展和新媒体时代的到来，西方一些不良文化乘虚而入，导致如今社会里和高校中价值观念的多样化。在思想潮流碰撞和价值观念多样化的情况下，高校不仅要通过大学生思想政治理论课，还要通过其他学科知识传授的方式来引导青年大学生树立崇高的社会理想，为社会主义奋斗终身的信念。因此，我们要坚定不移的高举马克思主义旗帜，毫不动摇地学习和运用党的优秀理论成果，用先进的理论武装大学生的头脑，让党在社会主义建设事业当中取得的成就激励一代代青年学生，让社会主义现代化的成功果实惠及每一名高校大学生，让高校必须贯彻落实好社会主义核心价值观，特别是要将其与大学生思想政治教育结合在一起，贯穿到高校教育的每一个环节，让其成为培养社会主义建设事业合格建设者和可靠接班人的主阵地。

3. 育人方式创新原则

当前，网络是媒体的新军，“互联网 +”更是新时代、新潮流、新环境赋予我们的高捷创新与联动渠道，与传统媒体相比，其覆盖面广，影响力大，无论是在发展前景、传播的速度和范围以及囊括的信息量等方面与传统媒体相比都要占有绝对的优势。正是移动互联网时代的到来，对大学生的思维方式、生活方式以及心理等产生了巨大的影响。因此，这就要求我们必须要提高对新兴网络阵地的关注度，与时俱进、开拓创新，充分发挥网络对大学生的影响作用。事实证明，这已经成为当前新形势下，推进大学生社会主义核心价值观教育不容忽视的重要工具。

二、社会主义核心价值观融入高校思想政治教育的价值与目标

社会主义核心价值观其自身所具有的价值准则就决定了它融入国民教育、融入社会氛围，尤其是融入高校思想政治教育所具备的功能。要抓住其功能导向和功能实践，必须将实效的表达和实现社会主义核心价值观融入高校思想政治教育的目标。

（一）社会主义核心价值观融入高校思想政治教育的价值

新形势下大学生担负着社会主义现代化建设的重任，把社会主义核心价值观融入高校思想政治教育，这对帮助培育新时代的四有大学生有着重大的现实意义，即培养有文化、有理想、有道德、有纪律的四有新人。针对大学生思想政治教育的现实和特点，社会主义核心价值观的融入也应层层递进，最终达到教育的目的。具体而言，就是通过在大学生教材和课堂教育的方方面面均体现社会主义核心价值观的教育内容，在最终形式上将社会主义核心价值观内涵印入大学生的头脑，内化为大学生自身的素质，使当代大学生真正产生对马克思主义的自发信仰，自觉地坚定中国特色社会主义共同理想。

1. 有力地提升高校课堂教学效率

贯彻落实社会主义核心价值观融入大学生的思想政治教育需要切实做到社会主义核心价值观体现在大学生课本和以各种活动形式表现在教学活动中，其根本目的是进入大学生思想之中。唯有通过社会主义核心价值观融入课本、表现在课堂、武装于思想，才能够使大学生从思想上认同马克思主义信仰和坚信中国特色社会主义事业信念。

首先，在大学生学习教材中凸显社会主义核心价值观的内容。当代大学生学习知识，提升素养的主要方式仍是通过对教材的研读。因此，更应发挥教材在大学生思想政治教育中的基础地位，切实将社会主义核心价值观的基

本内涵融入教材中。其次，课堂教育是大学生思想政治教育的基本形式。所以，社会主义核心价值观要体现在大学生课堂的各种活动形式中，要通过高校平台来教育和引导每个大学生。有效地体现社会主义核心价值观在大学生思想政治教育中的深远意义，就必须把社会主义核心价值观体现在大学生思想政治理论的教学活动中。最后，社会主义核心价值观要武装大学生思想。社会主义核心价值观进入课本和进入活动只是方法，其最终目的还是进入大学生思想。通过高校思想政治理论课教材的学习和经由高校思想政治理论课课堂的传达，把社会主义核心价值观传达到大学生头脑。坚持以高校为依托，提倡内化于心，外化于行是思想政治教育的精髓，通过死记硬背的方式片面的灌输不利于高校思想政治教育的实现，甚至会使学生产生逆反、抵触的心理。在大学生头脑中印入社会主义核心价值观的内涵让大学生自发自觉的践行才是最终追求。

借助学校环境对思想政治教育的影响使社会主义核心价值观扎实植根于大学生思想，继而提高当代大学生思想政治素质和加强认同社会主义立场，以良好的学校环境氛围把大学生培养成社会主义现代化的四有新人，即有理想、有道德、有文化、有纪律的优秀社会主义建设者。

2. 有效增强高校教师队伍建设

高校思想政治理论课教师要不断提升作为思想政治教育者的各种素质，积极探索社会主义核心价值观的理论学习，这样才能更好地掌握核心价值观的理论意义和实践作用。要提高思想政治教育老师课堂教学的丰富性和趣味性，使高校思想政治教育的课堂既有趣味色彩又能够准确无疑地传递社会主义核心价值观理论，为大学生提供准确的理论方向、精确传达新的历史条件下党中央的重大政策方向和科学理论指导。为了更好地承担思想政治教育的使命，在社会主义核心价值观融入高校思想政治教育过程中，高校要注意提高教师的自身素质，比如：教师主动创办组织相关活动，开展社会主义核心价值观的深入探讨，通过各种方式来增进对社会主义核心价值观精髓的掌握，并且应当增强自身对社会主义核心价值观的研究和实践，以此找到自身感兴趣的研究角度。以身作则，为人师表，并通过思想政治教育过程内化与外化的规律发挥教师的主观能动性和主导作用，在一言一行、长年累月的过程中教育和引导大学生自我教育，不断强化并逐步将社会主义核心价值观纳入自己的行为体系。学校是传递思想意识的最佳阵地，要从高校教学活动、课外活动、教师榜样、校风、校训等一切方面渗透社会主义核心价值观的影响，把大学校园打造成为培育和践行社会主义核心价值观的重要领域。作为思想政治教育的传播者，在工作之中，高校教师不仅仅是知识的简单传达者，更应该是品行的示范者，作为塑造人类灵魂的工程师，其要把核心价值观体现在自己的生活和工作中，清正廉洁、艰苦奋斗，这是新形势下思想政治教育者所应具备的道德品质。生活之中，还应具备高雅的生活情操和高尚的道德情操，才能以一种无声胜有声的强大吸引力和感染力来教育受教育者。综上所述，高校教师应当自觉遵守高校教师管理规章和积极践行社会主义核心价值观，通过自己一言一行的努力将高校打造成为核心价值观扎实传播的有力阵地。

（二）社会主义核心价值观融入高校思想政治教育的目标

将社会主义核心价值观的影响渗透到高校思想政治教育并不仅仅是简单地紧扣核心价值观的字面方针所提出来的三个层面，更不是让社会主义核心价值观以点概面、独树一帜，丢弃高校原有传承下来具有历史性的教育办学理念以及用核心价值观教育去完全替代高校的价值观教育，而是应该结合各高校自身实际情况，取长补短、相互融合，以目的为导向的教学思维和具体方法相结合切实推进思想政治教育进一步发展。

1. 构建高校社会主义核心价值观教育的理论思想

思想意识是引导行动的精神方法和现实指南。我们应当认识到，高校大学生对当代青年群体的思想意识的形成和转变道德情操等综合素质的提升有着示范性的引领和导向作用，因此，高校学生应当清醒地意识到自己在新的历史条件下担负的责任和义务，努力做一名优秀的大学生。高校判断一名大学生是否优秀，应当以科学文化素养和思想道德素质是否优秀，作为目前和未来一段时间内培养优秀人才所坚持沿用的一项重要指标。所以，把社会主义核心价值观教育融入高校思想政治教育是具有深远的理论意义的。

文化，是一个民族、一个国家的血脉、基因和灵魂，同时也是参与国际竞争的一种软实力，更是当今国际社会思潮碰撞和思想交流的主要载体。在21世纪中国快速发展的今天，社会主义核心价值观就是我国文化软实力的精髓和中华优秀传统文化的支柱，支撑着中华民族生生不息、薪火相传，是人类社会的正能量表达，更是我国抵抗西方主流文化侵蚀的精神力量。因此，把文化软实力的精髓——社会主义核心价值观融入高校思想政治教育，以软实力加强我国文化领域的意识形态显得迫在眉睫。把社会主义核心价值观融入高校思想政治教育，增强文化软实力必将在文化发展和创新的时代潮流中，创造出更先进的文化。以三个倡导为基本内容的社会主义核心价值观是社会主义核心价值体系的集中浓缩，继承了中国优秀传统文化的精华，为建设“双百”和“三位一体”的有中国特色社会主义文化强国提供了基本的价值保证。

在高校进行社会主义核心价值观教育，其实质就是让其发挥引领作用，在高校育人原有的基础上纵深推进大德教育。要巩固并不断提升大学生思想政治教育水平，就需要深化高校思想政治理论课引导教育方式，创新丰富思想政治理论课灌输渠道，整合联动多种可行性措施和形式，共同推动社会主义核心价值观进教材、入课堂、渗思想。

在各大高校进行社会主义核心价值观教育和价值理论的融入工作，掌握价值实践途径具有十分重要的导向性、指示性和系统性。社会是人类生活的共同体，社会中的每个成分都是社会这个有机体的生命元素，就像细胞一样维系着社会这个命运体健康茁壮成长。思想政治教育历来都具有鲜明的政治性和意识形态性，要紧跟时代步伐，坚决与党中央所提倡的价值观在思想和具体实践中保持高度一致。因此，只有把社会主义核心价值观先带进高校，然后发挥其对高校思想政治教育的指导功能，才能更加明确教育方向、顺利达成目标，其中非常重要的环节就是需要清楚和掌握高校践行社会主义核心价值观的途径。高校就是通过社会主义核心价值观进课本、入课堂、渗思想，能够让大学生真实、客观、明晰地思量自身、明确人生的价值方向，以此来提升学校教育水平和提高大学生的精神层次。

2. 提升大学生对社会主义核心价值观的认同感

由于高校受社会环境发展变化和西方一些不良思想文化入侵的影响，在青年学生价值观还未完全稳定成型，少数大学生对社会主义意识形态、社会主义核心价值观、主流文化意识产生藐视、淡漠、怀疑，甚至诋毁心理。对于社会主义核心价值体系中的内容他们往往只是生搬硬套、僵化理解，并没有从思想上认真反省过自身，更谈不上心无旁骛地内化和大胆革新地外行。所以，当务之急是要大幅度加强高校思想政治教育对大学生社会主义核心价值观的思想内化和行为体现。通过发现学生的兴趣方向来融入核心价值观，以此增强学生主动学习主流文化思想，然后引起思想的触动、进而体现于行动。通过核心价值观这条精神纽带的渗透使当代青年学生充满精神动力、朝气蓬勃地迈向未来。

3. 凝结全社会配合高校思想政治教育的有机合力

增强高校思想政治教育工作是一项长远的系统工程，这项工程不是急功近利、春华秋实，更不是跟风运动，而是需要全社会的大力引导和大家的共同参与，从而形成人人参与、家家共建的强劲推力。要力求做到学校主导育人，社会营造良好辅助氛围，共同创造优良的学习实践环境，实现社会和高校社会主义核心价值观良好过渡，不会出现两种环境相互脱离的现象。

三、社会主义核心价值观融入高校思想政治教育的路径选择

不断推动社会日益发展与增进人文繁荣的理论还需要具体的办法去实施，理论联系实际才是任何事物落地生根的前提。所以，分析和整合了当前高校思想政治教育的实际和现状后，就需要社会主义核心价值观这个先进的社会主义意识形态作引领，探索和分析具体的融入路径才是在实践中检验其功能和目标的唯一标准。

（一）实现“多位一体”的联动路径

将社会主义核心价值观融入高校思想政治教育是一项系统工程，需要在各高校大德教育工作方针的指引下从教育对象的实际出发，深刻把握社会主义核心价值观的产出背景和文化底蕴。要通过各种途径，例如要正确处理好全局与局部之间的关系，理论与实际相结合，充分利用课堂教学优势，积极开展宣传教育活动，广泛应用媒体影响力，使学生积极投入社会有益实践，参加学校组织的各种社团活动等，通过多种途径努力构建学习

和创新途径。

1. 提升思想政治理论课的有效形式

社会主义核心价值观教育还要靠课堂灌输，因此现在的高校普遍开设了四门思想政治理论课，也定期在大学校园里开展有关思想政治理论教育宣传活动和先进党组座谈会，这对高校大学生在边学习文化课的同时边提升其自身的思想政治素养具有重要的意义。但是，通过近几年对高校思想政治理论课的调查和考察显示，目前高校的思想政治理论课存在着一些亟待解决的问题，这些问题已经影响到思想政治理论课的教育效果。例如，思想政治理论课的相关教材不与时政相同步，部分高校思想政治理论课的老师对时事政治消息的敏感度有待进一步提高；思想政治理论课难以引起大学生的兴趣和重视，甚至有的学生还存在逆反心理，不能以求知若渴的态度对待思想政治理论课，课堂教学效果不明显。因此，我们应在高校大力倡导社会主义核心价值观教育，激活课堂讲课气氛，实现教与听的良性互动，在理论讲述和互联互动中把社会主义核心价值观融入全国高校课堂，使大学生在学习思想政治理论课过程中潜移默化地真正领悟社会主义核心价值观精髓，同时也使得思想政治理论课在对高校大学生进行宣传教育社会主义核心价值观的过程中成为重要阵地。

2. 优化外界社会大环境

社会环境中的种种诱惑力使得社会判断力较差的大学生受到社会各种不利因素的影响，甚至被负能量所驱使，容易忘乎所以。因此，社会环境中不同因素对大学生价值观形成的影响力不容小觑。

我国是一个历史悠久的文明大国，有着深厚的文化底蕴。中华传统文化对中国后续文化发展与繁荣具有强大的推动作用。社会主义核心价值观的社会层面明确提出对社会建设的要求，就是要在当前经济社会迅速发展的同时营造出良好的社会生存与发展环境，尤其是为青年一代营造出一个适合成长和学习的社会环境。所以，在当今我国经济社会快速发展的同时应将社会主义核心价值观与我国悠久历史相结合，转变经济社会中的人们尤其是在校大学生追求奢华、不切实际的浮躁风气。各地党委宣传部门应当及时有效地与各街区各街道周期性搭建党建以及社会主义核心价值观等书籍免费阅读点，有助于提升中国特色社会主义事业在群众中的认可与支持度，同时在全社会开展中华传统文化宣传和教育，让中国传统文化真正成为我国民族文化，将传统文化与时代相结合，更能彰显时代的特征。为了让大学生在社会中感受到浓厚的文化气氛和社会主义核心价值观的氛围，在对大学生进行社会主义核心价值观教育时也要充分吸收传统文化内涵，善于利用外界社会环境和历史文化所带来的有利因素，与时俱进地创新教育方式。

3. 重视高校、社会与家庭教育的联动

父母在孩子成长成才中起着重要的作用，孩子早期价值观和世界观的形成离不开良好的家庭氛围与环境，良好的家庭氛围与环境对孩子成长成才发挥着非常重要的作用。对于一些在学习和成长过程中产生的烦恼和问题，作为父母应该主动与孩子沟通，第一时间掌握和了解孩子的困惑之处，给他们指点迷津，在孩子心目当中树立起可学习、可模仿、可看齐的良好形象。但是光有父母的家庭教育是远远不够的，还需要社会、学校的有利联动。因此，要完善学校、家庭、社会三结合的教育网络，形成家庭、社会与学校携手育人的强大合力。家庭环境因素在大学生社会主义核心价值观教育的过程起着不可估量的作用，应充分鼓励家长积极参与到大学生社会主义核心价值观教育的过程中，使他们做到积极配合学校的教育工作，共同为学生形成正确的价值观发挥作用。

首先，要发挥好家长在家庭中的模范带头作用。家长是孩子最直接、具有面对面指导和影响力的导师。在孩子成长的过程，家长的举止行为就是摆放在孩子面前的教科书，一举一动将被孩子无意识地不断学习模仿。换句话说，孩子的言行举止就是孩子父母言行以及家庭教育的缩影。诚实守信如果在父母的人际交往过程中被表现得淋漓尽致，那么孩子必然会从小明白言过其实、坑蒙拐骗的极大害处和诚实信用、言而有信的珍贵；如果父母对社会中的鳏寡孤独人员给予关心与爱护，那么孩子就会感觉到自身肩膀上的重担，就会学会为社会做贡献；如果父母在家庭里关系非常和睦且互相包容，那么孩子也自然会健康地成长。所以，在家庭日常生活中，父母的一言一行将决定着孩子的言行举止是否能够健康地发展，因此父母要端正自身的言行举止，做良好的榜样，在孩子生活过程中，充分利用好家庭教育这一天然优势在社会主义核心价值观培养过程中的作用。

其次，社会教育是当前应该大力提倡的一项重要教育举措。学生在家庭学到的家庭美德和个人树立起的个人品德最终都需要与社会公德结合在一起，方可实现教育的完整和人的全面发展。但是从近年的情况来看，社会在思想政治方面的教育元素需要加强，价值观特别是社会主义核心价值观的教育被日益发展的经济社会所逐渐淡化，因此如何在社会这一庞大的体系中宣传倡导社会主义核心价值观教育的任务显得极为紧要。高校大学生迟早有一天会离开学校步入社会，社会中没有高校那么多优质的教学资源，所以，只有通过社会与高校教育深度融合才能让大学生更好地从社会中找到体现价值、传播正能量的实战平台。

最后，加强和改进高校思想政治教育工作是一项系统工程，做好这项工程需要对各种有益于加强高校思想政治教育的资源进行综合归类和整合，并且能够合理利用这些资源和来自各方的力量，还需要凝聚千家万户的响应和支持，以点连成线，以线结成网，着力扎好每一个节点，如此就会吸引社会各界的广泛参与，最终形成国家、社会、高校、家庭进行思想政治教育的强大动力。高校思想政治教育想要增加社会主义核心价值观这一先进的社会主义意识形态，必须动员社会各方面力量，使社会主义核心价值观在全国上下得到很好的宣传教育，力求做到让全社会深知当前进行价值观教育的时效意义和深远影响，并在必要时督促社会各界和相关部门大力支持高校思想政治教育工作，每所高校要去大力宣讲、每个家庭都应当积极配合，这样才会形成共同合作、齐抓共进的良好态势，把属于我们共同的“价值工程”抓紧、抓好、抓强。

（二）创建有效载体的集约路径

思想政治教育应紧扣时代主题，结合实际在高校开展社会主义核心价值观的座谈和宣讲，紧紧围绕三个层面特别是最后一个层面的具体内涵来凝聚和提升大学生的道德观念和价值准则，让大学生在接受思想政治教育过程中对核心知识的体会和感悟都能够自主能动性的为社会主义核心价值观教育做服务、谋创新、建载体。同时让社会主义核心价值观的内涵和要求贯穿于高校教学、立德、育人的每一方面，最终成为整合、凝聚、升华为大学生磨砺意志品质、发挥创造活力、提升实践能力的机动纽带和有效载体。

1. 创办校园文化教育新阵地

文化作为一种软实力，从人们进行社会活动的意识形态开始就产生了，有了文化，才有了人们认识世界、改造世界的行为，才有了人类的发展进步。文化的出现和后来的大发展、大繁荣对整个人类的发展，尤其是对当今科技领跑时代的发展产生了极为深远的影响。社会主义核心价值观就是从中华民族优秀的传统文化中传承而来的，所以在它的每个价值标准层面下都蕴含着中华传统文化的底蕴，在大学校园进行社会主义核心价值观教育以及将其融入高校思想政治教育当中，正是完善和丰富高校对传统文化的教育和传承。当前，面对复杂的思潮和知识信息大爆炸的大环境，作为为祖国、为社会、为人民输送人才的高校，需要整合自身的优势资源，充分调动教师和大学生的学习积极性，努力构建校园学术氛围浓厚、文化生活丰富，人际关系和谐，校园环境良好、管理制度科学和价值取向共鸣的良好风气，不辜负党和人民对高校的殷切期望，达到了高校的目标要求，就能为高校下一步的发展奠定坚实的基础。当前文化大撞击、大交融、大摩擦的背景下，如何应对文化发展对于青年一代价值观的挑战，也是摆在高校教学，特别是高校思想政治教育面前的现实问题。因此高校要抓住契机协调推进文化教育与校园精神文明建设。首先，高校文化需要大力倡导校园文化建设，抓住中华优秀传统文化的继承和发展就是实现校园文化建设的出发点和落脚点。其次，要以社会主义核心价值观的提出为契机，在大学校园，尤其是高校思想政治理论课上以社会主义核心价值体系为根本，以社会主义核心价值观为关键，向大学生宣传马克思主义灵魂和意识形态，培养大学生肩负起中华民族魂牵梦萦的理想夙愿。致力于构建社会主义和谐校园，拧紧学校价值观这个总开关，集聚校园创新活力、塑造高校和谐心态、构建良好的学术竞争平台、营造和谐舆论环境，以爱国和创新着力打造新时期具有国际竞争力的一流大学。

2. 创新多元化校园社团活动

在寻求知识的同时，大学生也应当提升自身的综合素质，这就需要大学生们踊跃地加入大学提供给我们的锻炼平台——大学社团。社团是大学校园里最能影响大学生健康成长、磨炼意志、增长见识的一个组织。大学生社团对大学生以及高校教师的作用不只停留在学生的学习上、教师的工作上、校园的生活上，而是已经成为大学校园学生和老师相互沟通、学生与学生之间相互学习的有利平台。校园社团的建立有效地提升了高校整体的精神文化水平，为大学生的成长成才提供直接、实际、能动的锻炼舞台，大学生可以按自己的兴趣爱好、选自己之所长、补自己之所短。因此，全国高校务必对大学的社团工作引起高度重视，要结合高校自身的建设和发展规律，结合自身的办学宗旨和突出学科，满足时代对当前高校发展所提出来要求，从每一名大学生自身特点出发，以创新、优化、协调的办学要求，对高校社团活动的健康发展投入一定的经费和心血，着力在大学校园里创新和创办一批具有主体功能型的大学社团，让周期性的社团活动成为常态化。防止举办形式主义活动。高校要以客观实在为依据创办符合大学生自身需要和具有实际意义的社团组织。在每年开学季、毕业季、校庆日、思想宣传日以及国家重要节日等，要依托不同时间、不同事件、不同季节，学校团委、学生处、学工部要抓住机会做好策划，积极宣传和组织开展不同主题的活动，使大学生在社团活动中能够锻炼自己求是、笃行、奋进、务实、诚信的个性，在为学校社团贡献自己力量的同时，积攒办事思维、扩展个人智慧、增强个人能力、得到个人经验和喜悦。

3. 优化理论宣讲和榜样引导平台

高校对育人理论、育人方式的宣讲是一种传统的、直接的、时效的教育传输手段，同时理论宣讲也是学校教学任务和教学目标完成的重要保障，更是学校顺利完成各项教育活动的重要保障。当前全国高校层次不一，在校大学生知识以及理论联系实践的能力也存在着一定的差距，所以，每所高校都应该做好自身的定位，派出优质的理论宣讲团，丰富理论宣讲体系结构、优化宣讲活动的软硬件配置，特别是在社会主义核心价值观的宣讲教育上更要找准方向、分清层次、掌握主次，让高校教学的每一环节都能够焕然一新。

树立榜样模范的激励引导。榜样和模范是每一个时代引领和激励他人的标本和先锋，也是各个年龄阶段学生学习的楷模。榜样模范的作用绝不能被高校思想政治教育所忽视，要充分发挥模范人物、先进事迹的强大能量。

（三）开创“微时代”资源的整合路径

随着科技的迅速发展，传统的信息传递枢纽慢慢被淡化，新媒体在当今社会信息传达领域内正发挥越来越重要的作用，“微时代”在新型大数据时代后已登上历史舞台，合理、有效、充分利用“微时代”这个新媒介，正是当前各行业所要学习和提倡的，高校社会主义核心价值观培育更要积极衔接和把握“微时代”给予高校的新资源。

1. 设立“微时代”能量传递绿色通道

互联网时代的到来造就了信息便捷化的世界，网络新媒体这个词早已席卷全球，科技快速发展带来的各项信息渠道便捷化也在深刻改变当今中国高校大学生获取新闻资讯、信息知识的传统习惯。互联网以及新媒体已经成为当前高校大学生认识世界、学习未知、获取信息的重要渠道，网络媒体正在快速地改变着旧式的狭窄学习和获取信息的方式，大学生的学习和认知不再单纯依靠上课听讲和图书馆读书等。

当前，高校思想政治教育要紧跟时代步伐，接受科技的洗礼。利用“微时代”推动高校思想政治教育，就是高校把握时代性、体现创新型性的重要举措，对一个人，一个群体，特别是可塑性巨大的群体而言，价值观的教育和渗透非一日之功，而是滴水穿石的漫长过程，这就需要高校把社会主义核心价值观微观化。从宏观上进行把握，从微观上点滴积累，眼下的“微时代”就很好地给高校提供了这一支持。高校应主动适应新形势、新变化、新要求，拿起“微时代”赋予我们的便捷工具，高效使用新媒体传播手段，推动社会主义核心价值观进一步融入高校思想政治教育。

2. 创新“微时代”高校思想政治教育机制

把握“微时代”特点，积极利用“微时代”背景下的新媒体来开展思想政治教育的机制创新。要充分利用微博、微信、“微言语”搭起高校师生以及学生们之间的学习沟通平台，以课堂播放微电影的形式来把抽象的问题和事例具体化，从而实现高效教育教学。提倡“微公益”“微论坛”让公益和论坛活动在高校大力发展，让每名学生能够参与其中，把自身的所感所想通过

“微”形式传达出来，成为真正的社会主义核心价值观的践行者。

“微时代”的到来，虽然很大程度上挤压了如校报、校广播等传统媒体议程设置的空间，但是绝不能因为“微时代”带给我们的便利就无视传统媒体的优点。传统媒体的“把关”功能可以弥补“微时代”所带来的海量信息泛滥的缺点。因此，高校思想政治教育要充分整合传统媒体时代与“微时代”议程设置功能的合力，创新和创建“微时代”赋予高校教育教学，特别是社会主义核心价值观融入高校思想政治教育的相关机制。在“微校报”和“微广播”传播内容的选择上一定要将“微时代”高校思想政治教育机制的设置思路融入其中，切实做到将思想政治教育各载体视为一个有机联系的统一体。同一个话题可以在传统媒体与“微时代”新媒体上同时进行教育教学，有效整合载体之间的综合效应，以传统媒体的权威性为“微时代”新媒体所承载内容和形式的多样化把关。这样不仅可以实现校园传统媒体与“微时代”新媒体之间的优势互补、取长补短，优化资源配置，使思想政治教育的机制创新达到教师、学生、家长都满意的效果，从而保证高校思想政治教育的正确方向，而且可以提高媒体传播的感染力、影响力，增强“微信息”的服务力度，适应新时期思想政治教育的时代发展。高校思想政治教育只有将校园传统媒体和“微时代”新媒体的信息传播优势整合起来，在融合中强化思想政治教育议题设置效果，才能促进思想政治教育育人作用的最大化发挥。

无论是何种载体，都是为思想政治教育服务的，思想政治教育者要深刻认识到载体的这种服务职能，在载体的运用上，切实坚持以大学生为本，充分尊重大学生的主体地位，加强与大学生的互动交流，做到贴近现实、贴近校园、贴近生活，使“微时代”背景下一切媒体作用的服务功能得到理想化的发挥。

第六节　中国优秀传统文化融入思想政治课教学

一、中国优秀传统文化与大学生思想政治教育的基本理论

中国优秀传统文化是中华民族流传至今的文化精髓，是大学生思想政治

教育重要的思想资源，对于提高和改进大学生思想政治教育具有十分重要的意义。要利用优秀传统文化对大学生进行思想政治教育，就必须掌握相关的基本理论，了解中国优秀传统文化融入大学生思想政治教育的可行性和必然性。

（一）中国优秀传统文化内涵

中国优秀传统文化是中华民族几千年来的智慧结晶，凝聚了中华民族最深层次的核心价值。不管是在过去还是在当代，优秀传统文化都有其独特的价值。

从广义上来说，中国优秀传统文化是指在中华民族发展历程中，曾对历史发展起过积极作用，至今仍有合理成分，并且能够对传承和创新中华文化起到积极作用，能够促进现代社会的进步和民族的发展的文化，是物质财富和精神财富的总和。从狭义上来说，主要是指精神层面的文化，包括思想文化、价值观念、道德规范等方面的优秀传统文化成果。本节主要是从优秀传统文化的狭义层面进行探讨。

（二）中国优秀传统文化的特征及其思想政治教育属性

中国优秀传统文化的道德性、传承性、包容性和和谐性的特征，是其能够流传至今的一个重要原因。

1. 中国优秀传统文化的特征

（1）道德性

道德性，是我国优秀传统文化的一个重要特征。中华文化自古就注重社会道德伦理的建构，在古代传统教育中，注重德教为先，育人重德，提倡人的道德教育，重视个人的道德修养和人格完善。

古代圣贤十分重视自身道德修养的提高和人格境界的提升，并且一生都在追求成为一个道德高尚的人。中国传统文化以圣贤作为理想人格的典范和人生追求的目标，激励人们加强自身的道德修养，完善自己的人格操守，提高自己的人生境界，实现人的价值和尊严。儒家作为传统文化的核心，对中华文化有着不容忽视的影响，这种影响延伸到多个领域，推动了中华民族的发展。目前，我国建立了社会主义核心价值观体系，这一体系以中华民族的优良传统美德为核心，以解决实际和民生问题为重点，具有浓厚的人文主义色彩。

（2）传承性

人类6000多年的历史中，在世界范围内出现过多种人类文明，如古印度文明、古巴比伦文明、古埃及文明以及古中国文明等，经过历史的推进和时代的变迁，其他三种文化都已在人类的视野中消失殆尽，只有中国传统文化经久不衰、传承至今。中国优秀传统文化经过5000多年的传承和发展，体现了强大的生命力和传承性，这也促进了我们多民族国家的稳定与统一。

在我国5000多年的历史发展中，总会出现如外来文化入侵、疾病、战争、内部矛盾等各种天灾人祸，但每一次灾难，不仅没有使我们的传统文化中断，反而使其在困境中不断重生、历久弥新。中国传统文化经久不衰，得益于中华儿女不断地传承及创新，并以此形成了强大的凝聚力。就中国传统思想而言，经历了诸子百家、魏晋玄学、隋唐佛学、清代朴学的跌宕起伏，不断继承上一代所留下的传统思想，并根据当代的社会特点，自我完善、自我发展，形成具有时代特色的思想，使我国优秀传统思想得以传承至今。

正是因为我国优秀传统文化这种世代相传的继承性，才使得在如今复杂多变的国际形势下，人们依然有着强大的精神支撑，在面对西方多种思想的冲击下，仍然可以坚持以我为主、为我所用，为优秀传统文化注入新的生机与活力，使其在激荡的社会环境下，得以发扬与传承。

（3）包容性

中华民族是一个多元化的民族，民族的多元化造就了文化的多样性，这就使得民族文化要具有包容性才能传承至今，才能不断适应不同历史时期社会的发展，促进中华民族的进步。中华民族是一个以华夏文化为核心，融合了国内各民族和地域文化的多民族国家。因此，各民族之间是不断相互融合、相互交流、相互联系的。

中国传统文化具有兼容并包的特点，对外来文化坚持以我为主、为我所用的原则，开放接纳外来文化，各种宗教文化及自然科学纷纷涌入，不断融入中国传统文化。

中国优秀传统文化融合了世界各地各民族优秀的文化和精华，不仅形成了独具特色的本民族文化，还将本民族优秀传统文化传播到世界各地，从而促进了中外优秀文化的大发展、大繁荣。在经济全球化的今天，中国优秀传统文化这种海纳百川的包容性，也将对我国的发展和民族的复兴起到积极推动作用。

（4）和谐性

中国传统文化注重人与自然、人与社会、人与人等各个领域的和谐。古代思想中“天人合一”的观点，指出人生的理想是天和人的协调；和谐也是儒学所倡导的一个重要思想，孔子曰“和为贵”，主张营造和谐的人际关系，这种思想体现了对生命价值的尊重和对和谐理想的追求。孟子也提出“天时不如地利，地利不如人和”，体现了人的思想和行为的和谐性。这种以和为贵、和而不同的和谐精神，代表了中国伦理政治性文化的基本精神，适应了社会大一统的政治要求，又满足了宗法社会的伦理情感需要。中国古代社会以宗法制为主，这种制度下，家族成为人与人之间的纽带，这就使得我国社会逐渐形成了整体性与和谐性的特点。

现如今，我国提出要建设和谐社会，人们通过遵守共同的纪律、遵循共同的价值体系，从而达到价值观和精神的高度认同。与人相处时，我们要有包容的心态，才能接纳不同的意见、不同的生活方式和不同的目标追求，使自己与他人和谐相处。在和谐社会下，全国人民万众一心，从国家到家庭，协调一致，不断促进我国政治、经济、文化的繁荣与发展。

2. 中国优秀传统文化的思想政治教育属性

文化，就是以“文”“化”人。文化具有思想政治教育的属性，利用这种特殊属性，对大学生进行思想政治教育，使他们在潜移默化中接受教育。优秀传统文化作为我国几千年历史传承下来的精华，也必然具有思想政治教育的属性，而这种思想政治教育属性，主要表现为优秀传统文化的育人功能。

优秀传统文化的育人功能首先体现在“德育”方面。中国优秀传统文化十分重视个人道德品质的完善、行为的规范和自律，这有利于社会的和谐稳定发展，这一点与当代思想政治教育育人功能是相一致的。优秀传统文化育人以“德”为主，德教为先。孔子主张先德育，后智育，对学生的要求是

“入则孝，出则悌，谨而言，泛爱众，而亲仁，行有余力，则以学文”。明朝思想家王守仁提出“致良知”“知行合一”的观点，这一观点并不是简单的认识与实践的关系，“知”是指人的道德，“行”是指人们道德认识后的行动。先良知，后知行合一。优秀传统文化的这种育人功能，使其思想政治教育属性更为明显。

其次，优秀传统文化育人功能体现在“爱国主义教育”方面。优秀传统文化重视培养人们的爱国主义情操，强调人们要把国家的前途和命运放在首位，这体现了一种家国情怀。思想政治教育的政治导向功能，就是要培养人们的爱国情感和集体意识。

二、中国优秀传统文化融入大学生思想政治教育的意义

优秀传统文化是中华民族经过长期历史沉淀的精华，新时期，将优秀传统文化融入大学生思想政治教育具有十分重要的意义，它可以为大学生思想政治教育提供丰富的教育资源和方法，还可以为大学生思想道德建设奠定基础。

（一）为大学生思想政治教育提供丰富的教育资源

中华民族五千多年的文明历史，孕育出了丰富而灿烂的中国优秀传统文化。经过几千年的沉淀和发展，这些优秀传统文化在当今社会仍有很强大的生命力。中华优秀传统文化博大精深，蕴含着丰富的思想政治教育资源，极大地丰富了高校思想政治教育的内容。因此，要将优秀传统文化作为大学生思想政治教育的重要内容，充分利用优秀传统文化的思想政治教育功能，增强思想政治教育的感染力和渗透力，提高教育实效性。

1. 以“爱国主义”为核心的民族精神

爱国主义是中华民族的传统美德，是中华民族精神的核心，一直贯穿于中华民族的历史发展过程中。

中华民族几千年的发展史，成就了许多的民族英雄，他们为了国家和人民的命运，用自己的生命，捍卫民族的未来。他们爱国主义的表现，是大学生爱国主义精神的榜样，激发了大学生爱国情感的产生。除了爱国英雄事例，

我国古代还有许多爱国诗词也为我们提供了思想政治教育教育的题材，这些爱国诗词充分体现了当时人们对民族和国家的责任感，为中华民族的团结和统一提供了精神动力。因此，要利用优秀传统文化中的爱国主义素材，培养学生的爱国主义精神和民族精神。

当今大学生生活在物质丰富、没有战争的年代，许多大学生对于国家和民族的危难没有切身的体会，加上近年来，总有外国反动势力影响我们国家的安定与团结，这使得部分国人的民族情感弱化。因此，要重视对大学生爱国主义的培养，充分挖掘优秀传统文化中关于爱国主义的英雄事迹和题材，使大学生深切感受到爱国精神，通过对大学生爱国情怀的培养，强化其自身的社会责任感和使命感，坚定爱国主义信念，同时，使大学生自觉抵制各类腐朽思想、诱惑的侵蚀，以此应对如今没有硝烟的战争的世界。

2. 以“仁者爱人”为核心的思想道德

儒家文化是中国优秀传统文化的核心，主张“仁者爱人”，将“仁”作为思想道德修养的核心。“仁爱”体现的是博爱的思想，是人与人关系的一个准则，强调要互相尊重，推己及人。除了儒家思想，老子也提出要“以德报怨”，这提倡了一种心底无私天地宽的思想境界。

除了主张“仁爱”的思想，关于个人的思想道德修养还体现在个人对“义”和“利”的取舍态度上。“明辨义利、适当取舍”是我们中国优秀传统文化中的重要美德，以儒家为代表的优秀传统文化更加强调“义”的重要性。提倡“先义后利”“以义制利”等，认为合乎道义的利才是可取的。孔子认为，每个人都有追求名利、财富的权利，但是通过不正当手段获取财富不是真正的君子。这一思想对于我们今天来说尤为重要，在经济高速发展的今天，人们更容易被物质利益所迷惑，容易产生个人利己主义、享乐主义、拜金主义、腐败奢靡之风。通过优秀传统文化中的“义利观”来引导大学生，帮助他们树立正确的“义利观”，以义至上，重视道义，重视集体利益。

优秀传统文化中还有许多关于提升个人道德修养的思想，在对大学生进行思想政治教育时，要充分挖掘所蕴含的丰富资源，以此来提升大学生的思想道德修养水平。

3. 以“自强不息”为支撑的积极进取精神

中华民族历经磨难，却依然生生不息，正是因为中华民族拥有“自强不息”的精神。这一精神是中华民族的精神支撑，是几千年来无数中华儿女奋勇向前、永不放弃的精神动力。“自强不息”精神，是中华民族优秀传统文化的重要组成部分，体现了中华儿女坚毅的人生品质，是中华民族精神的精髓。

中国优秀传统文化一直奉行和倡导自强不息、坚韧刚毅的民族精神，尤其是我们正处于社会主义建设的关键时期，高校更应将“自强不息”的精神纳入大学生思想政治教育，通过宣传历史上关于自强不息的事例和榜样，教育人学生正视挫折，培养大学生不屈不挠、坚韧不拔的顽强意志，形成积极向上、不断进取的精神。

4. 以“天人合一”“和而不同”为内涵的和谐观

和谐观是我国优秀传统文化的人文精髓和核心，体现了中国优秀传统文化的基本价值观，一直到今天，我们国家要建设社会主义和谐社会，也体现了这一价值观念。我们所说的和谐包括人与自然、人与人以及人与社会，这里主要讲前两者。

首先，在人与自然的和谐中，我国优秀传统文化中的基本精神是庄子最早提出的“天人合一”的思想，经过后来的发展，一直到董仲舒将其发展成一个完整的思想体系。天人合一，其实质是人与自然的和谐相处，而不是要征服自然。儒家把天看作绝对权威，认为这是人性的源头，人的一切活动都应符合天道。老子说“人法地，地法天，天法道，道法自然”这体现了人与自然的一致性与相通性，而庄子对于和谐的终极思想，是希望达到“天地与我并生，万物与我为一”的精神境界。当前我国十分重视和谐，强调人与自然和谐共处的重要性。因此，对大学生进行和谐发展观教育，有助于加强大学生的生态道德教育，让他们学会敬畏自然，学会与大自然和谐相处。

其次，在人与人之间的关系上，我国优秀传统文化倡导“以和为贵，和而不同”的人际和谐观。对人际和谐的追求不但是人类关系的最理想的状态，同时也是人际关系价值取向的最高的体现。在人与人的和谐关系上，老子讲报怨以德、心底无私天地宽。“和”是儒家的核心价值。孔子强调要以和为贵，孟子则把人“和”看作一切事物成功的首要因素。高校应注重对大学生和谐人际关系的培养，在提高大学生专业知识的同时，帮助他们树立和谐人际观，打破以个人为中心的思维，通过对大学生进行优秀传统文化的“和谐观”教育，倡导“以和为贵”的人际观，不仅有利于大学生追求团结、和谐的人际关系，而且还可以营造和谐的大学校园氛围从而促进大学生的健康发展。

中国自古以来就是一个追求和平、重视和谐的民族，对外，我们一直奉行“和平共处五项原则”的外交政策，对内，我们倡导建设社会主义和谐社会。一直到今天，优秀传统文化中关于和谐的理念仍然具有积极的教化作用。因此，要在大学生思想政治教育中注入传统文化中的和谐资源，帮助大学生树立科学的和谐发展观，促进经济、社会以及生态的可持续发展，为推动我国社会的发展尽一份力。

（二）为大学生思想政治教育方法提供借鉴

优秀传统文化中的教育方法，主要是来源于儒家思想。孔子作为闻名古今中外的大思想家和教育家，他关于教育方法的思想对我们今天的大学生思想政治教育教学仍然具有十分重要的指导意义。

1. 因材施教法

因材施教是我们十分熟悉的教育方法之一，这也是孔子关于教育方法的重要思想，“因材施教”这一概念由宋代朱熹正式提出。因材施教，就是说，由于受教育者在年龄、性格、认知能力等方面存在着差异，因此，在对受教育者进行教育时，应根据受教育者不同的特点，有针对性地采取不同方法进行教育，扬长避短，使每个学生都能得到最好的发展，这样才能达到最终的教育效果。新时期，因材施教法仍然具有十分重要的意义。高校大学生来自不同的地方，有着不同的家庭环境，大学生之间的特点差异也在逐渐拉大。因此，要想达到预期的思想政治教育目标，就要将因材施教方法运用到大学生思想政治教育中去，根据学生不同的特点，有区别地进行教育。同时，通过因材施教方法，还可以根据大学生不同的兴趣，培养其个性化才能。

2. 言传身教法

言传身教是对教师的一项基本要求，同时又是一个重要的教育方法，这一方法要求教师要为人师表、以身作则，重视自己的一言一行给学生带来的影响，同时，又要通过自己的言语行为给学生带来榜样示范的作用。

随着市场经济和互联网的不断发展，一方面，学生的主体意识在不断增强，另一方面，大学生接触到的各种讯息参差不齐，影响了大学生的价值判断。因而，教育者在对大学生进行思想政治教育时，要“学高为师，身正为范”，继续发扬教师言传身教、以身作则的优良传统，在工作生活中严格要求自己，以自己优秀高尚的言行潜移默化地感染和影响大学生的言行举止和思想态度。

3. 启发式教育法

启发式教育法是指教育者根据教学目的和内容，结合受教育者现有的知识水平和规律，采取启发诱导的方法进行教学。孔子就十分重视启发式教学，他提出“不愤不启，不悱不发”，就是说教育者要通过启发式的教学激发受教育者的学习积极性，孟子也十分重视这一教学方法，提出“道而弗牵，强而弗抑，开而弗达”的见解，就是说教育者要引导、鼓励学生，要开拓学生的思路，而不是牵制、代替学生思考。启发式教学的关键在于引导，通过启发式教学，能够最大限度地激发学生学习知识的欲望，调动学生的学习主动性和创造性。

启发式教学是一个重要的教学方法，许多大学生都感觉思想政治教育课十分枯燥无味。因此，教育者要运用好启发教育法，让学生在体验和探索中学习，让学生主动学习成为学习的主人，而不仅仅是被动的接受者，这样可以激发大学生的学习兴趣和热情，使学生能够积极主动的接受和学习思想政治教育课，从而提高大学生的政治理论水平。

（三）为大学生思想道德建设奠定基础

优秀传统文化丰富的思想资源，蕴含着深厚的文化底蕴，这为大学生个人的思想道德建设奠定了基础。对于培育大学生的爱国主义精神、树立诚信的传统美德、形成良好的人际关系以及提升思想道德修养都具有十分重要的意义。

1. 有利于培育大学生爱国主义精神

优秀传统文化中包含了丰富的爱国主义资源，教师应充分利用优秀传统文化中的爱国主义教育资源，引导大学生树立爱国主义精神，从而坚定大学生的社会主义和共产主义信念。在建设中国特色社会主义的今天，对大学生进行优秀传统文化教育，使他们胸怀大志，增强社会责任感，让他们从内心真正地爱国，真正地履行爱国责任，为国家的繁荣富强而努力奋斗，自觉报效祖国，成为社会主义建设的合格接班人。

2. 有利于提升大学生的思想道德修养

大学生思想政治教育的目的就是培养具有思想道德素质和科学文化素质的综合性人才。我国高等学校的思想政治教育，往往只注重对学生进行科学文化的教育，而忽视了其思想道德修养教育。而中国古代的教育，常以道德教育为中心，并逐渐内化于心、外化于行。中国优秀传统文化包含了许多优秀的道德准则和丰富的道德教育内容，具有教育人、塑造人的作用，这些对于大学生完善人格，养成良好的素质都具有潜移默化的影响。

崇尚高尚道德，重视自身修养，是中国传统文化的重要价值取向，也是我国大学生思想政治教育的目标之一。当代大学生要继承和弘扬我国人民在长期实践中培育和形成的传统美德，努力实现中华传统美德的创造性转化和创新性发展，因此，他们应自觉接受优秀传统道德教育，通过传统美德和道德观的教育，提高思想道德修养。

中华民族历经沧桑走到今天，正是因为千千万万的中华儿女拥有良好的道德素质和极高的思想道德修养。因此，用优秀传统文化对大学生进行思想政治教育，提升其思想道德修养，才有利于大学生的全面发展和社会的不断进步。

3. 有利于大学生树立诚信的传统美德

“诚信”是对一个人最基本的道德要求，也是做人最基本的价值标准。自古以来，中国人就十分重视诚信，古代优秀传统文化中也有许多关于诚信的思想。《中庸》认为诚信是一切人际关系的根本基础，提出“诚者，物之终始，不诚无物”。这是古代对个人诚信重要性的描述，当然，不仅是个人要讲诚信，一个民族的延续、一个国家的发展，同样需要诚信。儒家思想有“国之交，信为本”，是说国家之间的交往，应当以诚信为基础；《大学》中同样认为，“信，国之宝也，民之所庇也”；清朝的《东周列国志》指出“信，国之国也，民之所凭也”。中华民族文化之所以可以延续至今，也正是因为始终坚持诚信的传统美德。

在市场经济高度发展的今天，人们更加重视诚信这一道德规范，诚信已经成为个人的“第二身份证”，也成为个人在社会生存和发展的“通行证”。对于当今大学生而言，要始终坚持诚信的道德规范，实事求是、言而有信，自觉抵制弄虚作假、诚信缺失的行为。中国优秀传统文化中有着丰富的诚信思想，要运用这些优秀资源引导大学生树立诚信意识，建立互尊互信的人际关系，使大学生在成才的同时，更能成人。

4. 有利于大学生形成良好的人际关系

良好的人际交往能够使大学生更好地认识自我，通过与他人交往，不断完善自我，塑造完美的人格。高校在对大学生进行人际交往培养时，要善于运用优秀传统文化中关于人际交往的思想精髓，实现大学生人际关系的和谐发展。

古人十分注重与他人的交往，孔子曰“己所不欲，勿施于人”，是流传至今的思想，讲的是处理人际关系的重要原则。“君子和而不同，小人同而不和”是指要与他人保持融洽的关系，但要讲究原则，不能人云亦云。与人交往时还应该懂得感恩，要知恩图报，古人云滴水之恩当涌泉相报，这是维系和发展人际关系的基本要素，只有懂得感恩，人与人之间的交往才能长久。这些都是古代优秀传统文化中关于人际交往的态度和方法，大学生要借鉴古人交往的思想，注重人际关系的培养，对人有真诚的心、宽容的胸怀以及友善的态度。

对大学生进行人际交往教育时，运用优秀传统文化素材，有利于培养大学生良好的人际关系，形成团结和谐的校园氛围，培养其健康的人格，使他们在今后的生活、学习和工作中充分发挥其长处，从而实现个人的成长与发展以及社会的稳定与和谐。

三、中国优秀传统文化融入大学生思想政治教育对策

（一）中国优秀传统文化融入大学生思想政治教育坚持的原则

大学生思想政治教育是在马克思主义的指导下进行的，因此，只有坚持

一定的原则，才能使优秀传统文化教育保持正确的方向，达到理想的教育效果。

1. 把握正确方向

把握正确方向是根本原则，体现了大学生思想政治教育的实质，是对中国优秀传统文化创新和发展的前提。这一原则要求要坚持以马克思列宁主义、毛泽东思想与中国特色社会主义理论体系为指导，同时要与中国共产党的宗旨、纲领、路线、方针和政策相一致。尤其是面对经济、文化多元化的世界，各种社会思潮冲击了大学生的价值观。在大学生教育中，始终坚持正确的政治方向，把握马克思主义在意识形态领域的话语权和主导权，引导大学生树立坚定的马克思主义信仰，始终是大学生思想政治教育的首要任务。

把握正确方向，首先，要使大学生对社会主义和共产主义理想信念高度认同，引导他们树立中国特色社会主义共同理想；其次，要以科学的方式方法，通过潜移默化的方式逐渐渗透到大学生中去；最后，引导大学生自觉地将学习优秀传统文化与建设特色社会主义文化强国相结合，增强大学生的民族自尊心和责任感。在融入过程中，把坚持正确的政治方向渗透到大学生传统文化教育的方方面面，切实把握好优秀传统文化融入各个环节的政治方向。同时，思想政治教育者要帮助大学生形成坚定的理想信念，使他们在任何时候、任何情况下都不会偏离社会主义和共产主义的方向。

2. 与时俱进，不断创新

与时俱进是马克思主义理论的优秀品质之一，随着社会的发展和时代的变化，优秀传统文化也应该适应时代发展的要求，不断丰富和发展。因此，将优秀传统文化融入大学生思想政治教育，也应该根据我们当前时代的具体实际，顺应时代变化的要求，与时俱进，开拓创新。

对于大学生思想政治教育来说，应该不断地发展和创新。要充分挖掘优秀传统文化资源，增强时代感，增加实效性，使大学生思想政治教育保持生机与活力。

融入中要坚持与时俱进和不断创新的原则，一方面，要赋予优秀传统文化时代气息，既要保持优秀传统文化的特性又要体现社会主义现代化建设的时代特征；另一方面，要具有世界的眼光，不断吸收世界其他文化的优秀成果，为优秀传统文化注入新鲜血液，保持民族性和先进性。优秀传统文化只有紧随时代发展的步伐，不断创新，才能更有效地融入大学生思想政治教育，从而促进大学生的成长成才，以更积极的心态投身到中国特色社会主义的建设中去。

3. 去粗取精，批判继承

中国传统文化是中华民族几千年来积淀的成果，但是历经几千年的兴衰变迁，难免会带有历史时代的烙印，具有一定的局限性。尤其是在当今经济、文化一体化的时代潮流中，传统文化中难免会存在与当代大学生思想政治教育相矛盾和冲突的地方。因此，要坚持“去粗取精，批判继承”的原则，把传统文化中适应当今社会发展的、对大学生思想政治教育起到积极作用的成分进行开发和利用，发扬光大；并对那些与当今社会发展不相符的、不能适应大学生思想政治教育的成分进行批判与放弃。

我们要以辩证唯物主义和历史唯物主义为指导，有选择、有批判地融入。对于传统文化中的精华，即优秀传统文化，我们也不能简单奉行拿来主义，直接使用，而是应该合理改造，使其精华与社会主义现代化相适应，真正为大学生思想政治教育而服务，从而更好地传承优秀传统文化。这既促进了大学生思想政治教育的发展，又实现了社会主义文化的大发展和大繁荣。

（二）提高大学生学习优秀传统文化的积极性

大学生学习优秀传统文化的兴趣不高，是优秀传统文化融入大学生思想政治教育效果不佳的重要原因。破解这一问题的办法就是要尽一切努力提高大学生学习优秀传统文化的积极性。

1. 提高大学生对优秀传统文化学习的认识

目前，我国高等学校较缺少对大学生思想政治教育的重视，对优秀传统文化的宣传和教育也存在一定程度的缺失，这就造成了部分大学生对优秀传统文化存在一些片面的认识，进而影响了融入的有效性。因此，要提高大学生对优秀传统文化学习的认识，增加大学生文化认同，这样才能提高融入的有效性。为此，就要做到以下三个方面：

第一，通过课堂教学提高大学生的正确认识，并且积极引导大学生从内心接受优秀传统文化对于个人成长的重要作用和积极意义。

第二，通过宣传与教育，使大学生真正感受到优秀传统文化的魅力，使他们深刻认识到优秀传统文化内容的博大精深，以及其中所蕴含的价值和精髓，从内心主动接受优秀传统文化的教育。为此，高校要进行宣传和教育，激发大学生学习优秀传统文化的积极性和自觉性，使大学生在学校和实践中真正体验到优秀传统文化的魅力，激发大学生的民族自尊心和自豪感。

第三，大学生要提高自我学习的能力。自我学习是思想政治教育自我教育的一个基本途径，是大学生提高自我能力的一条重要渠道。自我学习是一个不断内化的接受过程，是对理论知识的储备。通过对优秀传统文化的自我学习，大学生可以找出自身的不足，自觉抵制错误的思想观念，规范自身的道德行为，以此增强对优秀传统文化的认同感。

2. 尊重大学生的主体地位

高校进行大学生思想政治教育时，应充分尊重大学生的主体地位，将大学生作为接受教育、实现教育的目标主体，以此调动他们的积极性、主动性。在教育过程中，大学生不应该被动地接受教育，而应该作为教育主体，主动接受教育内容。只有充分认识并尊重大学生的主体地位，才能激发大学生学习优秀传统文化的积极性和热情，进而达到优秀传统文化教育的预期和目标。

第一，在优秀传统文化的融入中，要改革以往的教师教、学生学的传统教育模式，在师生合作的基础上，以大学生为主体，以教育者为主导，调动大学生学习的主观能动性，由单向灌输变为双向交流，由被动接受变为主动学习。

第二，在大学生思想政治教育时，要增加优秀传统文化教育的实践环节，在主动引导的基础上，充分发挥大学生的主体性，提高大学生的参与度，激发其创造性，提高大学生的责任意识和主人翁意识，实现大学生自我教育、自我管理和自我服务。

第三，发挥大学生的主体地位，并不意味着对大学生放任自流，而是应该正确引导，激发大学生主动参与。通过发挥大学生的主体作用，真正实现“内化于心，外化于行”，从而取得良好的教育效果。

（三）拓宽优秀传统文化在大学生思想政治教育中的渠道

为解决优秀传统文化融入大学生思想政治教育的内容不全面、方式比较单一的问题，必须通过拓宽融入的渠道来完成，包括丰富优秀传统文化在思想政治教育中的内容和丰富思想政治教育方式等。

1. 开设优秀传统文化相关课程

（1）开设课程，选修、必修相结合

开设优秀传统文化课程，将其引入大学课堂教育。课堂教学是传播知识、传承文化、提高素质最直接有效的手段，是高校进行大学优秀传统文化的主渠道。目前我国大学教育偏重于理工科教育，文科教育也只是经济、法律等专业受重视，而文史哲等基础文科却长期受忽视。文史哲等基础文科具有丰富人的精神生活、提高个人素质的功能，具有“润物细无声”的作用。一些大学生对优秀传统文化的了解较少，理解不深入，缺乏传统文化的底蕴。要想改变这一现状，就要将优秀传统文化纳入高校教学计划，有针对性地增加优秀传统文化教育。通过课堂教学，可以全面地了解优秀传统文化，深入了解其内涵，领悟其精髓，增加优秀传统文化知识素养，提高人文素质。

将优秀传统文化引入课堂教育，要多措并举：一是开设优秀传统文化必修课，扩大优秀传统文化在教学课程中的比例，适当增加课时量。可将如《中国传统文化概论》《论语》《国学概论》等作为大学公共必修课，开设“中华诵·经典诵读”课程，使大学生全面认识和把握优秀传统文化，同时起到规范大学生思想行为、提高文化品位、陶冶情操、塑造完美人格的作用，潜移默化地影响大学生的思想品德修养。二是开设优秀传统文化选修课，如古诗词赏析、古典服饰欣赏、传统手工艺制作、古代兵法研究等，提高大学生对优秀传统文化的兴趣，调动学习的积极性，从而增强大学生对于优秀传统文化发展和传承的责任感和使命感。高校通过必修与选修的方式为大学生优秀传统文化教育提供平台，同时还要规范考试制度，严格把握考核环节，设置多种考核形式，如撰写论文、读书报告等，切实保证教育的实效性。三是将优秀传统文化教育与各专业学科相结合，如在法学专业教育中开设《秦汉法律与社会》，在建筑类专业教育中开设《古代建筑艺术》等。通过在专业教育中贯穿优秀传统文化，对大学生进行经常化指导，平衡文理科优秀传统文化教育，使不同专业的学生都能受益。

在进行课堂教学时，还应改进教学方法，增加多种教学手段，采取灵活多样的教学方式。在教学过程中，应改变以往填鸭式教学方式，可以采取探究式学习方法，通过给学生布置课下任务，让每名学生都能参与到课堂中去，而不仅仅是教师进行单向灌输。同时，授课教师应将课堂教学与现代多媒体技术相结合，通过影像音频、图片等方式，使学生直观地了解教学内容，增加学生学习的兴趣和注意力，提升教学效果。通过改善教学方式方法，将优秀传统文化生动形象地展现出来，让大学生全方位了解和学习优秀传统文化。

（2）编写教材

在教材编写上，应充分挖掘优秀传统文化精髓，既要选取儒学、先秦诸子等经典之作，还要选取能够体现中国优秀传统文化精神的知识、道德行为规范和价值取向的内容。同时，还应结合大学生实际，贴近其生活，从而增加大学生对优秀传统文化的兴趣，充分发挥优秀传统文化的积极作用。

近些年，一些专家学者联合有关出版部门出版了一系列优秀传统文化教育的课程教材，有的已经作为教材进入大学课堂。但在使用中也暴露出一些问题和缺陷，如教材过于理论化，晦涩难懂，内容空洞，脱离实际，难以引起学生的共鸣等。因此，高校要高度重视优秀传统文化教育的教材建设，组织理论功底深厚、有经验的专家学者进行教材的编写与修订，同时，要在继承的基础上进行创新，编写出既能让受教育者喜爱又能让教育者满意的高质量的大学教材。教材的编写应侧重优秀传统文化与社会主义核心价值观的内容，把大学生的实际和现阶段高校教育的特点相结合，选取贴近大学生学习和生活并且具有实用性的内容。教材内容还应增加趣味性，图文并茂，遵循通俗易懂、深入浅出的原则，增强内容的可读性，同时还要保持内容的知识性与理论性，深入优秀传统文化的内涵和精髓，将优秀传统文化最有魅力的部分展现出来。

2. 将优秀传统文化内容融入高校思想政治理论课中

中华优秀传统文化教育是深化中国特色社会主义教育和“中国梦”宣传教育的重要组成部分，是培育和践行社会主义核心价值观，落实立德树人根本任务的重要基础。为此，要充分发挥高校思想政治理论课的重要作用，丰富其内容，促进思想政治教育与中华优秀传统文化紧密结合。一方面，有利于继承和弘扬优秀传统文化，实现文化传承，另一方面，有利于提升大学生人文素养和思想道德品质，使大学生全面发展。

思想政治理论课具有较强的理论性，学生学习起来比较枯燥，学习的兴趣较低。但优秀传统文化与高校思想政治理论课在教育目标和内容上有许多相通之处，将二者相结合，可以加强思想政治理论课的人文底蕴，增强思想政治理论课的趣味性，从而增强思想政治教育的效果。

3. 在大学生日常管理中融入优秀传统文化

学生提高综合素质的关键时期是在大学时代，学生日常教育管理作为高校学生工作的重要内容，对大学生综合素质的养成和发展具有十分重要的作用。因此，要在学生口常管理中融入优秀传统文化，以此来达到教育日的，提升教育效果。

第一，始终把优秀传统文化教育贯穿于大学生日常管理之中。日常管理不仅是对生活的管理，更重要的是对人的管理。管理人主要是管理人的思想，而人的思想要靠教育、靠引导、靠规范、靠转化和调动。因此在日常管理中进行优秀传统文化教育，主要是靠教育者的引导、规范和调动，增强优秀传统文化教育的主动性、自觉性和创造性，切实把优秀传统文化教育与日常管理工作做细做实做深，促进大学生德、智、体、美等方面全面发展、健康成长。

第二，定期开展优秀传统文化主题班会，使学生受到优秀传统文化的教育和洗礼。主题班会是学生日常管理的重要内容之一，它与学生的日常学习和生活密切相关。主题班会的开展形式比较灵活，可以根据学生的兴趣以及学生出现的问题有针对性地开展。定期举办优秀传统文化教育主题班会，可以产生良好的教育效果。

第三，重视学生宿舍管理，通过宿舍影响和引导学生。宿舍管理是高校思想政治教育的重要依托平台。在高校的生活中，大学生有一半以上的时间是在宿舍中度过的，因此在宿舍中更加能够直接、生动地反映出大学生的思想道德修养和日常行为表现。首先，营造良好的宿舍文化氛围，重视宿舍文化建设。学生工作管理者应注重将优秀传统文化思想融入大学生宿舍文化中，教育、引导大学生与身边的室友、同学互帮互助，努力形成一个积极团结、和睦友好的宿舍集体。其次，辅导员和班主任应扮演学生的参与者和陪伴者的角色，定期走进学生宿舍，在了解学生学习之余，主动找学生谈心交流，通过自身优秀传统文化理论基础影响学生的思想。

4. 将优秀传统文化与校园活动相结合

校园活动是大学生生活的重要组成部分，是第二课堂，是大学生获取知识、提升能力的重要途径。要利用校园活动，开展丰富多彩的优秀传统文化主题活动，寓教于乐，让大学生在学习之余依然可以了解和感受优秀传统文化。因此，高校要不断创新活动形式，将优秀传统文化与大学生各种校园活动相结合，为增强大学生优秀传统文化素养和完善自身人格提供广阔的平台。

第一，重视大学生党团组织生活，将优秀传统文化教育作为党团组织生活的重要内容，使学生们在党团活动中接受优秀传统文化教育。党团组织生活作为大学生学习生活中必不可少的一部分，是大学生思想政治教育的重要阵地，将优秀传统文化与大学生党团组织生活相结合，可以在进行优秀传统文化教育的同时，提升组织生活的趣味性，增加组织的凝聚力。如在党员组织活动中进行革命传统教育，组织学生参观一些爱国主义教育基地，让学生通过亲身感受，自觉感悟优秀传统文化的深刻内涵，了解其精华，深入感受其中的爱国主义情感。

第二，依托学生会、学生社团等学生组织，举办形式多样、内容丰富的优秀传统文化活动。学生社团是学生自我管理的自治组织，学生根据自己的兴趣爱好参与，是大学生成长成才的重要载体。通过学生社团组织，丰富大学生的课余生活，拓宽学生知识面，从不同的层次和角度来启迪学生审美情趣和能力，使其能够不断完善自我和提高自身文化修养。目前，许多高校都成立了以优秀传统文化为主题的学生社团，如武术协会、汉服社团、书法协会、民族乐器协会等，吸引了许多大学生参与，满足了大学生学习传统文化的兴趣，陶冶了情操。传统文化社团组织应定期举办相关活动，使学生在活动中增加对传统文化的认识与了解，领略传统文化的魅力，同时还能起到营造优秀传统文化氛围的作用。学校要选择具有较高的文化素养的教师担任学生社团的指导教师，在指导学生开展传统文化主题活动中向学生传播传统文化知识，巩固课堂知识，深化教学成果。另外，还可以举办中华传统文化节，以讲座、游园会、知识竞赛等学生喜闻乐见的形式向在校大学生传播中国传统文化。借助社团，达到润物细无声的教育效果。

第三，组织与优秀传统文化相关的校园文化活动。比如，以中国优秀传统文化为主题举办征文、演讲、学术沙龙等多种形式的活动，使学生在活动中领略优秀传统文化的魅力。组织学生观看以传统文化为题材的纪录片、电影等，培养大学生正确的价值观。学校还可以定期邀请国内知名学者，以大学生关注的问题或者感兴趣的话题为主题开办优秀传统文化专题讲座及学术论坛。通过这种形式，从多个角度理解优秀传统文化的精髓。另外，要重视社会实践的作用，社会实践具有事实疏导、自我教育、自觉服务等德育功能，能够帮助大学生深入社会、了解社会，同时还可以锻炼大学生的毅力，培养大学生的品格，增强大学生的社会责任感。学校还应定期组织相关的实践活动：如组织学生游览传统文化景点、历史人文景观，参观历史博物馆、纪念馆等，这些都是经过历史沉淀所留下来的精华，其中蕴含着丰富的大学生思想政治教育资源。大学生参加这些丰富多彩的校园文化活动，一方面可以在亲身体验中领略中国优秀传统文化的博大精深，感受人文精神，增加文化认同，增强民族自尊心和自信心，另一方面可以使大学生在实践活动中塑造健全的人格和积极的人生态度，做到知行统一，实现自身的全面发展。

（四）营造有利于大学生优秀传统文化教育的环境

大学生思想政治教育不仅受到学校的影响，而且受到社会、家庭、网络等多方面的影响，只有形成正确的社会舆论引导、创造良好的校园文化环境、营造浓厚的家庭文化氛围以及建设高校优秀传统文化网络平台，多方形成合力，全方位、系统性地将优秀传统文化融入大学生思想政治教育，才能达到教育的预期效果。

1. 形成正确的社会舆论引导

当今的社会环境越来越复杂，包含着多种社会思潮和各种思想声音，大学生处于思想和价值观的形成期，很容易受到社会环境的影响。因此，建设社会大环境，形成正确的社会舆论引导，对大学生成长至关重要。

首先，政府要高度重视优秀传统文化教育，并承担起宣传优秀传统文化的工作。政府部门是进行中国传统文化教育的领导者和推动者，只有政府部门在思想上重视，才能够将中国传统文化教育工作开展起来。政府宣传优秀传统文化的方式有许多种，如党报党刊、学术研讨和专家论坛等，将优秀传统文化的理论成果展现出来，使全社会都能从理论层面对优秀传统文化有更深的理解。此外，通过制定相关政策和文件，将宣传优秀传统文化落到实处，如国务院颁布了《全国年节及纪念日放假办法》，将春节、清明节等重要的传统节日列为法定节假日，这体现了我国对传统文化的重视程度。同时，还应在行动上支持优秀传统文化的教育和宣传，如中国国家对外汉语教学领导小组办公室为推广中国优秀传统文化，推进中华文化的传播，增加世界人民对中国优秀传统文化的了解，在世界范围内建设孔子学院。

其次，在科学迅猛发展的今天，广播、电视、网络渗透到人们生活中的方方面面，因此，还要重视传媒在宣传中的重要作用。新闻媒体与社会是相辅相成、相互促进的，各新闻媒体要承担起引导良好舆论的社会责任，充分发挥平台优势，发挥媒体的正面导向作用，积极传播正能量，不歪曲历史、不夸大事实、严肃对待历史。电视、广播、网络等要不断推陈出新，制作高质量的作品和节目，把优秀传统文化精髓呈献给观众和听众，尤其是让大学生群体在观看节目时，能够接受优秀传统文化的洗礼，了解历史、获取知识。对于主流媒体而言，传承优秀文化既是一种责任担当，也是一种舆论“亮剑”。每一名媒体人都要以社会主义核心价值观为指导，积极传播正能量，弘扬优秀传统文化，在全社会形成优秀传统文化的舆论氛围，使得大学生随时随处都可以感受到优秀传统文化的渲染。

最后，社会公共部门可以通过开放博物馆、档案馆等历史文化场所，为大学生创造良好的外部环境，让大学生获取更多的优秀传统文化教育资源，拉近大学生与优秀传统文化的距离，增加其对优秀传统文化的兴趣。

2. 创造良好的校园文化环境

校园文化是指以学生为主体，以校园精神为主要特征的群体文化。校园文化是一种隐性教育，通过营造良好的育人环境和氛围，弥补显性教育的不足，达到育人的目的。优秀传统文化是校园文化的重要组成部分，应充分发挥校园文化的作用，将优秀传统文化的精髓与现代校园文化相结合，构建一个能让学生充分接受优秀传统文化熏陶的校园环境，既有利于坚持先进文化的前进方向，还提升了校园文化的品位和深度，增强校园文化的育人功能、引领功能和整合功能，符合新时期国家对高校办学的要求。

校园文化环境包括物质文化环境和精神文化环境两部分。物质文化环境是学校生存的基础，是精神文化环境的载体。学校的教育、学生的发展都离不开校园的物质文化环境。首先，要在学校的教学楼等校园建筑和教学设施中增加优秀传统文化因素，为大学生提供一个优秀传统文化氛围浓厚的外在环境。一是可以在校园和教学楼中摆设古代优秀思想家的雕像，还可以在教室、食堂和学生寝室内悬挂优秀传统文化名言警句等，使学生可以随时随地感受到优秀传统文化。二是可以将校园的路牌、教学楼以有代表性的优秀传统标语或人物来命名，这样在无形中向学生传递优秀传统文化的思想，使优秀传统文化渗透到大学校园的每个角落。

其次，校园文化建设还应重视精神文化建设。一是要将优秀传统文化融入校风、教风、师风和学风建设中，构筑起体现“讲仁爱、倡礼仪、守诚信、崇自强、尚和谐”的高校校园文化。校风展现了一所学校的风采，是一所学校本质的体现，优良的校风可以给大学生一个积极向上的学习生活环境，可以激发学生学习的动力，使学生形成健全的人格。二是可以将优秀传统文化因素融入校徽、校歌、校训中，一个学校的校训，是校园文化建设的重要内容，体现了大学文化精神的核心。将优秀传统文化与校园精神文化环境相结合，能够激发大学生情感，传递正能量，从而提升大学生的民族认同感和责任感。

最后，要通过校园广播、校报等校园传播平台，定期向学生推送关于优秀传统文化的思想、故事等，还可以在校报开设优秀传统文化的专栏，推送学生感兴趣的优秀传统内容，如服饰、建筑、中医等。通过在校园中广泛宣传优秀传统文化，增加校园的文化底蕴，使优秀传统文化延伸到校园的每个角落。

3. 营造浓厚的家庭文化氛围

家庭是一个人成长和生活的主要场所，是传承优秀传统文化的主要阵地，家庭氛围直接影响了一个人情感价值观的取向和个人的成长。中国自古就非常重视家庭对个人的影响，古语有“父慈子孝，兄友弟恭”，这是古代家庭教育对伦理关系的基本阐释。如果说学校是让一个人成才，那么家庭就是让一个人成人。父母是子女成长的启蒙老师，也是孩子的终身老师，父母的言谈举止都会对子女产生深刻的影响，并且这种影响是根深蒂固的。因此，要重视家庭对大学生的作用，充分发挥父母对子女的影响和引导。

首先，父母应当以身作则，用正确的道德准则和行为规范去引导孩子的言行，教育孩子树立诚实守信、尊老爱幼、助人为乐、懂得感恩的良好品质和传统美德。同时要以身作则，让自己的一言一行成为子女的榜样，如在生活上要勤俭持家，在工作中要认真负责，自己的仪容仪表要干净整洁，待人接物要真诚友善。父母对子女要言传身教，给他们树立良好的家教和家风，使他们逐渐养成中华优秀传统美德。

其次，营造和谐健康的家庭生活环境，培养子女文明的礼貌礼仪、良好的行为习惯，使子女能够拥有健康向上的思想品德和高尚的道德情操，实现大学生的全面、健康发展。健康和谐的家庭环境首先需要一个良好的家庭关系。诸如夫妻关系、亲子关系、父母与父辈的关系以及父母与兄弟姐妹的关系，都会影响到孩子的性格、思想观念的变化。一个生活在“孝”的环境中的孩子，往往对自己的父母也会孝顺，而一个生活在“硝烟四起”的不和谐的家庭中的孩子，往往容易产生极端的性格。因此，要在家庭氛围中融入优秀传统文化中的家庭美德、孝文化元素，这对于塑造大学生全面健康的人格有着十分重要的意义。

最后，增加与子女的相处时间。虽然大学生在外上学，在家的时间比较有限，但是，家长可以在假期增加与子女的相处时间，如设定“家庭日”，在家庭日这天，一起观看有传统教育意义的影片，有条件的还以一起去游览传统名胜古迹、纪念馆等。家庭成员还可以共读一本与优秀传统文化相关的书籍，一起学习、一起讨论。另外，在端午节、中秋节、春节这种传统节日，父母还可以与子女一起包粽子、包水饺、赏月等，这不仅可以增强子女对传统节日的认同感，还可以形成温馨和睦的家庭氛围。

4. 建设高校优秀传统文化网络平台

网络在给我们带来便利的同时，还对大学生的思想和价值观带来了巨大的冲击，各种思潮在网络相互交错，尤其是西方外来腐朽思想的侵蚀。因此，要利用网络思想政治教育，对大学生进行优秀传统文化教育。

为适应时代的发展，高校应加快建设一批内容权威、富有影响力的优秀传统文化教育的网络平台，重点建设一批兼具知识性、趣味性与思想政治教育性的优秀传统文化教育网站，实施网络课堂、数字图书馆、数字博物馆、大学生网络文化工作室等项目，建设符合大学生学习特点的线上教育平台。在校园思想政治教育网站中，开设优秀传统文化专栏，使大学生能够在网上进行交流与讨论，利用网络查阅、浏览传统文化的资料，观看历史文化传统的经典影视剧等。建设校园优秀传统文化教育网站，借助文字、音频等手段，通过感官刺激，将抽象的优秀传统文化理论以生动形象的方法传播出去，使学生乐于接受、易于接收。

在自媒体时代，越来越多的大学生通过微博、微信等微平台获取信息、与人交流，这种自媒体微平台已经成为大学生生活、学习不可缺少的部分。高校应建设并管理好优秀传统文化教育的微平台。可以开通高校官方微信、微博，在这些平台上构建优秀传统文化传播体系，开设优秀传统文化专栏，通过图片、视频等方式定期推送相关的内容。通过微博、微信这种自媒体平台的日常更新与建设，一方面可以加强与学生的互动交流，提升优秀传统文化教育的实效性；另一方面可以为大学生营建一个健康向上的新媒体网络，进行优秀传统文化教育，提高大学生的思想道德素质。

高校要加快建设优秀传统文化网络平台，尤其是要加强网络环境的优化，网络中鱼龙混杂，充斥着各种声音，因此，在加快建设优秀传统文化教育网络平台的同时，还要加强网络监管。高校应选派专门的教育者进行管理，建立一支优秀传统文化理论与网络技术兼备的新型思想政治教育队伍，既可以为大学生提供丰富的优秀传统文化内容，又可以引导大学生获取积极健康的信息，用科学方法引导大学生对敏感问题的认识，及时矫正部分学生过于偏激、不符合事实的观点和言论。通过专门人员的管理，防止负面新闻影响大学生健康人格的发展，为大学生提供一个安全良好的网络平台，从而推动大学生思想道德修养的提升。

（五）完善大学生优秀传统文化教育的制度保障

优秀传统文化融入大学生思想政治教育的效果不佳，还有一个原因是缺乏相应的制度建设，只有完善制度保障，才能将教育效果发挥到最大，从而达到教育的预期目标。

1. 重视制度建设，完善政策保障机制

完善的制度和机制，是优秀传统文化教育顺利开展的前提，也是教育效果得以实现的保证。制度是一个完备的系统所不能缺少的，教育也是一样。

首先，要制定优秀传统文化教育的制度保障。大学生优秀传统文化教育工作，需要有一定的制度作为支撑和保障，建立起有利于优秀传统文化融入的制度体系，尤其是国家相关的法律法规，对大学生优秀传统文化的融入有着举足轻重的作用。应对现有的相关制度进行全面的修订和完善，建立全方位、多层次的大学生优秀传统文化融入制度体系。另外，国家各级教育部门制定高校中国优秀传统文化教育的具体实施规划，全面落实各项规章制度，推动优秀传统文化能够顺利地进校园、进课堂，保证思想政治工作者和文化工作者都能够切实履行职责、完成任务，切实各负其责、协调一致。

其次，要建立大学生优秀传统文化融入的领导组织保障机制。党的各级领导要重视中国优秀传统文化教育，肩负起优秀传统文化融入大学生教育的重要责任。各级党委应是第一负责人，应负起主要的领导责任，对优秀传统文化的融入工作从目标到任务、融入步骤、意义以及预期目标都要进行全面部署，不断推动优秀传统文化融入工作的开展。其他的领导成员也应明确各自的任务，担负起各自的责任。另外，高校可成立优秀传统文化教育委员会，建立宣传、教育、管理组织机构。以学校党委为负责人，以宣传部、学工处、校团委、教务处、教学学院等为主要工作部门，明确任务、各负其责、齐心合力开展工作。

2. 提高教师队伍水平，建立教师培训制度

高校教师承担了大学生思想政治教育的主要任务，教师队伍水平的高低以及对优秀传统文化的态度，既影响了学生的学习态度，又影响了大学生优秀传统文化教育的效果。目前，部分高校思想政治教育者的优秀传统文化理论水平不高，也很少有专业的教师队伍从事相关工作，大部分教育者难以承担起优秀传统文化教育的教学任务。因此，高校应重点提高教师队伍的水平，打造一支兼具思想政治教育以及优秀传统文化教育的高水平的专业师资队伍。

我国著名的教育家陶行知先生曾说："学高为师，身正为范"，这就需要教师既要有扎实的理论知识，又要有良好的道德品质。首先，高校思想政治教育教师要增加知识储备，主动学习优秀传统文化知识，能将当今的热点问题与优秀传统文化相结合，增加教育的信服力。其次，教师具有言传身教的特点，其言谈举止、价值观念等都会对大学生产生深刻的影响，因此，教师应不断提高自身的道德素质，增加人格魅力，对大学生起到示范引领的作用。再次，应高度认可优秀传统文化，在教学过程中自觉弘扬优秀传统文化。高校教学第一线的老师，不仅要提升本学科的专业知识技能，还应深入研究优秀传统文化的内容，在潜移默化中提高大学生的文化素养和自身修养。教师还应自觉改进教学方法和形式，提升教学水平和效果，增强实效性。

引进专门人才，并挑选出一批教师精英，将专业人才与精英引入大学思想政治教育者队伍，提高教育工作的专业性。通过教师精英，对大学生思想政治教育进行教学创新，自觉借鉴优秀传统文化中的教育方法和内容，提高教育效果。

在提高教师队伍水平的同时，高校还应建立一套教师培训制度，加强对从事思想政治教育者的优秀传统文化知识的培训。通过聘请专家学者进行专门的讲授和指导，或者通过视频讲座和交流研讨等方式，对高校教师进行优秀传统文化理论知识的培训，这样不仅可以增加教师的知识储备，拓宽教师的知识结构，还能开阔他们的视野，提高文化素养。高校辅导员作为大学生思想政治教育的第一责任人，要重点加强对他们的相关培训，不仅要提高专业水平，还应提高其优秀传统文化修养，将优秀传统文化教育与日常管理工作相结合，以此来教育和影响学生。

3. 建立优秀传统文化融入激励机制

激励理论即通过激发创造性，调动主动性，引发个体积极的行为，以此来提高工作效率。通过物质激励和精神激励，能够激发教育者和受教育者积极主动参与优秀传统文化教育的热情和积极性。

一是物质激励。对优秀传统文化教育情况开展先进集体和个人的评比活动，并予以相应的物质奖励。二是精神激励。精神需要属于人的高层次的需要，包括获得尊重、取得成就、实现价值等。思想政治教育的一个重要目标就是为人们提供强大的精神动力。精神激励是一种隐形推动力，主要体现在教育者和受教育者的思想观念、伦理信念、道德素质、情感意志等方面。因此，要推动优秀传统文化融入大学生思想政治教育，就要大力开发人们的精神动力，使大学生的精神境界得到优化和提高。

物质激励与精神激励不能片面使用。重物质激励轻精神激励，容易出现拜金主义的错误倾向，与社会主义精神文明建设的要求不相符；相反，重精神激励轻物质激励，与当前物质文化生活水平不符，弱化了精神激励的效果。因此，在优秀传统文化教育激励机制中，要兼顾物质与精神需要，利用优势取长补短，满足师生合理需要，以达到预期的激励效果。

在对学生进行物质和精神激励时，还应注意激励的频率。激励有利于激发学生的学习兴趣，但如果时间过长，频率过低，会使学生失去学习的热情和兴趣，进而难以达到教育效果。但如果过度对学生进行激励，就会使学生产生麻木的心理，反而使学生失去学习兴趣和热情。因此，在建立优秀传统文化教育激励机制时，应考虑激励的周期，使激励真正发挥其作用，提高教育效果。

第四章　高校思想政治理论课教学方法的改革与创新

第一节　多元混合式教学法在高校思想政治理论课教学中的运用

多年来由于价值取向多元化、教学方法简单化、教学理念单一化、评价考核粗糙化等因素的影响，大学生对思想政治理论课重视程度不够、到课率不高、听课效率低下，甚至一些学生产生了厌倦的情绪，这反映出课堂教学的吸引力是不足的，也说明思想政治理论课课堂教学还有很大的提升空间，需要思想政治理论课教师深入思考与探索。

一、新媒体背景下高校思想政治理论课教学改革面临的突出问题

高校思想政治理论课改革与思想政治理论课教学的发展几乎是同步的。由于思想政治理论课教学内容和教学目标的特殊性，思想政治理论课教学改革必将是一个长期和持续的过程。在当前全球化、市场化、信息化和价值多元化趋势加速发展的背景下，高校思想政治理论课教学面临着前所未有的压力，也担负着艰巨而重要的使命，其中存在的矛盾和问题突出地表现在以下三个方面。

（一）“90后”“00后”新生代大学生对思想政治理论课的喜爱程度和积极性不高

与“80后”相比，“90后”“00后”大学生成长在一个发展更加迅速、信息传播更加敏捷的时代，特别是近年来移动互联技术的发展，通过网络获

取信息和了解社会已经成为大学生的日常生活方式之一。一些学生获得网络信息内容和途径的能力甚至远远超越了思想政治课教师。在一些学生心中，思想政治课总是让人提不起兴趣。如果思想政治课连让学生真心喜爱都做不到，更无法实现让他们终身受益了。

（二）思想政治理论课被片面认为仅仅涉及理论教学

当前思想政治教育效果不够理想的一个重要原因，是人们只从“教育者”的角度而不是从“接受者”的角度来考虑问题，对受教育者的接受态度和过程缺少研究。部分教师片面地认为只要好好备课、认真教学就可以了，没有必要取悦学生。高校思想政治课不同于一般的专业性课程，它不仅包括科学理论的讲解，更注重的是教育学生树立正确的立场、观点和养成客观理性的认知评价方法。因此，把思想政治课仅仅视为理论教学是片面的，极易导致教学效果和目标偏离正确的方向。

（三）新媒体条件下，学习并有效运用网络技术引领先进思想文化是当下思想政治课教学改革的内在要求

网络为当下的教育提供了重要的平台和空间，它的传播迅速便捷、不受时间空间限制，且具有资源有效共享等优势，这使得越来越多的课程纷纷开展了微课、慕课、翻转课堂等新颖的网络教学模式。但是对于网络教学在内容和模式上也要客观冷静地看待。已经开展的网络教学中存在着教学资源良莠不齐的问题，教学手段也略显单调和刻板。一些“微课”的教学内容仅仅是课堂教学的片段式剪切，并没有在有限的10分钟内去聚焦和回应学生最为关心的重难点问题。一些学校的网络教学没有全面展开，教学内容碎片化，尚未形成一个相互衔接的系统性课程，这给学生的学习带来诸多不便，也逐渐削减着学生对于思想政治课网络教学的兴趣和积极性。

二、思想政治课混合式教学模式的路径探讨

由于是基于面向学生需求，并且是在对学生进行调查的基础上进行的探讨，因此这里所论述的“混合式教学”，是从当前高校思想政治理论课教学的

实际情况出发，探索一种行之有效的、易于操作的“课堂—网络—实践”相结合的混合式教学模式。这种教学模式的组合并不是为了在形式上追求多样化，而是力求通过优势互补来增强思想政治理论课教学的实效性。

（一）坚守课堂教学主阵地，增强授课吸引力

课堂教学这一种传统形式对于思想政治理论课教学来说无疑是最主要和有效的。思想政治理论课教师需要明确自己在课堂教学中的核心作用，在做人、教学、管理等方面不断反思与完善。教师是思想政治教育的主体，是带动、影响整个课堂的灵魂人物，对教学效果的取得起到至关重要的作用。因此，增强教学实效性和吸引力，思想政治课教师的全面发展与自我反思尤为重要。当前的思想政治理论课教学改革要从教师的专业功底、授课技巧、课堂组织能力、人格魅力等方面进行全面完善。

一是思想政治理论课教师要不断增加知识储备，建立起重视学习和积累的自觉性。思想政治理论课教学内容更新速度很快，教师必须通过广泛的、大量的、及时的阅读与思考才能确保占领知识的高地，让思想保持新鲜，让授课变得生动。同时，只有建立了这种自觉，教师才能更加从容自信地面对各种职业的竞争与挑战，将现实压力转化为前进的动力。

二是思想政治理论课教师要努力增强课堂教学的趣味性和吸引力，变“能教”为“会教”。目前相当一部分大学生呼吁或者建议教师切勿把思想政治理论课变成枯燥无味的宣教，一定要让思想政治理论课有趣，这样学生才会有听课的积极性。对课堂教学“有趣”的要求，主要体现在课堂教学设计上。教学设计是课堂教学的基本要求，一堂生动精彩的思想政治理论课需要教师在课下花费大量的时间和精力进行教学设计，这意味着教师要认真思考在教材体系的整体基础上如何把教材语言变成教学语言，把教材体系变成授课体系。教学设计包括宏观和微观两个层面：宏观的设计包括教学的重难点和教学目标，微观的设计是在宏观设计的基础上进一步细化，包括每一个知识点应该如何深入浅出地讲解，选用什么案例来进一步解释理论，甚至小到一条新闻热点、一张历史图片都要竭尽心思。同时，精心设计的教学内容需要用学生乐于接受的方式表达出来，思想政治教育是深入心灵的教育，同样

的教学内容用不一样的表达方式会产生不同的教学效果。

三是思想政治理论课教师要提高课堂组织能力和感召力，成为课堂教学的“导演”而不是“演员”。组织和管理能力是教师教学能力的一种体现。生动的课堂教学不是教师一个人的“独白”，而是教与学互动的过程。组织能力强的教师不仅能够很好地调控课堂教学的进度、讲授的效果，还能够激发学生听课的积极性，营造出积极向上的教学氛围，使课堂充满活力。这需要教师在授课的过程中密切关注学生的反应和参与度。如果理论讲授的时间过长，就应适当地安排视频播放或者案例讨论的环节以调动学生积极性。这种组织的过程其实也是教师在观察、反思的基础上及时做出调整和改变的过程。

四是完善人格魅力，既成为学生的“良师”，又成为学生的“益友”。中国有句古话叫：“学高为师，德高为范。”对于思想政治理论课教师来说，这点就显得更加重要。教师的言谈举止、思想境界、性格特点、价值观念在教学的过程中会被学生关注和逐渐了解，也成为学生对教师综合素质进行判断打分的重要参考。值得注意的是，大多数学生对教师的品德素质是充满期待的，这一点思想政治课教师要重视起来。因此，思想政治课教师平时要注重文明修身，培养健康的旨趣与平和的心态；在课堂教学中，在阐述个人观点的时候，应该做到理性的思考，而不能人云亦云，更不能信口开河甚至哗众取宠。同时，对于当代大学生来说，他们更希望能够与老师平等交流和相处，思想政治理论课教师更应该多了解大学生的特点，关注他们的思想状况、兴趣爱好，想问题和做决定的时候能够设身处地从学生的角度出发，多听听学生的想法和建议。这样做不是为了取悦于学生，而是为了更好地开展思想政治教育。

（二）合理运用网络教学平台，聚焦教学重难点问题

随着互联网的发展，网络上各种优质的教育资源可以随时随地共享，教学不再受到时间和空间的限制，微课、慕课、翻转课堂等新的教学模式已然引发了一场新的教育革命。然而，对于思想政治理论课教学来说，如何合理地运用网络教学平台开展网络教学是一个值得慎重分析的问题。

应该看到，网络教学模式适合那些难度不是很高并且理论性较强的课程。

像微课、慕课的内容多为理论性知识的讲授，同时将传统的教师的“教”为主变为学生的“学”，也就是学生主动通过网络进行课程学习，基本上可以掌握教学内容，既灵活安排了其学习时间，又实现了教育资源的合理配置。然而，对于思想政治理论课来说，网络教学未必会取得很好的教学效果，这是从思想政治理论课本身的特点（并非纯粹的理论性知识）以及思想政治教育的规律（需要师生间面对面的思想交流）两方面思考得出的结论。这也不是说思想政治理论课完全不能采用网络教学的模式，而是返回到对“教什么”和“怎样教”这两个问题的反思，只有搞清楚这些，思想政治理论课的网络教学才能有的放矢而不至于成为盲目的跟风行为。

基于学生的想法与建议，网络教学应该提前做好选题和内容的规划，凝练出教材体系的重难点问题，以教研室为单位开展集体备课，并根据教师的研究专长与兴趣爱好合理分工。在这个过程中，需要注意以下几点：首先，网络教学内容应努力做到“形散而神不散”。比如，“微课”视频在形式上尽管显得分散但在内容上应该具有内在的逻辑性，这要求教学单位根据教材体系进行再加工，形成教材的凝练版，以便学生在课后进行巩固复习的时候能够比较容易地掌握教材的核心内容特别是重难点问题。其次，网络教学需要去粗取精。一般来说，人高度集中时的注意力不过二十几分钟，且与课程的吸引力密切相关，这就需要发挥微课程短而精的特点合理安排教学任务。最后，网络教学也需要“引进来”和“走出去”。在网络技术高速发展的今天，各类资源层出不穷，大量制作精美的网络公开课、论坛上的意见领袖以及“名人微博”等既给网络教学带来了不小的压力，同时也提供了丰富的素材和资源。对于其中优秀的又比较适合教学内容的资源，可以积极借鉴使用，同样教师也可以将自己制作完成的优质视频资源共享到网络。

（三）开展丰富多彩的实践教学，提高学生的参与度

实践教学相比教师的理论讲授具有学生广泛参与、形式灵活多样、气氛生动活泼等特点，是课堂讲授的有益和必要补充，也是让“高大上”的思想政治课“接地气”的重要方式。

实践教学分为课内和课外两种形式。课内实践教学组织起来更容易，活

动类型也可以更加丰富。教师根据不同的课程内容、年级、专业，结合时政热点问题合理地设计课程活动，比如素质拓展训练、主题班会、小型辩论赛、演讲比赛、征文比赛、时政大家谈、红色诗文赏析、两会 PPT 案例大赛等。这些操作性比较强且形式多样的课内实践活动不仅活跃了课堂气氛，而且有利于锻炼学生的表达能力和分析解决问题的能力。对于思想政治理论课来说，有些教学内容，如社会主义核心价值观的培育、中国梦的宣传教育也离不开实践教学活动的巩固，单纯的课堂讲授很难融入学生的精神世界，只有将主题实践活动与课堂教学相结合，才能促使学生在认知的基础上深入思考。对于一些开展得比较成功的活动，可以将其发展为品牌系列活动，持续进行推广，总结经验，不断完善。另外，布置社会实践调查任务，让学生利用节假日或课余时间对本地或家乡社会发展变迁中的现实问题进行调查，撰写调研报告，这不仅有利于培养学生关心国家和社会发展的责任心，而且也有利于培养学生关注现实问题的自觉性，提升他们分析和解决问题的能力。

实践教学在具体操作中应注意以下几个问题：首先，注意与教学内容的配合。无论是课内还是课外的实践教学活动最终都是为了更好地服务于思想政治理论课教学，只有合理地安排和衔接才能取得更好的效果。其次，做好实践教学计划，在开展实践活动的次数和可操作性上认真考虑。在思想政治理论课教学任务本身已经很重的前提下，要合理安排实践教学的课时量，也要考虑实践教学是否符合学校的实际情况。最后，实践教学活动要注意做好记录和总结，特别是学生的表现情况以及教学效果、存在问题等，以便在今后组织策划时有所参考。

第二节　案例教学法在高校思想政治理论课教学中的运用

案例教学是西方学者最早提出的一种教学方法，并在教学中得到广泛应用。案例教学法引入中国后，在许多课程的教学中迅速得到运用和发展，也成为目前思想政治理论课中使用较多的一种教学方法。思想政治理论课在运用案例教学法的教学实践中，积累了许多行之有效的经验和做法，但仍然存在许多亟待解决的问题。对这些问题进行进一步的深入研究，有利于推动案例教学法在思想政治理论课教学实践中的发展，进一步提高其使用效益和教学价值。

一、思想政治理论课中案例教学法的内涵

思想政治理论课中的案例教学法是以激发学生在教学中的主体作用为原则，通过案例的展示、讲解、讨论、辨析等教学活动，使案例与教学内容有机融合，引导学生参与到教学过程中，帮助学生深化对教学内容的理解、认识与运用的一种教学方法。

二、思想政治理论课中案例的特点及类型

（一）思想政治理论课中案例的特点

能够称为案例的教学材料至少应该具备以下几个特点：

第一，来源于现实生活，具有真实性和鲜活性。一般来说，作为案例使用的教学材料应该取材于现实生活，具有真实性。这一点和举例就有明显区别，教师举例可以是假设的，或为了教学需要虚构出来的，但案例一般来说是真实的，而且要尽可能保持事件的原貌，尽可能不去做加工和处理，更不能虚构。此外，案例最好具有时代气息，不能过于陈旧，要具有一定的鲜活性。

第二，能够承载特定的教学内容，具有一定的深度和广度。有些教师在使用案例教学时，往往先讲授理论知识，然后为了证明其理论观点的正确性，或者为了活跃课堂气氛，就会举出案例进行分析，用来论证之前的观点。这种做法看似合理，实则剥夺了学生思考的权利和机会，不是真正意义上的案例教学。事实上，案例是教学内容的一部分，应与教学内容有机融合。成功的案例教学应是以案例引出教学内容，让学生在学习和分析案例的过程中主动思考，自主得出某种结论，不知不觉地获得理论知识，认同某种理论观点，而不是生硬地先讲理论，再举案例。因此，能够承担这种教学任务的案例就应该具有深刻的思想内涵和丰富的内容，才能够较好地满足学生的探究欲望，实现教学目标。

第三，能够激发学生在教学中的主体作用，具有一定的问题导向性和互动性。案例教学的本质是要激发学生在教学中的主体作用，通过案例启发学生思考并开展讨论，师生共同完成教学过程，实现预期的教学目的。这就要求案例本身蕴含着一些问题，能够引起学生的思考，也便于教师根据案例进行教学设计。内容过于浅显或直白，没有留给学生思考和讨论的空间与余地的案例不是好的案例。所以，思想政治理论课教师在选取案例时，首先要考虑案例是否能够激发学生思考和讨论的积极性，是否有利于形成师生之间的互动交流，是否有利于发挥学生在教学中的主体作用，这样的案例才能帮助教师更好地实现案例教学的目标。

第四，能够引发学生的学习兴趣，具有一定的趣味性和生动性。思想政治理论课的案例除具备以上几个特点外，还应该尽可能符合大学生的年龄特点和兴趣偏好，具有一定的趣味性和生动性，让学生感觉到新鲜有趣，这样更容易引发学生的学习兴趣。有些教师选取的案例内容过于陈旧，学生基本都已知道或了解，没有新鲜感；或者案例的语言表述比较生硬刻板，对于学生来说缺乏亲切感和吸引力，这在很大程度上会影响案例教学的效果。试想，如果学生对案例本身都毫无兴趣，又怎么会对案例进行积极思考与讨论呢？因此，教师应多选取那些内容鲜活有趣，语言表述生动亲切的案例，这种案例对于实现良好的教学效果往往具有事半功倍的作用。

（二）思想政治理论课中案例的类型

按照案例在思想政治理论课中所起的作用，案例大致可以分为以下几种类型：

第一，导入型。这种案例一般在一堂课的导入环节使用，教师首先通过引入案例，营造教学情境，启发学生思考，引发学生学习兴趣，由此顺势导入教学内容。教师可在案例中提出问题，让学生带着问题进入后续教学内容的学习，在后续内容的教学中，也要考虑到与之前导入案例的呼应，对案例中提出的问题适时进行解答或进一步深化。

第二，论证型。这种案例一般在教师需要突破某些教学重点和难点时使用，目的是引导学生形成正确的认识和观点，帮助学生加深对一些理论问题的理解。在这种类型的案例教学中，教师往往不会采取直接讲授教学内容，再举出案例加以论证的模式，而是首先展示案例，提出需要学生讨论和回答的问题，并组织学生进行课堂讨论，教师参与学生的讨论，对学生的讨论发言进行分析和点评，引导学生对案例提出的问题得出正确的结论，这个结论不是教师强加给学生的，而是在师生的共同学习讨论中学生自主获得的。在这个过程中，教师也完成了预定的教学内容和任务，实现了教学目标。

第三，深化型。教师在完成了某个内容的教学后，为了进一步加深学生对该内容的理解和认识，并锻炼其运用该内容分析和解决问题的能力，可以使用这种案例达到进一步深化教学内容的目的。教师可以举出案例，要求学生进一步思考和讨论，也可以就案例设计一些有利于训练学生实践能力的任务和项目，要求学生独立或分组完成，从而加深学生的理解，锻炼学生的实践能力。

三、案例教学法在思想政治理论课教学实践中存在的问题

我国的思想政治理论课在案例教学法的运用方面进行了许多探索，取得了不少成功经验，但也存在一些问题，这些问题主要表现在以下方面。

（一）教师对案例的运用缺乏精心设计

在实践中，一些思想政治理论课教师对案例教学的认识不够全面准确，把案例教学简单地理解为举例，在教学中没有认真分析和思考案例的作用，缺乏精心的教学设计，基本还是按照原有的教材体系讲授，只是在中间穿插几个案例，用以论证自己讲授理论观点的正确性，或者以此作为吸引学生的“兴奋点”，增加一些教学内容的趣味性。这样的教学严格来说并不是真正意义上的案例教学，案例在整个教学过程中是可有可无的，并未发挥其本身应有的作用。

（二）没有充分发挥学生在教学中的主体作用

真正意义上的案例教学必须是一个师生共同完成学习的过程，没有学生

的积极参与，案例教学是无法实施的。一些思想政治理论课教师对这一点认识不足，没有充分发挥学生在教学中的主体作用，整堂课都由教师一个人唱“独角戏”，学生很少参与到教学环节中。造成这种情况的原因，有的是因为案例过于简单，其中蕴含的问题一目了然，没有给学生留下多少思考和讨论的余地，教师也就无法以此作为切入点，让学生更多地参与到教学中；有的是因为教师没有设计案例讨论环节，本来应由学生通过思考讨论来解决的问题被教师越俎代庖，教师通过讲授直接告知学生答案，剥夺了学生自主学习和主动思考的机会。所以，没有学生积极参与的案例教学是没有灵魂和生命力的，也没有体现出案例教学真正的内涵。

（三）缺乏优秀案例资源，教师收集编写案例存在诸多困难

教师在案例教学的实施过程中，面临的一个较大困难和问题是优秀案例资源的缺乏。难以收集到高质量的案例，在很大程度上影响了教师开展案例教学的积极性和效果。目前，我国很多高校对思想政治理论课案例的收集、编写和管理等重视不够，缺乏相关制度和机制保障，思想政治理论课教师往往孤军奋战，收集编写案例面临很大困难，导致许多教师知难而退，影响了案例教学法的使用、研究和推广工作的开展。

四、案例教学法在实践中的改进策略

（一）精心设计课堂，增强案例教学法的活力和作用

成功的案例教学离不开精心的教学设计。教师要运用案例进行教学，必须对整个教学过程进行系统设计，要打破原有的教材体系，重新整合教学内容，认真思考分析案例在整个教学过程中承担的任务和作用，通过精心设计使案例能够承载更多的教学内容，并最大限度地运用案例来突破重点和难点，激发案例教学的活力和作用。

（二）发挥学生主体作用，重视学生能力培养

在案例教学过程中，必须充分发挥学生的主体作用，让学生积极参与

到教学过程中。在参与案例教学的过程中，学生的抽象思维能力、逻辑分析能力、理论联系实际的能力都会得到锻炼和提高。教师通过精心的教学设计，采取讨论、完成项目任务、归纳分析等多种方式，让学生参与到案例教学的不同阶段，让学生在主动思考和自主学习中提高能力，实现教学目标。

（三）重视案例的收集、编写与管理，不断丰富案例资源，提高案例的使用效益

优秀案例的缺乏已成为影响案例教学实施效果的一个瓶颈。重视和加强案例的收集、编写与管理已成为迫切而必要的任务。案例的收集和编写工作量大，任务艰巨，依靠每个思想政治课教师单打独斗是难以取得良好效果的。院校应重视此项工作的开展，从学院层面加强案例的收集、编写与管理工作。学校应建立相关的工作机制和奖励机制，鼓励和组织教师积极收集和编写案例，并将此项工作纳入教师工作内容和绩效考核中，由专人负责，持续不断地推动工作，对工作的成效进行检查和考核，并给予适当的奖惩。同时，学校要推动案例资源共享平台的建设，使收集和编写的案例能够实现效用的最大化。

第三节 情景教学法在高校思想政治理论课教学中的运用

情景教学就是通过设计出一些真实性和准真实性具体场合的情形和景象，让学生亲身参与、感受教学内容的教学方法，这种方法既有助于提高学生的学习兴趣，改变以往课堂教学枯燥无味的局面，还可以使学生触景生情、激活思维，融会贯通所学知识，不但活化了课堂所教知识，而且可以使学生更加深刻地理解语言之外所传递的信息。因此，在高校思想政治理论课中使用情景教学，是进行教学改革的一种有益的尝试。

一、思想政治理论课“情景教学法”基本步骤

情景教学法是一种运用多学科、多领域的知识和社会信息与相应的教学

手段相结合，设置课堂教学情景，启发学生学习兴趣的一种开放式教学方法，其特点是言、行、情三者融为一体，其核心是激发学生的情感。情景教学法一般由创设情景、确定问题、自主学习、协作学习、效果评价等几个环节构成，主要有角色扮演、行为实践、多媒体设备创设情景等方式。在思想政治理论课中采用情景教学法能调动学生积极性，激发学生学习理论的兴趣，培养学生的创新能力。情景教学法的一般步骤如下所示。

第一阶段：情景教学准备。周密的教学设计和完整的教学准备是情景教学的成败关键。该阶段的主要工作：向学生说明情景教学的目标、步骤和要求，使学生对情景教学有一个整体了解；指导学生预习与情景教学相关的知识；练习拟定计划准备相关道具；将学生分成小组，分别参与各组的物质准备工作。

第二阶段：设置现场情景。复现现场情景要以教学目标教材许可程度和学生已有条件为出发点，其类型大致可分为两种。一种是实在的情景，主要通过教学媒体来创设，教学媒体一般有实物媒体，如现场照片、图画和相关道具等；光学媒体如现场幻灯、投影等；音响媒体如介绍某一事件的录音等；影视媒体，如电影、录像等。另一种是虚拟的情景，例如通过角色扮演、形象模拟等方法创设一种相对真实的现场情境。至于具体的呈现方式和程序则需要根据学生基础内容的难易采取不同的处理方法。可以一次呈现，也可以分别、有序呈现。

第三阶段：情景实践，现场处理。面对复现的事件学生需要在教师指导下，有目的、多角度地观察，使积累的知识和观察到的情景现场表象重新组合，在真实（仿真）情景中获得情感体验，在多次反复的基础上教师指导学生进行比较、分析、综合、判断推理，以期获得对情景中事件较深刻的认识，最终清楚问题发生的来龙去脉。

第四阶段：激发情感，总结经验。在情景教学中，学生作为现场处理参与者，随着情景的复现一起思考、解决问题，成功产生喜悦，失败产生愤恨，很容易激发情感。教师要有意识地引导学生去发现问题、探究问题、创新思维，并要适时总结现场经验。

二、创设情境应遵循的原则

（一）体现时代性

思想政治理论课教学中情境的选择既要求必须能够说明问题，又要求具有时效性和时代感，关注时政热点，贴近学生生活。思想政治理论课教学十分重视理论联系实际，强调学以致用。以事实为依据创设材料情境是思想政治课教学的一种重要的理论联系实际的形式。因此，教师必须紧密结合当代社会生产和人们的日常生活，以现实生活热点为背景，或以对现实有直接影响的史料为背景设置材料情境，使学生在材料情境所展现的自然、社会现象面前，能根据自己已有的知识和观点，有效地提取材料情境所提供的各种信息，发现事物的区别，把握事物的联系，透过现象认识事物的本质。教师利用事实材料，就如同把学生引进现实生活中，向他们展现现实生活的复杂与多样，让学生在典型的环境中，综合运用知识，发现、解决现实问题。因此，在教学中结合教材，有机地利用事实材料，不仅可以激发学生的学习兴趣，加深对知识的理解，而且有利于启迪智慧，开拓他们的思维。

（二）体现学生主体性

选取的情境要体现学生主体性的特征，从学生的实际出发。学生主体性就是要求所设计的情境材料必须尽量贴近学生生活，充分考虑学生的认知水平、接受能力。情境教学模式的一个重要特点，就是充分运用各种教学媒体和手段把事件的全貌呈现在学生面前，让学生在整体环境的把握中展开认识。但是，复现的情境必须符合学生的知识背景、认识能力，把需要解决的问题有意识地巧妙地寓于恰当的情境之中。因此，情境设置要求：情境信息要有一定量度；情境问题要有一定难度；情境所包含的问题要符合学生探究的深度。学生的情感，不能用灌输的方法或强制的手段来培养，只能通过具体的情境设置，让学生置身于社会现场之中，激发学生积极的情感。情境教学的关键是设法使学生的情感与教师提供的情境相融合促使情感激发，实现真正的身临其境。教师在创设情境时，要努力寻找“启情点”，尽可能地增强情境和情境的情感因素。

（三）情境设计应真实、贴切

在创设情境的形式上，力求生动形象，尽量采用多媒体辅助教学。情境设计应真实贴切，具有适时性、针对性和启发性，使学生在身临其境之中做出真实的反应。选择的教学目标过难，不利学生当堂解决，影响参与的积极性。因此，做到情境设置真实、教学目标难易适度是情境教学设计要点的关键。情境教学的主题应突出教学内容和教学目的，既为学生设置一个预先要达到的目标和标准，又使学生为解决问题而“深入其境”。为了达到目标，学生必须充分灵活运用自己掌握的知识与技能，去寻求解决问题的最佳方案和方法，这样自然才能调动学生积极参与和学习的积极性，并且培养和提高他们独立分析、思考、判断和解决问题的能力。教师应自觉地扮演类似导演的角色来掌控全局，注意学生的接受能力和思维特点，并做到适时适当的点拨，将主角让给学生。

三、使用“情境教学法”应注意的问题

（一）教师应具有较高的综合知识水平

情境教学在学生的参与和感受过程中进行知识传授，教师在整个过程中担任了“场内外指导”的角色，打破了传统的“问题—解答—结论”的封闭式过程，形成一种“问题—探究—解答—结论—问题—探究……”的开放循环式教学模式，通过使学生积极参与到课堂教学内容中来，提高课堂实践的质量和效率，有目的、有意识地培养学生不断发现和创造新知识的能力，因此师生之间的交流也因此变得非常重要。与传统的教学模式相比，不仅注重理论知识的培养，而且更强调应用能力的锻炼，在对学生进行跨学科、跨领域的专业训练的同时，要求教师自身具有综合素质和进取精神，即不再只是单一领域内的行家里手，而应是兼备专业能力和决策能力的多面手，切实提高“自我教育力”和“自我上进心”，不断提高自身的创新意识和创新思维，只有这样才能及时把握学生的思维脉搏，帮助他们在现实和理论之间架起桥

梁，通过灵活处理在情境教学中出现的不同见解，启迪、诱导、激发学生究问题的兴趣，通过教与学双方平等的对话开发学生的创新潜能，按照“问题情境—学生实践—教师点评”的体系实施教学，克服思想的僵化与保守性，真正体现教师在课堂教学中“激发”和“引导”的核心地位，才能突出情境教学的特色。

（二）要给予学生充分的课前准备时间

要真正实现情境教学的有效性，学生的配合是关键。学生是学习的主体，在教学过程中，无论是知识的获得还是能力的形成，都离不开学习主体——学生的主动参与，情境教学尤其如此。只有通过学生的积极参与才能形成教师与学生之间的互动，甚至是学生与学生之间的互动，才能真正实现尊重和完善学生的主体性。不仅如此，情境教学中师生之间的互动还应该是多元的，既包括语言行为的交流，还包括心理的交互，是一种多纬度、多层次的互动过程。教学活动的规律告诉我们：教不等于学。要让学生融入情境教学中，首先必须给予他们足够的时间去准备。现在许多大学生的学习目的似乎只是为了考试过关，很多知识学过之后就忘得差不多了，如果学生的准备不充分，情境教学就很难深层次展开，甚至又变成教师的单向“灌输”了。因此，教师在进行情境教学之前，要提前将相关的背景材料布置给学生，让他们提前去预习相关知识并主动去图书馆收集需要的数据和材料，如果有条件，还可以组织学生到社会上进行调研，采集有用的素材。通过他们的课前准备，既可以达到提高情境教学效果的目的，也在一定程度上培养了学生的自我学习能力，否则，学生的思维会受到各种限制而影响发挥。

（三）情境设置内容应该围绕教学内容

情境设置在教学中只是教学手段和方法，而非教学目的，所有的教学活动必须围绕学生掌握知识和培养能力进行。活动形式要服务于教学内容，不可单一地为了追求课堂的活跃气氛而忽视了紧扣教学大纲，忽视了现场组织与处理能力的培养。尽量满足学生的成就感，对学生在情境现场处理中的出色表现，甚至微小的进步都要予以适时、恰当的表扬。教学过程结束后要及时纠正错误，详细讲解难点，并要求学生撰写情境现场处理工作的总结报告。

第四节　专题式教学法在高校思想政治理论课教学中的运用

思想政治理论课教学效果不佳长期困扰着高校思想政治理论课教师。导致这一问题的原因是多方面的，如部分教学内容陈旧、与中学政治课内容重复、课程学科知识跨度大教师难以胜任、教学形式过于死板、学生存在逆反心理等。因此，进一步深化高校思想政治理论课改革，探索有效的教学模式和教学方法乃当务之急。专题式教学模式就是在这一背景下应运而生的。

一、专题式教学模式的优势

所谓专题式教学，是指依据教学大纲的基本要求，根据学生学习的具体情况，按照课程内容的内在思想联系和逻辑关系对教学内容进行提炼、整合，形成既先后连接又相对独立的系列专题，并围绕专题确定教学方案、组织教学活动的一种课堂教学模式。专题式教学模式，不仅在教学内容上改变了按教材章、节、目进行授课的传统授课方式，从学生的思想实际和当前的社会热点中去提炼和确立教学专题、重新编排教学内容、建构新的教学体系，而且打破了过去一门课程由一名教师“打通关”的教学惯例，改为由学有专长或确有研究的不同教师实施专题教学，有利于发挥教师的优势和特长，使学生受到不同学术背景教师的熏陶和训练。

（一）专题式教学既可照应体系，又便于突出重点

教材体系往往因强调科学性、完整性和系统性而难免存在体系庞大、内容过多、面面俱到，无法全面满足不同学生的需求，不能及时反映理论和实践发展最新成果等弊端。专题式教学模式的显著特点是有利于避免交叉重复和死板陈旧，既可照应体系，又便于突出重点，使教师能够灵活地根据社会实际和学生特点组织教学，可以更加深入、更有针对性地讲述学生最感兴趣的问题，有利于把教材体系转化为生动鲜活的教学体系，满足学生的内在需要。

（二）专题式教学既可发挥教师各自专长，又能形成各学科教师的综合优势

专题式教学能把教师从无所不包、面面俱到的备课中解脱出来，集中精力研究自己最擅长或最感兴趣的专题，不仅能深化对理论和现实问题的认识，提高学术研究能力和研究水平，增强讲授的熟练专深和精巧程度，还能使学生享受到旁征博引的知识盛宴，接受更加精深独到的学术滋养和博学敬业的品格感召，从而有利于培养学生的学习兴趣，调动学生的积极性。

（三）专题式教学既有利于形成独特、多样的教学风格，又有利于调动学生的学习兴趣，增强教学吸引力

专题式教学不仅有利于教师潜心于自己专长的研究，在专门研究上取得学术成果，成长为专家型教师；而且，有利于教师个性发展和优势发挥，形成独具个人魅力的教学风格。更重要的是，由教学风格和情态各异的多位教师同时执教，有利于开阔学生视野，增强教学过程的总体美感和吸引力，既可避免学生听觉视觉疲劳，还可激发学生的学习兴趣和积极性。

（四）专题式教学既能增强教师的竞争意识，又有助于提高整体教学水平

专题式教学是多名教师共同面对同一批学生，学生很自然会对各名教师的教学效果进行比较。这既有利于激励教师增强竞争意识，改进教学方法和提高教学效果，又有利于激励教师增强动力，互相学习、切磋，取长补短，提高团队的整体教学水平。

二、专题式教学模式应防止和克服的主要问题

（一）在筛选专题时，要防止在知识性与思想性的关系把握上失之偏颇

实施专题式教学，筛选和确定专题是组织好教学的重要环节。因此，筛

选和确定好专题极为重要。教师在专题筛选与确定上要防止和克服三个方面的问题。

一是不能片面追求新奇，而忽视理论的完整性。思想政治理论课的教学目的是既要让学生理解、掌握并运用所学的理论知识，培养学生的理论思维，更要让学生掌握体现在所学理论知识中的立场、观点和方法，提高学生分析、观察和解决问题的能力。新颖奇特的专题名称虽有利于吸引学生，但不一定能很好地引导学生。因此，教师在筛选和确定专题内容时，只有将教学内容和理论的完整性与学生的兴趣紧密结合，才能全面实现思想政治理论课的教学目的，真正起到传道授业解惑的作用。

二是兼顾整体与部分的关系，专题的筛选不能偏离教材体系。教学大纲和教材有着严密的逻辑体系，而专题教学是由教师各自实施同一门课程的部分教学内容，这就可能因教师各自对教材和教学大纲逻辑体系理解程度的不同，以及选题和讲授内容的不同偏好而造成对教材和教学大纲落实的不一致。加之专题式教学本身也要求对授课内容有所取舍，如果教师对教材和教学大纲理解不到位，教学内容取舍不当，势必影响教学内容逻辑体系的完整性，甚至把其逻辑体系弄得支离破碎。因此，专题的筛选一定要兼顾整体和部分的关系，切忌顾此失彼，偏离教材体系和学科体系。

三是不能片面强调学术性，而忽视意识形态和价值观的引导。思想政治理论课教学的最终目标是为国家培养社会主义事业的合格建设者和可靠接班人。因此，思想政治理论课教学，无论是采取专题式还是其他形式的教学，都要注重对学生的思想引导和价值观塑造。教师在专题的选择上，如果没有社会主义核心价值体系的统摄，片面强调学术性、知识性和专业深度，忽视思想政治理论课的意识形态性，专题式教学就有可能在价值观多元化的今天迷失、偏离，甚至背离主流价值观的导向，有悖于思想政治理论课教育教学的目的。

（二）专题式教学要防止在教师单个授课与课程总体辅导关系的把握上失之偏颇

在这方面教师要注意避免的问题：一是教师重课堂讲授，轻答疑解惑。每名教师只负责自己所讲授的专题，只关心学生对自己专题的学习和答疑，而对学生提出的与自己专题无关的问题一般不太关注，有的甚至一推了之，课讲完就走人，导致课程系统答疑无专人负责。二是教师对专题研究比较深入，对学生情况了解较少。专题式教学，教师同学生接触相对较少，对学生了解十分有限。学生课程学习的总体情况怎样，有哪些兴趣点，还存在什么困惑，各专题教师难以全面了解和掌握。学生提出的本专题以外的问题向谁反馈，教师之间也较难协调与沟通，这势必不同程度地影响专题式教学效果的提高与改善。三是在专题式教学情况下，教师对本专题教学效果较为关注和重视，但对课程总体教学效果并不太在乎或关注不够。因此，专题式教学要加强课程学习的总体安排和协调，如作业如何布置与批改，实践环节怎样设计与安排，课程考核如何实施，学评教怎样进行，等等，授课教师之间都应有明确分工和合理安排。

（三）专题式教学要防止在处理规范管理与自由发挥关系上失之偏颇

专题式教学的尝试虽已取得积极的教学效果，但作为一种新型教学模式，目前尚缺乏相应的评价机制，也没有明确的教学规范。因而有的专题式教学基本处于自由放任状态，其教学内容基本上是依据教师自身的学科背景和偏好“自由发挥”，专题选择无人协调，教学内容的确定、教学环节的组织缺乏规范管理，教学效果的评价机制不健全，教学效果的反馈缺少畅通的渠道，等等。因此，专题式教学要完善管理评价制度，防止在处理规范管理与自由发挥关系上失之偏颇。

三、专题式教学的基本要求

（一）以核心价值观统领教学

思想政治理论课教学与专业课教学的不同之处在于它不仅注重文化知识点的传授，而且更注重价值观的引导、强化和塑造。因此，教师在进行专题教学时，除了要处理好讲授的知识性、趣味性与思想性的关系外，还应突出核心价值观的引导，重点帮助学生掌握社会主义核心价值体系，树立中国特色社会主义共同理想，弘扬以爱国主义为核心的民族精神和以改革创新为核心的时代精神。

（二）贴近现实、贴近学生

专题式教学需要对教学内容进行取舍，教师应在熟悉教学大纲要求及培养目标的基础上做到：一要善于联系社会主义现代化建设实际，尤其要直面新时期社会生活中出现的新情况、新问题，深入浅出地解疑释惑，循循善诱地启发引导，帮助学生真正建立起对马克思主义的科学信仰；二要紧密联系当今世界发展形势，联系当代资本主义发展出现的新情况、新问题，让学生认识并警惕资本主义腐朽价值观的侵蚀，增强学生对资本主义意识形态的识别力、免疫力和战斗力；三要联系大学生思想实际，着眼于大学生的兴趣爱好和他们所关注的热点、疑点及难点问题，并根据学生的不同专业特点组织教学，使教学更有针对性和实效性，更能入耳、入脑、入心，变成学生的内在需求。

（三）课堂教学与课外实践相结合

实践出真知。思想政治理论课的教学目标，既要使学生掌握马克思主义理论知识，更要帮助他们确立马克思主义理想信念，并转化为实际行动。因此，思想政治理论课教学不能仅仅满足解决学生知与不知的问题，更要解决做与不做的问题。学生在思想政治理论课教学中接受的许多抽象的概念和理论，只有通过实践这个环节，才能转化为对社会现实的热切关注和立足于现实的深度思考，才能进一步提高他们的理论认识，并且在实践中锻炼他们的意志，升华他们的情感，从而进一步坚定他们的马克思主义信念。因此，在专题式教学过程中，教师之间应该通力合作、总体把握，认真设计好实践教学环节，使实践教学内容与理论讲授内容紧密结合、相互配套，具有可操作性，使实践教学真正达到开阔学生理论视野、加深学生实践体验的目的。

四、专题式教学模式的规范与完善

（一）进一步坚持“育人为本”的教学理念

把学生培养成社会主义事业的合格建设者和可靠接班人是思想政治理论

课教学的最高目的，也是思想政治理论课教学应始终遵循的根本教学理念。专题式教学要始终贯彻和坚持这一教学目的和教学理念，在组织教学内容时要把“育人为本”贯穿始终，落实到每一个专题之中。专题式教学，各个专题的内容可以不同，关注的侧重点可以不一样，教学组织方式和教学手段可以千差万别，教师风格可以灵活多样，但最终落脚点必须是一致的，那就是把学生培养成合格公民，培养他们真、善、美的道德情操和爱国守法、维护正义的道德人格。

（二）进一步规范专题设计

首先，专题的确定要规范。比如，每个专题的教学目的、教学方法、专题的名称、包括的内容、专题间的衔接等，都要精心设计、周密安排，尽可能做到科学合理。

其次，专题内容的组织，要处理好知识性与思想性的关系，内容的深刻性与趣味性、灵活性的关系，重点、难点与热点的关系，被动适应学生与主动引导学生的关系。

再次，专题教学的方法与手段，应注意设计让学生参与互动的环节，发挥学生的主体性；在教学手段上应注意采用多媒体教学等现代教学手段；在教学方法上应采用典型案例、关键问题讨论、疑难问题辩论等多种教学方法。

最后，要完善专题教学效果反馈机制，以利于改进专题设计与教学内容的组织。

（三）进一步完善教学评价体系

专题式教学作为一种新的教学模式，能否取得好的教学效果，取决于各个环节的设计、管理是否合理、到位，教学评价体系是否健全、科学。

专题式教学的评价，主要看专题设计是否合理，教学内容安排是否科学，教师的教学态度是否认真，教学方法是否得当，对学生的要求与管理是否到位，学生对教学效果是否满意，对所学理论知识是否掌握，分析与解决问题的能力是否有所提高，学生的到课率与听课率，等等。

（四）进一步加强集体备课和教师之间的交流

专题式教学中，教师所面对的是同一门课程、同一批学生，但由不同的教师各自分散进行、独自完成。因此，与“打通关”的教学模式相比，专题式教学更应加强集体备课，加强主讲教师团队内相互间的沟通与交流。例如，如何照应本门课程内在逻辑体系的完整性和各个专题之间相互衔接的合理性，如何进行专题内部结构的设计布局，如何吸纳、取舍、运用有关资讯和音像资料，如何突出和彰显主题，如何及时沟通学生的学习情况，如何有效落实课程教学的总体要求，等等，都需要加强集体备课和教师之间的交流。只有这样，才既有利于提高各专题的教学水平，又有利于提高课程的总体教学效果。

第五节 PBL 教学法在高校思想政治理论课教学中的运用

PBL（Problem - Based - Learning）教学模式——“基于问题的学习”，是一种先进教学方法，现在被广泛运用于医学教育领域。将其引入高校思想政治理论课教学中，对创新教学理念，推进教学改革，提高思想政治理论课教学的针对性和实效性具有现实意义。

一、PBL 教学法及其对高校思想政治理论课教学的价值

PBL 教学法是美国神经病学教授巴罗斯（Barrows）1969 年针对传统医学教育的弊端而创立的一种现代教学方法。将其引入高校思想政治理论课教学中，可以为思想政治理论课的教学提供一种全新思路。

（一）PBL 教学法的含义

PBL 教学法主张学习要以问题为导向，以学生为中心，让学生在小组协作中探究与解决问题，寻求解决问题的最佳方案，并在这一过程中学习知识与掌握技能。PBL 教学法已发展出五大基本要素：一是问题，二是解决问题所需要的技能和知识，三是学习小组，四是解决问题的程序，五是学生自主学习的精神。

（二）PBL 教学法在思想政治理论课教学中的价值

由于 PBL 有以上特点，把其科学地运用于思想政治理论课，有利于转变教学活动中师生的角色，革新教学方法，实现教学目标，提升学生学习兴趣。其具体的价值有三：一是改革传统的教学方法。PBL 教学法在问题导向下，实现了思想政治课由单向的“注入式”教学向互动的“启发式”教学转变；由封闭的课堂讲授向开放式教学转变。二是提升了学生学习的兴趣。PBL 变以教师为中心为以学生为中心，学生在问题的探索中激发出强烈的求知欲望和浓厚的学习兴趣，增强了思想政治理论课的吸引力。三是强化了学生道德品质的内化。思想政治理论课进教材、进课堂易，进学生头脑难。PBL 教学法以“现实问题”推进学生增强自主解决问题的能力，能有机地实现思想政治理论“知、情、意、行”的转化。

二、高校思想政治理论课 PBL 教学模式的构建

把 PBL 教学法应用于思想政治理论课，关键是要建构出一套可操作的流程模式。结合 PBL 教学法与思想政治理论课的特点，这一模式应包括五个环节：设计问题、成立小组、自主探究、课堂讨论、总结评价。

（一）设计问题：教学内容和目标的分解与转变

设计问题，是 PBL 教学模式建构的前提和基础。高校思想政治理论课的课程框定了教学内容，这些内容随着马克思主义中国化成果的丰富不断更新。PBL 首先要做的就是把思想政治理论课教学的目标与内容分解与转变为一个一个设计科学的具体问题。

（二）成立小组：确定解决问题的攻关团队

成立小组，是 PBL 教学模式实施的重要保障。面对世情、国情、社情、民情的新变化，大学生不同程度地有着“政治信仰迷茫，理想信念模糊，价值取向扭曲，诚信意识淡薄，社会责任感缺乏，艰苦奋斗精神淡化，团结协作观念较差，心理素质欠佳”等共同的问题。为便于对所创设的问题展开探

究，在思想政治理论教学课堂上，需要把学生按照兴趣爱好分成6～8人组成的小组。小组实行组长负责制，各学习小组在教师的指导下，内部分工合作、小组相互竞争，共同完成对问题的探讨。小组的成立不仅有利于问题的分析，同时培养了学生的团队协作意识和精神。

（三）自主探究：寻求问题最佳的解决方案

自主探究，是指学生以小组为单位，通过明确问题、收集资料、分析问题，形成问题解决方案的过程。PBL教学中，教师不是直接为学生提供创设问题的现成答案，而是负责为学生解决问题提供指导，引导学生思考。因此，学生成为学习的中心，老师成为问题的提出者与解决问题的指导者。这种角色定位，有利于学生主体性的充分发挥。

（四）课堂讨论：自主探究成果的现场交流

课堂讨论，是学生对自主探究所获得的问题的初步解决方案开展课堂交流。这一环节包括以下的内容：首先是各小组派代表上台汇报问题的解决过程，呈现解决问题的初步方案，小组内的其他同学可进一步补充发言；其次是各小组对其他小组解决问题的过程及解决问题的方案进行质疑和纠偏，通过不同观点的交锋，补充修正，加深每个学生对当前所学习理论知识的理解。在这个环节教师就像电影的导演，要协调和组织好演员（发言学生）的表演，控制时间和掌握局面。经过课堂讨论，学生在分享观点的同时相互启发、集思广益、碰撞出思想的火花。

（五）总结评价：对目标知识的梳理和归纳

总结评价环节，是指教师围绕教学目标和学生围绕问题的学习过程进行总结和评价，以加深学生对目标知识和理论问题的理解和深化。教师要对学生学习过程的经验加以总结，对理论知识进行归纳，对学生的片面观点纠偏，最终形成对问题较为细致的理解。

三、在思想政治理论课中运用 PBL 教学法应注意的问题

尽管 PBL 教学法被实践证实是一种高效的教学方法，有利于学生对知识的学习和理解，有利于思想政治理论知识的内化，但为了让其更有效地运用于高校思想政治理论课的教学，还应注意和解决以下四个方面的问题。

（一）转变观念是前提

一些采用 PBL 教学法的教师，存在着机械套用 PBL 教学模式的倾向，没有考虑到思想政治理论课教学中应用 PBL 模式的现实性和针对性。因此，要把 PBL 科学地运用于思想政治理论课的教学，需要教师改变根深蒂固的传统教学观念，科学理解与创造性运用 PBL 于教学中。

（二）设计问题是关键

PBL 是“基于问题的学习”，教师的教和学生的学都是围绕着“问题”展开。对于思想政治理论课来说，问题要密切结合思想政治理论课课程的教学内容，设计出具有现实性、针对性的问题供学生探究。

（三）配套资源是保障

PBL 作为一种新的教学方法，除了需要传统教学需要的场所和设备外，还需要相应的教学资源作为配套。如丰富的图书资料、专门的讨论场所、专题性的文献数据库、相应的网络平台，这些在学生自主探究学习及讨论环境中不可或缺。但从目前思想政治理论课教学的 PBL 实践看，这方面或多或少都存在问题。

（四）提升能力是根本

作为一种全新的教学模式，PBL 对教师和学生的素质提出了较高的要求。在 PBL 教学中教师扮演着多种有别于传统教学模式中的角色，他们不仅仅是知识的传授者，也是学生发展的促进者、指导者、领导者和有效的合作者。这种角色的转变，要求教师更新教学理念，拥有更丰富的知识，能驾驭全新

的教学流程。对学生来说，由于从小接受的就是应试教育，自主学习能力比较薄弱、缺少与他人合作的理念与技能，加之学校思想政治理论课作为大学生的公共必修课，学生普遍不重视，缺乏学习的主动性与积极性，这都对PBL教学带来了挑战。因此，需要“教”“学”双方在相应能力及素质上都进行提升。

第五章　高校思想政治理论课教学模式的改革与创新

第一节　“慕课”与高校思想政治理论课

一、慕课运用于高校思想政治理论课的理论依据

慕课运用于高校思想政治理论课，受到学界和高校思想政治教育理论和实践工作者的极大关注。高校思想政治理论课为什么要引入慕课，慕课为何能够运用于高校思想政治理论课，是否具有合理性和必要性，这都需要一定的理论依据作为支撑。马克思主义关于人的全面发展的理论是慕课运用于高校思想政治理论课的根本出发点。同时，关联主义学习理论、行为主义学习理论、建构主义学习理论都是高校思想政治理论课应积极引入慕课的重要理论依据。

二、传统模式、慕课模式中高校思想政治理论课的比较分析

慕课模式中的高校思想政治理论课，与传统模式中的高校思想政治理论课具有鲜明的区别。下面将从教学时空、教师、学生、教学反馈途径等方面对二者进行比较。

（一）教学时空的变化

在教学时间和空间上，两者的转变主要体现在从“限制性”转向“无限制性”。

传统模式中的思想政治理论课教学是以固定教室为空间、规定时段为时间的时空确定性教学。教师和学生必须在规定的时间和固定的教室中完成授课、学习。在这样的限制性教学中，教师需要付出“重复劳动”，学生的学习

效率、学习需求难以保证和满足。首先，对于教师而言，他们每学期都固定为多个班级承担思想政治理论课的公共教学任务，因此在面对同一个教案时，第一次授课是充满激情的，但是在进行多次“重复劳动”后，教师对同一份教案的多次重复使用，难免会出现倦怠和抗拒的情绪。其次，对于学生而言，由于他们学习思想政治必修课的学习兴趣和能力水平参差不齐，教师很难顾及各种情况的学生。为了保证完成教学任务，教师无奈地选择让每一名学生“按照同样的分量进食”，其教学也许只对 1/3 的学生有效，其他 2/3 要么“吃不饱”，要么“吃不消”。思想政治理论课的课程内容还具有偏政治性、严肃缺乏趣味性的特点，学生很难在一节 45 分钟的课堂上对所有思想政治理论的教学内容保持兴趣和热情。

慕课模式中的思想政治理论课，基于互联网、人工智能、多媒体技术处理、云计算等技术的发展，可以不受时空限制，其教学时空表现与传统模式恰好相反。首先，对于教师而言，其讲授内容只需要提前精心准备并录制成为片段式视频即可满足所有教学班级的上课需求，可避免其倦怠情绪，并在一定程度上减轻教师的工作量。其次，对于学生而言，学生在任何时间和任何地点都可以参与慕课教学中的片段式教学视频、阶段性小测验、网上辅导反馈、网上提交批改作业、网上社区讨论等环节，实现了学习的“无限制性”，是时间的无限制性。在慕课环境下，教学录像视频主要为片段式，每段约 8 ~ 12 分钟，学生可以根据自己的时间、学习节奏安排学习，“吃不消”的学生则可以重播和后退观看，“吃不饱”的学生节奏可以快些，或者根据慕课提供的大量延伸性学习资料，进行深度学习，各得其所。另外，是学习空间的无限制性。例如，当学生需要进行思想政治理论课的学习时，无论他们是在学校食堂、在公车上，还是在旅途中，都可以利用移动设备获取各种形式的学习资源，也可以与教师或者其他学生进行交流。无论学生身在何处，他们都可以根据自己的学习意愿和需求，并结合周边的实际环境和情况使用一定的电子设备，灵活地选择学习资源和学习策略。

（二）教师的变化

教师是课程实施的组织者和促进者，也是课程的开发和研究者之一。任何一项教学改革，其实施的成功与否，与教师有着直接的关系。

1. 授课形式的变化

传统模式下的思想政治理论课，其面对的学习内容是相对固定和特定的，具有非常明确的思想政治教学指向与稳定的教学体系。传统的思想政治理论课教师，根据教学大纲的要求，以教材内容为依托，借助其他辅助性工具，以课堂传授为主，辅以课堂讨论和实践性教学，进行思想政治理论教育。因此，教师的讲授和课本的内容构成了授课的主要因素。此外，由于思想政治理论课具有其他学科不可比拟的特殊政治性，教师在授课过程中必须遵循一定的既有要求和准则。在常规的思想政治理论课中，最主要的授课方式采用直线型授课方式，即从概念、原则、意义等出发，直接给出结论，将思想道德、党和国家的政策方针灌输给学生。虽然这几年高校思想政治理论课的教学方法在不断创新，如使用多媒体教学、实践性教学、探究式教学等手段，但“教师在课下费尽心思地准备，在讲台上积极尽力地讲授，却仍无法得到满意的课堂效果”的局面还是部分存在，而这种局面正是当前思想政治理论课教师面临的最难应对的问题，急需通过改革教学模式来解决。

慕课模式下的思想政治理论课，在教学模式方面有较大的创新。课程前期，教学团队要进行课程内容、教学过程、学习探究活动、社会实践的设计。主讲教师在教学团队的配合下录制高质量的教学视频并将课程视频切割成数个独立的“微课程”，重点在于理论和知识要点的讲述。教学团队在平台上介绍课程的教学计划、课程设置及学习考核等事项。课程中期，辅导老师和助教按照教学进度和课程内容有计划地组织若干次讨论、社会实践，把讨论成果和实践成果进行转化并展示。主讲教师与辅导教师、助教一同合作，组织、监控整个教学活动进程，并及时观察学生的思想表现、心理变化。课程后期，教师布置作业并进行结业考核。一般来说，一门慕课的课程周期约为12周。

2. 职业角色的变化

教师职业角色最主要的变化是由“知识的传授者”转变为“学习的指导者和促进者”。从“讲台的圣人”，转变为走到学生中间，巡视、观察和帮助学生学习的“启发者”。

传统模式下的思想政治理论课一直都是知识的传播者，他们以言语和板书/多媒体为手段，进行思想政治理论的讲授。在这种传统的授课方式中，教师基本上仍保持了一种施教者、而非互动分享者的授课角色，教师常常把学生当作接受教育的被动者，课堂讲什么、怎样讲，讲得深、广、多、寡，对学生的要求等，主动权始终在教师手里。思想政治理论课具有意识形态教育的功能，形式单一、原则性强，教师对于政策理论的讲授，难免会给学生留下一种“教条维护者”的形象，从而导致学生不敢、也无兴趣与其进行更多的沟通、交流。这样的教育是单向性的知识传输，而处于该状态下的教师，美其名曰“知识传授者”，实则“知识的传输带”。

慕课模式下的思想政治理论课，教师不再只是思想政治理论的呈现者，而是更加注重学生思想行为、道德素质、政治表现的观察者和指导者。课前，学生已经借助网络，通过微课程进行纯理论、纯知识的学习，课内，学生提出自己的疑惑点和问题，与辅导老师或者同伴进行大规模互动和讨论，以求解疑。并且，在互动过程中，由于个体经验背景差异，不同学生对于某一现象或某一问题的理解常常各异，而这又源源不断地成为宝贵的课堂生成性学习资源。因此，在慕课环境下，教师已经不是单纯呈现知识，而是根据学生对各种现象的认识和理解，进行调整、引导或强化。

此外，职业角色的变化还体现在群体分化上，会出现思想政治理论课明星教师与普通教师的分化。慕课不断发展，教师群体的职能不断分化、重组。那些教学能力突出、科研能力显著的著名教授肯定是学生的首要选课对象，而大部分教师则有可能由思想理论的线上讲授者转变为线下的辅导老师或助教，从事辅助性的工作，如解答大学生的疑难问题、组织学生讨论、教学内容收集及幕后制作编审等。

3. 职业能力要求的变化

当代教育正从“知识本位”走向“综合素质本位”。毋庸置疑，随着慕课的发展，国家、学校、社会对思想政治理论课教师队伍的职业要求必将不断提高，并成多元化趋势。

传统模式下的思想政治理论课，对教师职业素质最基本的要求是，具有坚定的马克思主义信仰和社会主义信念，善于运用马克思主义的立场观点开展世界观、人生观、价值观教育，能把握学生思想品德形成、发展规律，分析、解决学生思想问题与实际问题。归根结底，这主要包含马克思主义理论素养、教师基本职业技能两方面。符合这两项要求，就具备了成为一名合格的思想政治理论课教师的基本条件。

慕课模式下的思想政治理论课，教师仍然需要具备较高的马克思主义理论素养和教师基本技能，能够正确引导学生情感态度价值观发展，并以自己的言行促进学生道德的发展，这是思想政治理论教育工作者应具备的素质和本领。除此之外，慕课对教师提出了更高的能力要求。首先，现代网络信息技术能力。目前，我国大部分思想政治理论课教师在教学中都运用了形式多样的多媒体教学手段，积累了较为丰富的技能和经验。但是慕课这种全新的教育模式，不再仅仅局限于简单的课件制作、内容开发，而是囊括了一系列在线互动、在线考评等技术环节过程。其次，多元的知识背景和渊博的知识储备。在互联网里，人人平等，教师能使用的素材和资源，学生也同样能接触到。现在更多的情况是，学生还能掌握教师所没有了解到的知识、信息。而且，在慕课环境下，互动性越强，学生提出的问题就有可能越多、越复杂，这些情况教师难以做出准确的提前预估。为了很好地应对以上提到的这些情况，也就意味着，教师不仅要将整个课程内容烂熟于心，还要掌握更为多元的知识，并且能够根据社会发展的实际情况和发展进行拓展性地解读与回答。

（三）学生的变化

教育的本质是学习，“学”才是教育的本体，“教”原本就是用来帮助“学”的，学生居于教育活动的中心。在思想政治理论课的改革中，引入慕课模式，不得不探讨其对学生的影响和改变。

1. 学习态度的改变

思想政治理论课引入慕课，是否有效，关键点在于学生是否能够将被动的学习态度转变为主动的学习态度，从“要我学”转换到“我要学”。

传统模式下的思想政治理论课，尽管教师不断地改善教学手段，改善教学方法，但最终实效性都不大。究其原因，是学生在接受学习时的态度问题。一些学生对思想政治理论课持有一定偏见，学习热情较低，认为“思想理论与现实不符”“课程内容枯燥无味”“理论高大上”。因此，在课堂上消极被动，或是忽视教师，自顾自地阅览自己喜欢的书籍，或是索性逃课躲避。还有一些学生迫于这是公共必修课，勉强应付。

慕课模式下的思想政治理论课，要求学生以更为主动的姿态进行交互学习、自我学习。首先，开放的网络环境下，学习资源更为优质丰富，学习途径更为便捷，即使对思想政治理论课存在偏见，但总能从众多选择中找到自己喜欢的课。其次，慕课这种近乎自由的学习方式，要求学生有更强的自主性和自我控制力，在没有外界监督的情况下，自觉地屏蔽一切干扰因素、抵制互联网其他分散注意力的信息，冷静思考，专心学习。这一切对学生的自主性、理解水平和学习能力等要求较高。再次，需要学生从应试教育、被动式的“要我学”状态转变为积极、主动的“我要学”状态。

2. 学习方式的转变

学生的学习方式由“填鸭式学习”转变为“交互式学习和移动式学习”，由原来的“课上学习、课后巩固”变为“课前学习、课堂研究、课后巩固”，学生不再被动地接受知识，而是主动地带着疑问积极建构自己的知识体系。

传统模式下的思想政治教育理论课，学生接受知识的主渠道还是学校课程。通常况下，必修课占据了大部分课时，而且限于校园环境的相对封闭性，他们难以接收到外部的学习资源。思想政治理论课中的思想观点和内容几乎都是结论性的，学生只有在课堂上机械地、统一地、单向地接受。这样，学生对知识的吸收和掌握发生在课堂上，而对知识的内化过程则发生在他们课后对现实生活中观察、思考和感受中。但是，这样的方式容易导致学生在内化过程中的疑惑和问题，没能进行适时地解答和引导，而且内化过程中，学生思想、情感、心理发生的各种细微变化，教师无法及时感受到，这最终会影响思想政治教育的实效性和有效性。

慕课模式下的思想政治理论课，知识的吸收和内化过程发生了改变。布鲁姆的认知分类法由六种不同认知层次的思维水平组成，即识记、理解、应用、分析、综合和评价。其中，识记、理解、应用三个层次属于比较低层次的认知水平，对于具有一定学习能力的学生来说，在课前完成知识的识记、理解，以及简单的应用不成问题，处于大学阶段的学生由于知识储备和社会阅历有限，对于分析、综合尤其是评价，需要教师的适当引导。根据心理学研究，人的高效专注时间为15～20分钟，因此在慕课环境下，课程内容通常按照这个时长将一段完整的视频剪辑成多段微视频。课前利用碎片化的时间，并根据自己的学习水平有选择地学习。课中，针对课前发现的难点和疑问，学生之间进行充分的协作探究和互动交流，相互启发，使思想在一次次交流中升华。学生对知识的识得过程发生在课前，知识的内化与悟得过程发生在课堂上。学生“不再是张嘴待填的鸭子，而是积极主动觅食的小蜜蜂”。

3. 学习效果的变化

传统模式下的思想政治理论课，由于一些主观和客观因素的影响，导致学生的学习效果普遍不高。教师的授课内容与学生身边的现实需求之间缺少快速而直接有效的回应、对接，学生想听的教师没有讲授，学生不关注的事件，教师也没有努力引发学生的关注兴趣，这样教师和学生很难在感情上产生共鸣。

慕课模式下的思想政治理论课，由于运作方式的新颖性、教学内容的丰富性、教学方式的多样性，其在学生范围内受到的欢迎程度和所能达到的课堂效果，与上述情况截然不同。学生通过慕课平台进行自由选择，可以获得来自不同大学的不同教学风格的不同教学版本，因而可以产生不同的教学感受。多元的选择，能极大地满足不同学生的兴趣差异，不同类型的学生都能从自己喜欢的慕课中寻找到自己的兴趣点。在兴趣的帮助下，教育内容中所蕴含的思维认知和价值判断的导向，就能够自然而然地以充分满足学生视听习惯和欣赏习惯的方式，对他们的思维与行为产生潜移默化地引导。

（四）教学反馈途径的变化

教学反馈贯穿于教学过程的始终，是教学的重要组成部分。在教学过程中，教师既要负责教学信息的传送，又要重视学生的反馈信息。学生也不是单纯地接受知识，他们要将加工与处理的信息通过一定的方式输出。对教师来讲，学生输出的信息就是对教师教学的反馈，教师必须根据这些合理的教学反馈信息分析自己的教学活动过程，并作出及时和必要的调整与修正。对于学生来讲，他们要从教师那里获得关于自己学习行为、学习效果的反馈，并根据教师的反馈，对自己的学习活动进行总结、反思，并及时改进自己的学习方法及方式。这样，教师和学生双方才能在教学中处于一种正常而积极的状态。可以说，没有教学反馈，就不是完整的教学。

传统的思想政治理论课，师生之间的教学反馈存在不对等、不平衡的问题。学生对教师的教学反馈体现出单向性、滞后性特点，教师对学生的反馈评价介质以纸质评价为主。首先，在目前思想政治理论课的教学反馈中，更多的是学生对教师的单向反馈，而教师对学生、学校教学分管领导的反馈少之又少，这是教学反馈单向性的表现。并且，通常是在每一门思想政治理论课结束后，学生才对教师的教学进行评价、反馈，这不利于满足学生某段时刻的利益诉求。课程结束后，教师接收到教学反馈并作出教学调整，但反馈信息的当事学生可能已无机会感受。而且，由于教育对象的更换，教师为上一批教育对象所作出的调整有可能无法适用于下一批教育对象。这是教学反馈滞后性的表现。其次，当前教师对学生的学习反馈，主要是以纸质的作业和期末考试为主，其间其他语言上或活动上的沟通反馈较少，这样的反馈是片面、单薄的。

慕课模式下的思想政治理论课，其教学反馈具有交互性、即时性的特点。互联网的社交平台是一个虚拟的学习社区，师生、生生之间的交流互动快速而便捷。首先，大数据能深入分析每个学生学习过程的各个环节，使教师随时掌握每个学生的状况并能及时、即时地进行反馈和指导，反馈时间大大缩短，对学生的潜在帮助会更大。其次，教师能在授课前、授课中、授课后的任一时间段接收学生的信息反馈，这有利于教师调整、改进教学内容和思路。

三、慕课模式下高校思想政治理论课的建设策略分析

慕课以其自身独特的教育观念、教学理念和教学模式冲击着传统高校高等教育的授课形式、教学过程和课程设计。慕课为高校思想政治理论课的教学改革提供了良好的契机和平台。对于慕课运用于思想政治理论课表现出的不足和提出的挑战，我们要积极应对，扬长避短，为此，我们要努力做好慕课模式下高校思想政治理论课的课前、课中、课后三个阶段的建设。

（一）慕课模式下高校思想政治理论课的课前阶段

在课前阶段，需要达成“知识与能力目标”。因此，该阶段师生之间的活

动主要围绕知识性内容展开，主要涉及微课程的设计与制作、学生的自主学习等环节。

1. 依托教学大纲，构建微课程教学逻辑体系

教学团队在对教学目标、教学内容总体认识和把握的基础上，围绕教学重点、难点、疑点，以提出问题、分析问题、解决问题为线索，细化主题层次，构建逻辑体系。教学团队根据教学大纲，对具体章节的内容进行梳理、归纳后，通过逻辑层次的细化，预设一级主题，然后把主题细化为二级、三级层次，如有需要可以再细化到第四级层次。围绕一级主题的二级、三级主题构成若干个微课程教学单元。

2. 录制微视频，制作微课程

慕课教学中主题设计这个最主要的部分已经解决，接下来就是微课程视频的制作。教师通过集体备课，选择擅长某一部分教学内容的教师分别录制四段微课程视频，每个微视频的时间各为 8 ~ 10 分钟，组成 1 个课时的教学内容。每段微视频的尾声均设置 1 ~ 2 道作为通关游戏的问题，只有通过上一段微视频的游戏关卡，才能进入下一段微视频的学习。最后将录制好微视频、课程的参考资料、时事政策、社会热点问题等学习资料，一并放到慕课平台以供学生学习。

3. 发布课程资源，开展线上自主学习阶段

教学团队将课程信息发布到学习网站上，学生通过浏览网站基本了解课程的内容和时间安排，可以根据自身实际需要在网上注册。学生的注册信息将被汇总，由教师组成的教学团队根据注册人数进行分班管理。

线上自主学习的阶段，学生在教师的教学计划引导下，进行某一课时的自主学习。值得指出的是，在每一段微课程单元的视频中都会穿插小测试的游戏闯关环节，学生需要成功闯过上一关小测验，才能开始下一关的学习，只有成功闯过 1 个课时内所有小测验，自主学习阶段才算完成，而测试的结果也会马上反馈给教学团队。这样，原来课堂上用于传授知识的时间就被节省了出来。

（二）慕课模式下高校思想政治理论课的课中阶段

此阶段主要包括线上的社区交流以及线下见面、小班讨论等。该阶段应特别突出学生的主体地位，教师只扮演学习活动的协调者和促进者角色。在此阶段，目前国内较为成熟的思想政治理论课的慕课教学中，分别按照1∶50和1∶25配备见面课和论坛讨论的辅导老师和研究生助教。辅导老师和研究生助教主要负责积极引导与组织学生就某个问题进行讨论，加深对知识的理解，让学生学会用理论分析和解决实际问题的方法，最后负责归纳、总结课堂讨论的观点。一方面，在讨论互动中，学生体验着感情、思想不断变化的过程，最终对抽象的政治理论形成新的认知；另一方面，课堂讨论为学生营造了一个快乐、轻松的学习氛围，将知识的接受变为知识的互动，这种思辨式、互动式的教学，比单一的理论灌输效果要好，能达到知识培育的最大优化。

1. 借助见面课，教师转变为学生学习的协助者

在慕课模式下的课中阶段，教师由决定者变为协助者，教师的实际工作量并未减少反而有所增加。教师要确保课程结构编排的合理性外，还要及时调整、优化课程内容，建立与学生的联系渠道，提供支持服务协助学生学习，并学会运用信息技术等手段收集信息，及时掌握学生的学习动态等。

课中阶段的见面课，主讲教师、辅导教师、助教的工作重点就是组织课堂讨论、对学生的问题进行实时的答疑解惑，这是传统教学所无法实现的。在传统课堂中，教师按照教学计划授课，为保证正常教学进度，无法在课堂上间断性地、及时地解答学生的疑惑，而思想政治课的主要任务就是帮助学生形成正确的世界观、人生观和价值观，因此，师生之间的实时交流对于思想政治理论课意义重大。利用慕课平台，可以实现学生有问题即时提、教师即时解答的模式。一方面，能够真正形成师生之间的良性互动，推动思想政治理论课的转型；另一方面，一般学科中慕课所体现出来的“教师人格魅力难以彰显”的劣势，就能得到有效解决，进而最大限度地发挥慕课的优势。

2. 利用交流社区论坛，学生开展自主讨论

学生在完成自主学习后，将自己对课程知识的疑问，以发帖的形式放到学习网站的讨论区，同时利用诸如贴吧博客、微博等网络平台，将自己的心得体会、学习笔记与其他学生分享。这种互动和讨论对人文类课程来说尤其重要，很多时候不同的观点在网络空间上的碰撞就会激发出新的灵感和火花。学生的讨论与发言，成为学生最终考核的重要组成部分，有了分数的激励，大家会很积极地发言。在课堂上经过小组讨论和共同探究等环节，学生之间思想激荡、观点交锋，相较于令人昏昏欲睡的灌输式教学，无疑提高了教学效果，促进了学生思考，并有利于更好地培养学生的民主参与意识、合作互助精神等品格，这相较于照本宣科的道德教育更有现实意义。

（三）慕课模式下高校思想政治理论课的课后阶段

此阶段对于思想政治理论课而言，最适合的是安排实践教学，进行期末考试，颁发结业证书。

1. 进行实践性教学

该阶段，我们可以从无变有，从少变多，切实增加实践性教学的课时数，以弥补“一般情况下，慕课实践教学环节缺失”的劣势。这里所说的实践性教学，包括社会实践、校内实践，即将政治理论与实际相结合，指导学生到实践中去调查研究，分析和解决社会问题。学生可以围绕一个主题，组成社会实践小组，在教学团队的支持下开展各种形式的社会实践。这不仅有利于促进学生加深对马克思主义基本理论的理解，而且可以帮助学生建立起协作学习的关系网络，将知识学习变为社会协作化活动，学生将原本限于个体自身的知识培育变成了集体智慧的构建，同时，针对学生在课后继续学习所产生的新的认知，教学团队可以最终完善课程内容。为了更大地发挥慕课的优势，弥补其劣势带来的消极影响，建议在一般慕课流程的“进阶自主学习”“见面讨论课”的基础上，增加一定课时量的“实践教学”环节。在课后阶段适当安排融入社会实践活动、系列的专家辅导报告辩论比赛、事实热点比赛、知识问答等实践教学环节。

社会实践方面。无论是在思想政治理论课的课内、课外，社会实践活动都是大学生了解社会、认识社会、深入社会的一个很好的途径。同时，大量的学术报告和讲座也在大学中开展，学生平时大多是基于自己的兴趣有选择性地听一部分，但如将一些与课程相关的讲座纳入课程的考核体系中来，则会督促和激励学生去听讲座和报告，从而拓宽学生思路，丰富知识。

校内实践方面。校内实践也是学生交流、学习的重要环节。在慕课的课程设计上，除了小组内的讨论与交流之外，还可以在课后组织小组间的辩论赛，如对马克思主义价值观和非马克思主义价值观分别进行准备的小组就可以针对一些具体问题进行辩论。辩论的过程中不仅是这两个小组受益，针锋相对、唇枪舌剑的辩论也会让课堂更有趣味，吸引学生的关注。同时，时事热点比赛和知识问答等活动形式也能达到类似的效果。

当然，慕课模式下的思想政治理论课实践教学环节的具体操作仍然需要教师团队的统筹和安排，由主讲教师布置时间专题或设计调研内容，由助教带领小组参与社会实践或者开展其他第二课堂活动。将实践教学的精彩过程通过 PPT、视频、调研报告或其他载体形式表现出来，发布在论坛或社区上公开分享。

2. 进行期末考核

在慕课模式下，对学生的期末考核仍然采用线上测试的方法完成，这样可以不受空间的限制。但这要求教师和教学管理者必须建立一套完备的在线试题库，进行合理的试题管理。

期末考核，不仅要参考学生的期末测验成绩，更重要的是依据大数据，参看学生平时学习、交流的各项细节数据，从而对学生做出公正、合理的评价。

以上的策略建设分析，主要是运用慕课的教学理念和技术，从课前阶段、课中阶段、课后阶段三个方面对高校政治理论课的教学进行全方位地再造。目的是在一种轻松互动的非正式学习的氛围中，帮助学生在不同的阶段获得不同的学习体验，充分享受自我参与、自我组织的学习快乐，使得思想政治理论课的学习不再是一味的枯燥知识的搬运，而是知识的生成与增长。

第二节　“微课”与高校思想政治理论课

一、相关概念

随着“微”时代来临，“微课”以碎片化的学习方式渗透到高校大学生思想政治教育的方方面面，我们必须要清楚地认识“微课”本体、特点的问题，将“微课”应用到高校思想政治理论课教学中，就必须对“微课”的基本情况有着全面的认识，只有这样，才能充分发挥“微课”在思想政治理论课教学中的作用。

（一）概念界定

1. 微格教学

微格教学（Micro teaching or Miniature teaching）是指利用现代化教学技术，在有限的时空内，培训师范学生和任职教师掌握某一技能技巧的教学方法。“微”是微小、碎片、奥妙的意思，“格”是推究、考察、讨论的意思。

微格教学是一个有控制的实践系统，它使师范生和在职教师有可能集中解决某一特定的教学行为，或在有控制的条件下学习，它是建筑在教育理论、视听技术的基础上，系统训练教师教学技能的方法。

2. 微视频

微视频应该定义为：时长从 30 秒到几十分钟不等，适用于多种移动终端，制作周期短、制作成本低、内容和形式涵盖面广，展示非主流大众文化形态，受众可以广泛参与并表达自我的新媒体形式。

3. “微课”

“微课”以在线学习或移动学习为目的，具体针对某一专题的学习内容和教学活动，以时长控制在 10 分钟以内的教学视频为主要载体。

（二）“微课”的特点

1. 课程学习时间短

“微课”以“微”作为最突出的特征，无论从时间、内容还是形式上都要体出“微”的特点，要求必须短小精悍，“微课”教学时间有限，与传统意义上 45 分钟的课堂不一样，时间一般是在 5 ~ 8 分钟（最长不能超过 10 分钟）。由于“微课”时间短，相应的容量也很少，数据量在几十兆，大大缩短了学习者学习的时间，减轻了学生的学习压力和课后负担，当遇到难点时，可以在短短几分钟内将问题解决，提高了学生的学习效率，有益于促进学生高级思维能力和解决复杂问题能力的提高。

2. 课程内容选择灵活

“微课”的灵活性主要表现在课程内容的选择、组织和应用等方面，这是由它“微型”的特点所决定的。“微课”时间比较短，课程内容可以摆脱学科知识系统性和逻辑性的限制，只是围绕某一个知识点，内容是多种多样的。教育者以学生的兴趣和日常教学活动中常见的问题为出发点，结合现实的需要，开发形成“微课”。在应用方式上，在线学习、移动学习变得越来越普及，学生可以在不同的时间、不同的情景下自主进行学习，对于自己无法理解的重点和难点，也可以反复地进行学习，“微课”的灵活性使得高校大学生的学习变得越来越简单、便捷和及时，给传统的教学方式带来一定的挑战。

3. 课程之间相对独立

“微课”的课程单元是根据高校的课程标准、教学要求，学生的兴趣，教师的能力等来决定的，是来自教学中的某一个具体知识点，并不像长期课程单元那样，具有严格的逻辑性和系统性，“微课”各单元之间都是相互独立的，具有知识上的层次性，没有直接的联系。对于同一个知识点，“微课”设计者的能力和思维方式是不同的，每个人都可以充分利用自己的特长设计和开发“微课”，具有开放性和自主性，“微课”之间的相互独立性既可以让学习者节省学习时间和精力，也可以让高校大学生根据自己的需求有针对性地进行学习。

4. 课程主题性强

“微课”主要是为了解决教学过程中重难点、疑点等内容，所以，每一个“微课”都有自己明确的主题，教学目标相对单一，指向性明确，它的存在就是为了通过主题，明确本章的学习内容，让学习者一眼可以分辨出是否符合自己的学习需求。当在学习过程中遇到不明白的地方，可以通过鲜明的主题直接选取相关内容进行学习，明显能提高学习效率，因此，“微课”是传统课堂教学视频浓缩的精华。

二、“微课”在高校思想政治理论课教学中应用的现状

进入微时代，传统的课堂教学模式在教学过程中逐渐显露出它的不足。时代的发展呼吁我们要培养现代化的新型人才，课程改革的深度也在不断加大，迫切需要我们对当前高校的思想政治理论课教学方式进行改进与完善，在这样的背景下，开设新型“微课”教学显得必要且急迫。

（一）“微课”在思想政治理论课教学应用中取得的成绩

1. 拓展了思想政治理论课教学的内容和空间

高校开展思想政治理论课的目的就是选择丰富、有趣、正确的信息影响、熏陶、感染大学生的思想观点、道德观念和精神信仰，培养符合社会主流价值的人才。在这一过程中，信息的获取是大学生思想政治教育的基础，短小精悍、主题鲜明的“微课”极大地拓展了大学生思想政治教育的外延，丰富了思想政治理论课的教学资源。

传统思想政治理论课教育由于受主客观条件的限制，一般只能以报纸、杂志、书本、广播等媒介进行传播，收集的信息有限，仅仅涉及思想政治教育的某些方面，内容缺乏时效性、吸引力和说服力，大部分是在课堂中进行面对面的交流沟通，难以达到预期的效果。随着互联网的发展，微时代的出现，网络成为大学生获取信息的主要渠道，“微课”的兴起为学生提供了一个方便快捷、及时有效的手段，成为当前大学生获取知识、了解动态的新窗口。网站上大量关于思想政治理论的“微课”资源，打破了传统思想政治教育中内容贫乏、资源有限的缺陷，能够使大学生们开阔视野、增长见识，丰富知识体系。“微课”极大地丰富了教育资源：一是为学习马列主义、毛泽东思想和中国特色社会主义理论提供了新的平台；二是为了解当前党的路线、方针、政策提供了便捷高效的信息渠道，可以及时报道国内热点和焦点信息，既为学生提供了读圣贤书的理论资源，也为学生忧天下事提供了良好平台；三是为社会主流文化和价值观的传播开拓了有益的空间。

在传统的思想政治理论课中，教育者由于受主客观条件的限制，资源储备较少、涉及面窄，影响了高校思想政治理论课的教学效果，现在，“微课”作为一种新兴的网络传播媒介，其最大特点是资源共享，高校思想政治教育者可以收集到来自不同地域和背景下的思想政治教育资源，并借助网络的互动性特点实现师生互动，从而最大限度地实现教育资源的共享，使原本狭窄、封闭的传统课堂教学空间变成了全社会、开放性的教育空间，思想政治教育的渠道变得畅通，思想政治教育工作者可以在任何时间、任何地点上传“微课”视频，学生能在任何时间、任何地点对这些资源进行观看、下载，丰富了思想政治教育的内容。

当然，面对浩瀚如海、良莠不齐的“微课”资源，思想政治教育工作者不能全盘接收，而应主动从网络上“去粗取精”“去伪存真”，选择一些高质量、能引起青年大学生共鸣的学习内容，扮演好领袖的角色，引导大学生在开放的网络世界里明辨是非、正确应对和处理各种信息、提升分析问题和解决题的能力。“微课”在高校思想政治理论课教学中的运用，潜移默化地对大学生进行思想政治教育，真正使思想政治教育渗透到学生生活的各个方面。

2. 丰富了思想政治理论课教学的方式和手段

传统的思想政治理论课教学方式较为单一，多采用上课、听报告、参加讲座等面对面的一对多的形式，这种由上而下、被动式的灌输式教育方式会使学生言而不尽、言不由衷，不能全面而真实地体现受教育者的想法，思想政治教育的实效性日益下降。“微课”的出现，给高校思想政治教育工作者提供了改变这种局面的新契机，使传统的思想政治理论课教学转变成多样化的教育模式，能够实现双向、多向的交流与互动，注重以学生为主体，顾及学生的思想和情感。在“微”时代背景下，思想政治教育主客体之间的地位及其关系发生了相应的变化。在传统的思想政治教育模式下，教育者是思想政治教育活动的组织者、实施者，而受教育者则是被灌输的对象，面临投入多、收效少的尴尬境地。通过“微课”教学，学习者从被动接受转变为主动学习，原有的主体地位得到充分发挥，师生之间架起了信任与尊重的桥梁，双方在平等、愉悦的情景下相互交流、角色相互转化。

“微课”推进了思想政治教育的“以人为本”，传统的思想政治教育以大班教学为主要模式，在统一教学目标、教学进度方面具有一定的优势，但是每一个学生的成长环境、教育背景、政治观点、道德发展水平各不相同。“微课”教学为大学生思想政治教育工作有针对性地开展，对学生进行层次性教育、因材施教、突出学生的个性品质提供了条件。思想政治理论课也是一门实践性较强的学科，不能只停留在课堂上，而是要在实际生活当中将理论转化为实践，并在实践中得到检验，“微课”作为传统课堂以外的第二课堂，克服了思想政治教育中对生活实际的隔绝现象，教师通过“微课”深入学生的日常生活，对他们潜移默化地进行影响。

传统大学生思想政治教育主要靠理论灌输，通过念文件、作报告、开大会等单调的教育方法对学生进行世界观、人生观和价值观的教育，容易引起高校大学生的反感情绪。“微课”以简洁的视频、微小的容量、方便的发布受到高校大学生的欢迎。通过“微课”这一方式增加思想政治教育内容的趣味性，以文字、音频和视频相结合的方式增强思想政治教育的吸引力，改变了传统的“强灌硬输”的教育方式，更多地采取示范、启发等疏导的方式，将强制性的信息灌输转变为指引大学生有效地选择和利用信息，增强受教育者的能动性。从长远来看，促使受教育者养成分辨、选择和利用有价值信息的能力，增进教育者和受教育者相互之间的了解，实现双效互动，教育者能够更加理解当代大学生的所思所想，受教育者也更能接受思想政治理论课所传达的教育理念。

3. 增强了思想政治理论教育的生动性和吸引力

在新媒体应用技术迅速发展和普及的形势下，将“微课”应用于高校思想政治理论课教学当中，有助于增强思想政治理论教育的生动性和吸引力。当代大学生在成长成才的过程中，崇尚自我，迫切想要展示一个不寻常的自我，强调自我价值，喜欢追求个性，乐于接受新鲜有趣的事物，这一时期的大学生在思想上和心理上可塑性很强，极易受到新事物的影响，以“微课”为载体进行思想政治教育，符合大学生喜欢追求时尚、潮流的性格特点，自然会受到大学生的极大欢迎。

高校思想政治教育工作者可以利用“微课”这一平台，搭建一条与大学生快捷交流的渠道，在“微课”上发布大学生感兴趣并且承载着思想政治理论课信息的教育内容，了解大学生的心理需求和思想动态，进而因材施教，在潜移默化中对大学生进行思想政治教育，可以明显增强思想政治教育的效果。教育者还可以针对一些社会热点、学生关注的话题制作“微课”，使理论课教学内容贴近大学生的实际，激发学生的学习和关注热情。当学生遇到困惑时，会通过各种方式发出求助信号，教育者通过及时浏览这些信息，准确掌握学生的学习困惑，第一时间发现问题，双向互动的交流过程不仅能促进学生学习和帮助其成长，更有利于教师掌握学生内心的真实想法，拓展了思想政治教育的时间和空间维度。

目前，各大高校充分利用“微课”不断创新思想政治理论课的教学方法，引导大学生积极参与讨论、发表观点、获得知识，学生的学习不再受时间和空间的制约，扩大了学习的覆盖面。“微课”为我们提供了丰富的教学资源，可以随时获取自己所需要的信息资源，同时，“微课”还具有内容灵活的特点，能够接触到不同的观点，利于打破思想的局限性，拓宽视野，培养发散性思维。此外，随着“微课”制作技术的提高，可以设置多种多样的思想政治教育情境，营造图片、声音、视频结合的良好视觉效果。

（二）“微课”在高校思想政治理论课教学应用过程中存在的问题

“微课”在高校思想政治理论课教学中的应用，从一开始的构想到现在的发展，是一个逐渐走向系统化、成熟化的过程，以其便捷化、高效化和移动化的特点，受到学生、教师的关注。但是，“微课”在其应用的过程中也出现了一些问题：

1.“微课”在应用过程中存在过度使用与简单排斥现象

微课是一种优质的教育教学资源，思想政治理论课教学是一种教学方式，将“微课”合理有效地应用到高校思想政治教育中，既能增强理论课教学的吸引力和感染力，又能增强传统课堂教学的实效性。但是，目前“微课”作为一种教育手段和方式在高校思想政治理论课教学中的应用存在过度使用与简单排斥两种现象。

年轻教师大多是硕士或博士毕业后投入教育岗位，参加工作的时间较短，事业心和成就感都比较强烈，渴望自己的付出能够得到学生的认可与肯定，愿意投入更多的时间与精力，对现代化的教学设备、声色兼具的多媒体教学手段的接受能力更强。为此，有些教师把大量备课时间投入“微课”的制作上来，将课程的制作、视频素材的搜索作为备课的重点，认为只有制作出合适的“微课”才是一节完整的课，只要有了“微课”，内心就有了信心，感觉不使用“微课”，课程就会枯燥无趣，就无法调动学生的积极性，盲目的追求感官刺激，学生沉浸于“微课”中不愿去动脑主动思考，这实际上是教师对“微课”的地位和作用产生了认识上的偏差，盲目跟风，过度抬高“微课”的地位。

部分年长教师对教学内容的思考、教学方法的使用、教学方式的偏好受传统教学模式的影响比较大，更乐于接受面对面的、直接的讲授方式，他们认为“微课”只是一种噱头，对于知识的传授，理论知识的掌握并不能起到任何实质性的作用。况且“微课”对网络技术的要求比较高，有些年长教师也不乐意接受并花费大量的时间去学习，宁愿把时间花在思想政治理论课的备课当中。实际上，采用“微课”教学只是一种辅助性质的教学手段，并不是唯一有效的手段，教学应在教育科学理论和学生身心发展规律的指导下，师生之间不断探索、磨合，找到适合的教学模式，我们的思想政治理论课才能取得真正意义上的理想效果。

2. “微课”开发和设计的水平不高

“微课”的设计与制作是一个系统性的过程，也需要有完整的课程结构，包括导入、授课、互动、检查等，并不仅仅是从课程视频简单的截取一段，还牵涉很多细节上的工作，而且开发和设计不仅需要技术的支持还需要理论上的支撑。“微课”是一种基础教学资源，教学资源需要凝聚起来，才能更好地服务于思想政治理论课的教学工作。“微课”发展的不足还体现在多媒体技术的应用上，同时也有部分教师对“微课”概念的理解或多或少有些偏差，所以导致出现良莠不齐的现象。

在“微课”的设计与制作中，存在的问题有“微课”的课件制作过于简单，教学内容趣味性不强，页面简洁，层次感、整体感不强；“微课”教学视频画面不够清晰，声音不够清楚，对拍摄环境要求极高，容易受外界环境因素干扰；“微课”的配套资源不齐全；等等。

3. “微课”与传统课堂教学结合的程度不够

“微课”教学与传统课堂教学的关系处理不当。一些教师在教学过程中忽视了“微课”教学与传统课堂的有机结合，生硬地认为两者是代替与被代替的关系，没有正确认识到“微课”是对传统课堂的有效补充，要么就完全使用“微课”教学，要么就坚持使用传统的教学方式。

对于在具体一节课中“微课”使用时间的长短上，大部分教师认为“微课”是应该在课堂之中被使用的，区别只是使用时间的长短、使用频次的多少，没有辩证地看到两者在教学中的优势与弊端。“微课”以其短小精悍、使用方便、资源多样、情境真实、内容生动形象而受到欢迎，传统课堂有利于师生面对面情感的交流，更能深入细致地帮助学生学习。同时两者又都各自存在着缺点，因此就需要将两者有机地结合起来，取长补短，充分发挥各自的优势，互为补充。在需要突出重点时可以使用“微课”教学，直观简明，在课堂互动、小组讨论时切换回传统的教学方式，深入细致。教师在这方面的研究和实践也存在着不足，一般都是一种课堂进行到底，不但没有发挥两种课堂优势，反而更暴露出了两者的不足。“微课”必须要与传统课堂分工协作、有机融合，这样就能克服传统教学方法乏味无趣的不足，既促进了师生的互动，又充分发挥了“微课”提高课堂教学效率的作用。

4. “微课”在应用过程中课堂互动出现问题

“微课”在思想政治理论课教学中的应用可以通过活跃课堂气氛、释放话语权、展开平等对话来实现师生之间的课堂互动，但是在有些课堂中互动出现了变化。在“微课”中，教师展现了一些形象性、趣味性的素材，学生的积极性、参与性大大提高，但是有些素材片面追求轰动效应，以课堂气氛热闹为优，在之后的小组讨论中，不少学生还沉浸在素材的演绎当中，分散了学生的注意力，实质性的互动难以开展。教师的指导要起到引玉之砖的作用，启发学生举一反三，留给学生进一步思考的空间，深层次探究的悬念，培养学生的发散性思维，最终学会思考，学会学习。学生的知识能力在活跃的课堂气氛中有所锻炼和进步，教学目标也能在积极的有效氛围中达成。

语言是我们互动的主要凭借，也是思维的外衣，课堂互动主要是通过师生、生生之间的交流与对话来实现的。但是在一些思想政治理论课课堂上，学生们面对充满生活气息和时代感的“微课”却出现了表达不好、害怕表达的情况。教师在制作“微课”中，会提供一些浅显的信息，也会借鉴一些专家学者对事件的深度解读，学生们只能看懂浅显的信息，对学者的解读却一知半解，在接下来的发言中，有些学生可能会认为认知受限，不敢发表意见，导致课堂讨论陷入沉寂。同时，大学阶段，学生对于社会问题有自己的认识与思考，但由于生活阅历的缺乏，容易走向片面化、表象化甚至是极端化，往往扩大了事物的某一方面而忽略了另一方面，在课堂教学中导致一些突发情况的出现。有些老师会采取忽视、绕行的办法，避免正常的教学活动收到干扰，此时的互动便成了假动。

（三）“微课”在教学应用过程中出现问题的原因

1. 重视程度不够

“微课”作为课程发布、获取及分享的工具，是知识传播的新渠道，师生互动的新平台，同伴联络感情的新方式。但在目前的高校当中，广大教职工依然“微观念”薄弱，对“微课”应用丁思想政治理论课教学不够重视，传统的教育观念教育模式根深蒂固，没有从发展的角度理解“微课”这一新的教学方式对高校思想政治理论课的应用价值，以消极的态度对待“微课”。

当前大学生思想政治理论课教学面临着教育观念、教育内容、教育方法的改革创新，受传统思想政治教育模式的影响，一些学校的领导和教师很难认可以新媒体技术为载体的新型教学方式的思想政治教育功能，他们认为依靠“微课”进行思想政治教育是不可控的，存在太多的不稳定性因素，很难达到理想的教学效果，从而使得“微课”在思想政治教育理论课教学的开发过程中始终处于被动地位，“微课”分享和发布思想政治理论信息的功能始终没有得到重视。

高校思想政治理论课教师精力有限，集教学与科研于一身，对“微课”的设计和开发没有深入学习，只是停留在浅层次的认识上，缺乏相关实践经验，尽管有丰富的教学经验，但是也很难把想法衔接到“微课”的制作上，对“微课”难以接受，缺乏热情，不会专门去制作、上传“微课”，以此进行思想政治教育。工作队伍的不健全，研究人员的匮乏，缺乏“微课”运营的相关经验，等等，这些都使得“微课”在思想政治理论课教学中很难对学生具有吸引力和影响力。

“微课”是一项集网络课程的设计、策划、研究与使用的系统性工作，教学设计是“微课”制作的起点，需要从理论、策略、方法和模式等方面对广大教师进行培训。高校管理者应研究制定相关政策，在学校中建立一些鼓励、奖励机制，将“微课”的建设纳入思想政治理论课课程的建设体系当中，同时还要大力开展“微课”培训，对“微课”的概念、特点以及在思想政治理论课教学中应用的优势进行详细解说，最重要的是开展“微课”设计与制作的培训，让教师能够迅速掌握“微课”的开发技术，并熟练地应用到实际教学当中，高校还要注重“微课”的宣传与推广，扩大“微课”的影响面与覆盖面。

2. 理论指导不足

在对“微课”国内外研究现状进行叙述的过程当中，我们不难发现，目前对于“微课”的研究还停留在尝试和探索阶段，主要是在理论上进行阐述，在实践教学中的应用还有所欠缺，特别是在“微课”的设计与开发当中，这就阻碍了“微课”在教学实践中的应用和推广。

国外有关“微课”的研究主要集中在中小学的课堂教学当中，美国的部分高校已经使用“微课”替代了传统的教学方式，主要是可汗课程和“翻转课堂”。学生通过可汗课程进行自主学习，课堂时间主要用来做练习或者是答疑解惑，实现了教学重点的转移，由老师讲授变为独立学习；“翻转课堂”也赋予了学生更多的自主时间，知识的传授放在课堂外的任意场所，内化吸收过程放在课堂上，师生在课堂上进行交流与答疑。国内的研究主要是发表在期刊杂志上的一些理论方面的研究，也只是对“微课”的概念、特点、发展趋势等进行概述，而对“微课”在实际教学中应用的研究少之又少，既缺乏理论上的指导，也缺乏实践上的操作。

目前，网易公开课将一些可汗课程翻译成中文，供学习者自主浏览学习，但是可汗课程的教学设计与中国学生的学习实际还是有一定差距的，如果我们能结合自己的实际，自主开发一些适合高校大学生并内含思想政治教育内容的微课程，思想政治理论课的教学效果会更好。

3. 培训机制不健全

“微课”的制作从资料收集、选题确定、脚本撰写到信息的呈现方式等，都必须经过反复讨论和仔细打磨，要学会用镜头说话，会用更有表现力的语言，每一句话都能经得起反复推敲，要拥有雄厚的学术背景的支撑，将课程化繁为简对自己的课堂质量有充分的自信，教师既要学会梳理知识图谱，又要精心制作“微课”，会在一定程度上加重教师的工作负担，但这个过程也是教师本身专业素养不断提升的过程。

“微课”至今还是一个新鲜事物，尽管在应用中迎来一片叫好声，但“微课”的制作成本高，投入产出效益低，导致其无论是在激励机制、培训方式、评价方式还是培训者素质等方面都需要进一步的提升。在目前的培训过程中，缺乏外部监督机制，存在单一化、机械化的“满堂灌”现象，使培训流于形式，降低了培训效果，与此同时有些教师没有意识到自身教学实践中存在的不足，认为自身的专业素质以及现有的知识结构能够满足现有的教学需求，不需要进一步的提升与改造。

良好的考核机制是确保教师培训有效开展的基础，通过合理的考核方式能够正确反映教师在日常操作中存在的不足以及教师本身对于培训效果的认知度和参与度。目前，对于教师的考核仅仅是通过简单的书面考试或者是面谈的方式来了解他们的学习状况，缺乏严格的审核以及评定制度，在现有的考核制度下，一些教师应付了事，以为获得一份结业证书就万事大吉。毫无疑问，这没有办法形成真正有效的激励与监督机制、提高教师参与培训的积极性，同时也无法正确反映出现有培训制度的不足之处。

4. 平台缺乏针对性

我国有很多高校在思想政治理论课教学中开始运用“微课”，并举办了很多“微课”教学比赛，“微课”作为一种新的教学手段，已经逐步在课堂教学过程中得以应用，但是后续发展却略显乏力，原因在于我国高校思想政治教育“微课”平台缺乏针对性，高校利用“微课”开展思想政治理论课教学还处于初步探索时期，在平台建设、人员培训、课程开发及奖惩方面都还未形成系统的管理制度。运用“微课”进行教学的人才队伍不够壮大，教师的网络操作技术水平有限，无法深入挖掘教学设备的性能，在设计和使用“微课”的过程中也受到诸多限制，很难根据学生的认知规律和心理特点灵活应用多媒体教学设备，导致“微课”的教学优势不能充分发挥。

我国的“微课”大多针对的还是中小学的课程，而针对高校思想政治理论课的“微课”少之又少。“凤凰微课”是由华南师范大学与凤凰卫视联合开发的国内首个面向全球正式发布的移动学习新应用，既包含学校基础教育内容，也有农林、科技、人文法律、医疗等方面的课程，可以满足大众的各种学习需求，但政治性较强的思想理论课，在这个平台上很少能看到。青年大学生是“微课”使用的主力，理应在这一平台上增加思想政治教育的相关内容。高校作为大学生思想政治教育的主渠道和主阵地，应敏锐地觉察到各种新鲜方式，以此来调动学生的积性，满足青年群体的好奇心理。青年教师能够很好地把握“微课”的前沿性，观念具有创新性，但缺乏教学经验的积累，在“微课”开发中无法处理好内容与效益的关系，中年教师教学经验丰富，但是在接受新鲜事物时，往往心有余而力不足，很难把想法应用到“微课”设计当中。高校管理者应该认识到两者的优势，在“微课”设计与开发中结合年轻教师的新颖想法和中年教师的教学经验。

“微课”的发展是以网络技术为载体的，但有些高校现代化教学设施落后，网络基础建设薄弱，要在实践中开展“微课”教学，就要获得物质技术条件设施的规划与建设，思想政治理论资源的获取、使用、维护也都需要物质保障，但目前各大高校少有专门资金扶持高校“微课”思想政治教育平台的建设和发展。“微课”教学还处在创始阶段，教师对于“微课”的制作与使用也处在一个观望的阶段，还需要教学效果的反馈，但作为对传统课堂教学的一种创新，高校应该采取必要的措施激励思想政治教育的人才去进行这项工作，但目前还缺乏相应的激励机制，导致“微课”教学发展缓慢。

三、“微课”在高校思想政治理论课教学应用过程中的途径

“微课”作为网络新媒体出现，符合高校思想政治理论课教学要与时俱进的要求，作为一种新的教学手段，与思想政治教育的功能密不可分，如何有效解决“微课”在思想政治理论课教学中面临的困境，使“微课”的独特优势在思想政治教育中得到充分体现，从而提高思想政治理论课的教学效果，以此，探讨提高“微课”在高校思想政治理论课教学中应用水平的措施，是当前高校教育者面临的一项重要任务。

（一）“微课”应用的原则

1. 实用性原则

实用性原则是指在设计与开发“微课”的过程中要坚持实用为主，够用

为度。"微课"是依据高校思想政治理论课的课程标准和实际教学需要所开发的一系列具有针对性和独特性的主题，能够抓住具体学科知识点和重点，并结合实际的教学活动，设计与制作的系统化的基础教学资源。"微课"是为高校大学生的学习服务的，所以不管是哪种教学思路和模式，最终目的都是提高思想政治理论课教学的效率和将思想政治教育的实用价值最大化。课程设计之前，需要关注学习者想要的是什么，在看完本节"微课"后，能否将所学知识应用到现实问题的解决当中。

并不是任何知识点或教学内容都可以制作成"微课"，在课程标准的指导下，对知识点进行合理、适度地剖析和选取，并且与整个学科课程在整体上连贯一致，内容恰到好处，才能将其效益最大化，不然就是耗时耗力，做无用功。一切以学生的实用为中心，在实际教学过程中一定要追求实效，杜绝空泛。

2. 简明性原则

简明性原则是指"微课"在设计与开发的过程中坚持画面简洁，内容少而精，能够简单明确地反映客观事物，重点突出，一目了然，画面越简单，学习者的注意值也就越高，同时还要注意给学习者留下想象的空间，易被青年大学生掌握和使用。"微课"是能够让学习者的学习不受时间和地域的限制，能够实时地进行学习的教学资源，因此，教学视频要兼容不同的播放环境，既可以在电脑上播放，也支持各种移动终端设备。所以，视频界面的设计必须直观，既简洁又美观，便于学习者操作。

简明性原则主要体现在：首先，"微课"内容要简明，不要列入无关紧要或没有价值的信息，同时还要避免出现知识点的重复，力求以最小的容量最快地决问题，当学生对一个知识点不明确时，只需要观看相应的视频资源即可，而不牵扯其他的内容，针对性、目的性更明确；其次，"微课"时长要短，限于5~8分钟，符合视觉驻留规律和学生的认知特点，时间过长不利于受教育者注意力的集中，容易视觉疲劳，达不到预想的效果；最后，教师在录制"微课"时，语言一定要简洁凝练、清楚明白、诙谐有趣，同时还要插入相应的字幕，避免教师表述不清或学生没有听清的弊端，"微课"要便于学习者易读、易懂，既具有趣味性，又具有易学性。

3. 灵活性原则

灵活性原则是指在“微课”设计与开发的过程中做到技巧的灵活使用，内容的灵活调整，教师能够根据教学的不同内容选择相应的教学方法，激发高校大学生的学习动力，吸引学生的兴趣，牵引学生的思维和情感。坚持“微课”教学的灵活性原则，是为了解决在实践教学过程中随时出现的突发情况，避免出现由于缺乏灵活性而降低教学质量的现象，教师在课堂教学过程中，要预先设置多种组织方案，教学设计要留有余地，当出现突发情况时能及时修改和调整原定方案。教学内容和学生认识在教学过程中都是动态的、不确定的、变化的因素，随时都有意料之外的情况发生，教师要随着课堂情况的变化对教学方法不断地进行调整，使教学能够顺利地进行下去，不至于偏离教学主题，从而达到启发学生发散性思维、多角度思考的作用。

“微课”可以灵活地应用到教学的任何环节，“微课”的开发与设计具有相应的配套课程，可以在课前、课中、课后任意地引入教学过程，“微课”因其时长短小的特点，不会对日常课程的教学活动产生干扰或影响。在课前，高校学生可以通过观看“微课”视频，自主进行学习，预习授课内容，直至掌握该知识点；在课中，“微课”只是课堂教学的一种辅助手段，课堂是答疑解惑的场所，当对知识有疑问时，集中统一播放，更加形象直观地理解该难点；在课后利用微练习、微反思等，通过反复观看课程视频，帮助学生自主补习、反复学习，直到能够熟练地应用到实践中为止。

4. 适度性原则

适度性原则是指在播放“微课”时要做到适量、适时，采用适当的方式和配以适宜的解说，简言之就是要把握“微课”使用的“度”。只有做到“恰当”“适量”，才能最大限度地将“微课”扬长避短，发挥其最大的教育作用。具体来讲就是在使用“微课”时做到：

（1）适量

在教学过程中“微课”的使用要适量，长短、多少都要适度，根据具体的教学内容和教学目标来设定，片段不宜过多，容量不宜太大，否则会使思想政治理论课课堂教学节奏失控，教学过程前松后紧，教学内容受到挤压，教学主题受到冲击。

（2）适时

播放“微课”时要善于把握学生的心理状况和实际需求，选择合适的切入点，在学生遇到困惑或参与性不高时，能够起到事半功倍的效果。

（3）适当的方式

教师要根据教学内容的特点来选择恰当的呈现方式，对重难点问题和一般知识点采取不同的讲解方式，确定播放的顺序、次数和手段。

（4）适宜的解说

教师在课堂引入“微课”之前，最好构思好相应的解说词，合理地引入“微课”当中，观看完“微课”之后，适时地提出问题。适宜的解说可以对“微课”起到锦上添花、画龙点睛和升华主题的作用。

“微课”始终是传统课堂教学的辅助工具，在教学过程中起着配角和助手的功能，“微课”的使用不在于多而在于精，不是用得越多越好，而是越恰当越好。在思想政治理论课课堂教学过程中，应根据所讲课题的具体内容、学生实际情况与需要选择性地使用“微课”进行教学，提高课堂教学的质量。

（二）“微课”在高校思想政治理论课教学过程中的应用方法

1. 创建长效激励机制

思想政治理论课最重要的一个特点就是内容的时效性，信息的高频、持续更新是“微课”应用于思想政治理论课的一个重要前提，内容老旧、过时信息，必然导致大学生思想政治教育的活性度和黏性度大大降低，造成思想政治教育手段和教育受众的脱节。利用一些外在的措施给予思想政治教育工作者们更大的鼓励，激励他们不断更新自己的理论知识和充实自己的理论框架，提高参与制作“微课”的积极性，高校应建立长效激励机制，促进“微课”持续更新，多方面多途径的促进“微课”在课堂教学中的应用。

教师、学生的肯定和赏识所产生的影响力和推动力，是保证“微课”在课堂中得以应用的重要原因。高校思想理论课的教师一般教学任务比较重、科研压力很大，通过“微课”进行理论课教学势必要占用教师更多的个人时间和精力。把“微课”纳入思想政治理论课教学的整体规划当中，制定切实可行的教学方案、教学大纲和课程内容，确保“微课”能够长期运用。在高校教师的绩效考核当中，建立一些相关的鼓励、奖励政策，建立配套的工作量计算和劳务报酬机制，调动教师的积极性，同时也必须建立相应的精神奖励，在各类职务评聘中，建立相应的关联机制，否则会挫伤教师的积极性。

高校还应建立相应的评价激励制度，定期或不定期地进行“微课”教学比赛，将“微课”上传到学校的网站上，采取在线投票的方法，对关注量和点击率进行统计和排行。设立多种奖项并配套一定数额的奖金或奖品，同时颁发荣誉称号等，以此激励教育工作者们能将这种热情和积极性保持下去，不断地创新思想政治理论课的教学方法。

2. 加强现代教育技术培训

建设一支政治素养高、业务水平精练、生活作风正派的思想政治教育队伍是“微课”应用于高校思想政治理论课教学的人才队伍保障。人才培养的关键在于教师，教师的理论水平和实践能力的高低决定了高校人才培养的成败，教师队伍的素质决定着“微课”在思想政治理论课教学中的实效性。但是当前高校的思想政治理论课教师队伍普遍地存在着对“微课”认识不够、理论水平不高、管理不到位、教学与科研能力不强等问题，实践能力受到一定的限制，鉴于此，我们必须加强对高校师资队伍的培训，保证大学生思想政治理论课的可持续发展。

建立和完善培训体系，为高校思想政治理论课教师制订培训规划，有重点、分层次、多形式地逐步进行“微课”培训，提高教师“微课”开发技能，使培训工作制度化、系统化，推动思想政治教育者职业化、专业化发展。提高教师的“微课”制作与理论研究水平。鼓励教师组织开展社会实践、外出考察活动，开展各高校教师间的交流与合作，大家相互学习，开阔视野，不断丰富“微课”素材，提高队伍的整体素质和教学能力。支持教师开设小班研讨课，运用研究性、探究式的教学方式，引入“翻转课堂”、慕课等新思路新方法，不断创新教学手段和方法在“微课”应用于高校思想政治理论课教学中发挥好引导人的角色。

开展专家讲座，加强教师对“微课”的理解，掌握“微课”开发与设计的原则，提高利用和管理的意识，进行与“微课”开发相关的课程培训，提高教师视频、文字信息的处理能力，包括如何搜索和采集素材，如何加工和整理成课程资源，能够熟练掌握常用制作软件技术。同时也对教师进行认知心理学和美学教育，使其能够从心理学的角度掌握学生的心理变化，了解他们的需求，开发出符合他们认知水平的微课程。另外，“微课”还要形式新颖，有较强的艺术感染力，能够牢牢抓住学生的兴趣，还需要从美学的角度巧妙设计。

3. 开发相应的教育平台

高校思想政治理论课教学方式的创新效果如何，在很大程度上取决于是否有相应的教育平台。大学生“微课”思想政治教育平台有利于打破传统思想政治理论课课堂教学在时间、空间上的限制，提高教学的效率和质量，对于实现真正的“微课”教学和灵活多样的教育有着重要作用。

平台的结构内容主要有以下几个方面：

第一，“微课”思想政治教育平台设计的理论研究和框架结构。包括思想政治教育目标的设计、教育环境的设计、教育资源的设计、学生自主学习的设计、指导性学习的设计、学习评价设计等。

第二，数字化教学环境。在现有多媒体教室的基础上建设数字化教室，数字化教室配备交互式智能白板、传感器、自动跟踪录播系统、实时编辑生成系统、网上直播系统等软硬件，满足以“学”为中心的新型课程组织形式的教学要求。

第三，丰富教学内容。一是要注意内容的质量，二是要以平台内容引导学生学习。保证教学平台内容的质量就是要提高资源的权威性和实用性。确保平台内容对思想政治理论课教学有帮助，与思想政治课教学目的一致，能够满足学生需要。教学内容要贴近生活、贴近实际以满足学生的实际需要，激发学生兴趣。同时在教学平台上设置自学材料、拓展材料和在线测试。自学材料是每个单元的课件，课件主要是基础知识和重点难点，拓展材料包括教学案例（视频案例、文字案例）和阅读材料，在线测试为单元测试，单元测试中客观题基本都在自学材料中，主观题从教学案例和阅读材料中选取。

第四，平台的管理和维护。平台的管理和维护主要是管理和维护平台资源、平台技术设施，以确保平台正常运行。首先是加强监控，防止不良信息的传播扩散，及时清除有害信息，净化网络教学平台环境，为大学生提供积极健康的学习环境。其次是定期对网络服务器检测，以确保教学平台正常运行，同时在网上设立报修系统，教师、学生在使用平台遇到技术问题时，随时报修或咨询，以尽快解决问题。

4. 深入开展相关理论研究

“微课”在思想政治理论课教学中应用的理论研究不够务实，应用理论研究应该具有鲜明的实践品质，主要是为“微课”的发展以及“微课”在思想政治理论课教学中的应用提供具体的理论支持与指导，着力于解决思想政治理论课教学实践中所出现的各种理论和认识问题，使理论能够真正转化为具体可行的实践方案与方法，解决各种实际问题。纵观发表在各种期刊杂志上的有关“微课”应用理论研究的成果，会发现教育研究者也是在近几年才开始关注“微课”的研究，主要还是在“微课”的概念及对当前的教育影响方面，它的设计、开发与在学科应用方面的研究还是比较少的，停留于表面现象的简单描述，不具备普遍适用的借鉴与指导意义，也谈不上理论的升华与总结。

“微课”在思想政治理论课教学中应用的理论研究应以“学习”为起点，重点放在如何借助“微课”这一新型教学手段促进学习上，而不是放在“微课”的概念、原理、“微课”的设计与制作上。虽然“微课”的优点和局限对于思想政治理论课教学的应用具有一定的影响，但是这并不是主要矛盾，重点是“微课”的运用能否对学习起到促进作用，能否达到教育目的。

“微课”在思想政治理论课教学中应用的理论研究要考虑学习者的初始能力。学习者的初始能力是对进行特定的学科内容的学习已经具备的有关知识与技能的基础，以及对有关学习内容的认识与态度。虽然明确了“微课”在高校思想政治理论课教学中的作用，但是对于不同初始能力的学习者来说，“微课”的作用也是不同的。对于同样一个学习内容，是用“微课”的形式还是传统的课堂讲授，对不同的学习者起到的作用是不同的。对于先前知识储备较少的学生来说，传统的课堂讲授更具明显优势，而对于先前知识积累较多的学生来说，差距不明显。因此，“微课”在思想政治理论课教学中应用的理论研究应考虑学习者的初始能力。

第三节 “翻转课堂”与高校思想政治理论课

一、“翻转课堂”的概念界定

“翻转课堂”是相对于传统课堂而言，将课上学习新知、课下练习的教学过程进行翻转，学生课前通过老师提供的教学资源（以教学视频为主）进行知识的学习，课上通过问题讨论、课堂测验、教师答疑等方式实现知识内化的一种教学模式。

二、传统教学模式下高校思想政治教育工作中存在的问题

（一）未能根据学生能力和特点的不同而进行差异性教学

传统高校思想政治教育工作的方式是课堂集中学习，属于“同步学习”，但这种方式，并不能达到学习效果上的“同步”，不能体现学生在专业、地区、学习能力、学习特点等多方面的差异，对于基础水平较高的学生，在知识的需求量上要求多一些；对于基础水平较低的学生，在学习的时间上需要长一些，学习的次数上多一些，而传统教学方式并不能灵活满足学生的这些需求。按照认知负荷理论，传统课堂这种“同步学习”的方式会加大基础水平较低学生的认知负荷，从而影响学生的学习效果。

（二）教学方式传统、单一，需要改变

高校思想政治教育工作的开展形式以结合多媒体课件，口头讲解为主，少数教师会让学生自主探究。课堂活动单一，主要是教师讲课，学生处于接受学习的状态，主动参与的机会少。依据学习金字塔理论，这种被动式的学习，学生只能记住知识的30%左右。学生参与的学习活动基本是听教师讲解，教师讲课方式单一，基本是理论上的传输，课堂上师生或生生交流互动的机会少。对于乐于表达的学生而言，课堂活动没有为他们提供展现的平台；对于需要锻炼的学生而言，课堂活动也没有为他们提供锻炼的机会。学生在课

堂上的成就感和主体意识被淡化，这是造成学生的积极性不高、课堂气氛不活跃、学习效果不佳的重要原因。因此，教师要考虑丰富教学内容，改变讲课方式、增设学生活动，改变课堂上教师“一家之言”的现状，给学生参与学习活动的机会和表达的权利，使课堂活起来。

（三）课堂时间有限，需要扩充

有限的课堂时间，使得教师不断讲授，学生主动性的发挥受到限制。另外，教师每节课要完成规定的教学任务，如果组织学生活动，学生人数越多，课堂活动占用时间越长，规定的教学内容就可能无法完成。因此，需要将有限的课堂时间进行扩充，使课堂时间既能保证教师完成规定的教学任务，又能让学生有时间参与课堂活动，调动学生的积极性，发挥学生作为课堂主体的作用，培养学生自主探究以及合作交流的能力。

（四）学习效果不佳，有待提升

学生课堂上以听老师讲解为主，对知识的理解和掌握程度较低，学习效果不佳。此外，学生在课堂上遇到自己无法解决的问题时，不能及时通过老师或同学得到解答，会使问题积攒，影响学习的积极性和学习效果。另外，学生课上学习效果保留的时间短暂，遗忘率高，需要课下反复巩固，传统教学模式具有即时性，不具有可重复学习性。因此，学生需要能够进行反复学习的学习资源，能够在课下时间随时复习。

三、“翻转课堂”在高校思想政治教育工作中应用的必要性和可行性

（一）教学目标

高校思想政治教育工作是培养大学生高尚思想品质和良好道德修养的主阵地，能够帮助大学生树立正确的世界观、人生观和价值观。高校思想政治教育工作开展得有效与否，不仅影响学生个体的综合素质，甚至关乎学生品性与道德的优劣。然而，目前高校的思想政治教育工作存在一些问

题：教师存在满堂灌现象，教学方式单一，学生的主体地位未能体现，课堂积极性不高，教学效果不佳等。“翻转课堂”教学模式注重学生主体性的发挥，能够给学生提供自由支配的时间，课前自主学习，课上交流讨论并答疑指导，课后随时复习。这种教学模式注重师生和生生之间的交互，有助于提高学生的积极性，培养学生自主探究、合作交流、分析问题、解决问题的能力，实现教学目标。同时，对于培养和提高当代大学生的创新创造能力也有促进作用。

（二）条件支持

目前高校的教学资源丰富，网络便利，加之各种新媒体层出不穷，如QQ、微信等，这些都为“翻转课堂”的实施提供了有利的条件。学生可以利用各种学习资源实现自主学习，通过网络平台实现交流互动以及资源共享。此外，我国高校也开始进行优质教学资源的建设，如精品资源共享课、教育资源云平台、大规模网络公开课等网络教学资源共享平台，为“翻转课堂”的实施提供了丰富的教学资源，一定程度上减轻了教师教学设计和教学资源的压力。

（三）师资力量

第一，高校教师知识层次相对较高，教学观念相对前沿，更容易接受新的教学理念；第二，高校教师很少存在学生升学的压力，更注重学生综合素质的培养，注重学生学习能力、问题解决能力、交流沟通能力等多方面的提升，这也符合“翻转课堂”的教学特点；第三，高校教师除了具备扎实的专业知识外，现代教育技术的应用能力和信息素养也较高，对于“翻转课堂”在实施过程中的技术层面能够起到支撑作用；第四，高校的教学评价机制相对灵活，赋予了教师更多的权利，教师可以根据学科特点制订合适的评价机制，根据学生的综合表现进行过程性评价和总结性评价。

（四）学生需求

首先，大学生的知识水平仍然存在参差不齐的现象，“翻转课堂”教学模式为学生提供课前学习资源，学生可根据自己的知识水平和理解程度进行自主学习，为接下来的课堂学习奠定基础。按照认知负荷理论，这种方式能够减轻学生的内在认知负荷，同时拉近师生之间的认知差距，更容易达成共识，一定程度上降低了教师教和学生学的难度。其次，大学生相对成熟，具有一定的是非观念和分析判断能力，思维活跃，喜欢表达自己的观点，喜欢活跃的课堂气氛。“翻转课堂”教学模式能够满足学生的需求，给学生更多的时间和机会进行交流探讨，也给学生提供表达和思考的平台。

四、基于“翻转课堂”的高校思想政治教育工作的模式设计

（一）准备环节

准备环节主要是学习资源的制作，如教学视频、图片、文字资料、作业等的准备工作，学习资源制作的重要参与者是学生，教师加以指导和审核。让学生参与制作学习资源的原因有以下三点：第一，考虑到学生的特点和需求，大学生主观能动性较强，具有独立思考的能力和比较清晰的是非观，遇到问题具备一定的分析和解决能力，这是选择让学生制作学习资源的前提。第二，让学生制作学习资源，既能体现学生的主体地位，又能增强学生的主人翁意识，学生既是课堂的学习者，又是课堂的建设者。第三，在前期的调查中发现有的教师对于制作视频资源有畏难情绪，让学生制作视频资源能够减轻教师这方面的压力。

准备环节的具体说明：首先，教师按照合适的原则对学生进行分组，每组选择（或教师分配）主题。其次，每组合理分工，开始制作学习资源，在制作的过程中，如有疑问或困难，可向教师寻求帮助。最后，教师审查学习资源，学生进行修改，直至审核通过后，即完成了学习资源的制作。在此过程中，教师记录各组学生的整体表现并进行过程性评价。

让学生参与制作视频资源，教师需要注意以下两个方面：

（1）提前了解学生的信息技术水平，了解学生是否具备制作视频资源的操作技能

考虑到因年级、专业、地区的不同，学生之间信息技术水平的差异，教

师可以在开课前或开课初设置先导课，讲解视频资源的制作方法，例如如何使用录频软件，如何制作视频等，并向学生推荐优质资源课程网站。

（2）合理分组

教师需要结合课程内容的不同和学生的特点进行合理分组，综合考虑教学内容、教学目标、教学活动、实施效果、可行性等方面因素，可以参照学号、专业、宿舍、家乡、座位等进行分组。总之，合理分组的目的旨在便于组内开展活动，实现活动目的，达到教学目标，提高教学效果。

（二）课前环节

学生课前自主学习所提供的学习资源，同时，可借助网络平台进行交流讨论。教师对学生的问题进行总结分析，对于共性问题和个性问题设计解决方案。教师需适时抛出讨论问题让学生发言讨论，并对学生的讨论情况进行记录。本环节的过程性评价，主要是对学生的学习进度、学习资源点击或下载次数、网络交流讨论情况等方面的评价。

学生课前自主学习环节，没有教师的监督，如何了解学生的学习情况和效率，这也是“翻转课堂”在实施过程中的一个难题。结合这一问题和学校的教学条件，教师需要观察和记录学生的学习状态，其目的是：第一，能帮助教师了解学生的学习情况；第二，能对学生的表现起到实时的激励和督促作用；第三，能发现学生在课前学习过程中存在的问题。这方面的解决方案可以根据学校的教学条件和学生的实际情况确定，如果学校有 Blackboard 或类似的学习管理系统，教师可以利用这些平台收集学生在课前学习的相关信息。另外，教师也可以选择使用 QQ 群，QQ 是在大学生群体中使用相当普遍的一种网络交流平台。教师将学习资源上传至 QQ 群共享，学生下载学习，教师可以查看下载量，同时能够了解学生的交流讨论情况，总结学生在学习过程中出现的问题。

（三）课中环节

基于“翻转课堂”教学模式的课堂中，教学活动的主体是学生。在课前自主学习的过程中，学生已经根据所提供的学习资源对本节的知识进行了初步学习，并且借助网络平台进行交流讨论，同时，教师也将问题进行共性、个性分析。因此，在课中环节，教师的角色是辅助和引导学生学习的“导演”，学生是完成整个活动的“演员”。

课中环节共分为七部分：检测自主学习情况、组内/组间交流分享、教师讲解并点评、完成课堂任务、组内/组间互评、师生共同总结、过程性评价。在教学实践中教师可以根据实际情况对这七部分进行顺序或形式上的调整。各部分具体内容如下：

（1）检测自主学习情况（教师活动/师生活动）

教师在课堂上通过提问或小测试等方式对学生课前自主学习情况进行检测。此环节也可按照实际情况选择在课前完成，由教师根据学生所提交的作业进行检测。

（2）组内/组间交流分享（学生活动）

学生根据在课前自学过程中所发现的问题进行交流分享，交流形式可根据课堂人数选择组内或组间交流，一起解决部分问题，然后将未解决的问题快速发布在交流群中（也可在课前提出）或在课堂上现场提出。

（3）教师讲解并点评（教师活动）

教师根据学生发布在交流群中或在课堂上提出的共性问题进行讲解，强调学习内容的重点和难点，并对学生在这一环节中的表现做出点评，点评时需具体说明学生哪些地方表现优秀，鼓励学生继续保持，同时应指出不足并提出建议。

（4）完成课堂任务（学生活动）

学生按照要求完成教师在课堂上所布置的任务。

（5）组内/组间互评（学生活动）

学生通过纸质或网络交流平台如 QQ 群进行组内和组间的匿名评价，主要是对学生在课堂上的学习状态和表现进行综合评价，如参与讨论情况、回答问题情况、对小组活动的贡献等。

（6）师生共同总结（师生活动）

教师和学生共同总结学习内容，并对学习重点和学习难点进行点拨，帮助学生进一步加深对学习内容的理解。

(7) 过程性评价（教师活动）

教师对学生在课中环节的表现进行记录，作为本环节的过程性评价，主要观察学生在课堂上的学习状态和表现，如参与讨论情况、回答问题情况、任务完成情况等。

（四）课后环节

学生课后通过观看学习资源或完成教师所布置的任务实现对所学内容的巩固，实现知识的进一步内化。学生对本节内容的教学资源、教学设计、学习效果等内容进行反馈，教师收集学生的反馈和建议，并实时查看学习资源下载量，对学习资源和教学设计进行修改和完善，对教学进行反思和总结。在此环节教师可进行过程性评价，主要是对学生学习效果的反馈和提出建议的积极性以及学生所制作的学习资源等方面进行评价。

五、"翻转课堂"与高校思想政治理论课的协同耦合

思想政治理论课在中国的高校普遍开设，是由中国的社会主义制度性质决定的，指导思想是在高校传播实施党的执政理念，培养学生树立科学的世界观。高校思想政治理论课有感悟的启迪、知识的传授、信念的确立、行动的引导等作用。这与大学生世界观的形成、人生价值的选择和高素质人才的培养有密切关联。思想政治教育内容是在实践中产生，服务于实践，在创造中实现发展的。传统的课堂教学模式已经跟不上时代的变化，"翻转课堂"的实践可以弥补传统课堂的不足。

随着"翻转课堂"在高校思想政治理论课堂上的运用，增加了课堂设计、视频制作的步骤。2014 年 5 月，中国教育部、爱课程网联合推出了中国自主知识产权的慕课平台。慕课平台的学习时间、地点不受限制的特点，既可以使学生根据个人的学习计划来安排整个课程的学习，又可以根据自己在学习过程中的实际掌握程度来合理分配学习时间，提高学习的效率。以知识为核心的微型视频课堂，在讲解视频知识的过程中，运用形象化思维，结合了图像或列表来解释知识，使知识生动有趣。这有利于互联网和移动设备的广泛应用传播，便于教师之间交流教学经验和方法。在微型视频学习过程中，学

生能很好地理解教师的思维过程，使知识更加立体化。若全国每一所高校都自建慕课背景下的“思想政治课”，一方面由于师资力量差异会导致思想政治课建设的良莠不齐，另一方面也会造成资金浪费。因此，教育部有关部门应统筹全局，集中全国相关优秀师资以及资源，以招投标的方式进行慕课平台思想政治理论课建设，并向全国各个高校免费开放和使用。只有高质量的投入与建设，才能对学生产生吸引力，激发学生学习思想政治理论课的热情和兴趣。“翻转课堂”在慕课中的应用，共享优质课程资源，并逐步实现教育的均衡。微型视频实现了教育资源的共享，为更多的学生，尤其是偏远山区教育资源贫乏的学校提供了优质的学习资源，较好地实现了教育的公平均等。

“翻转课堂”突出了学生的自主学习，把知识的迁移和内化放在课堂上。这种课堂教学模式具有良好的互动与合作，学生提出的问题更为中肯。“翻转课堂”的学习模式，满足了学生自主学习的需要。这种学习方式，学生可以根据自己的学习情况掌握进度，既可以紧随教师的学习进度，又可以前进式进行学习，为学生学习知识内容提供了很大的灵活性。这种教学模式使学生能够满足自学的需要，高校思想政治理论课教师可以根据自己录制的教学视频以及借鉴慕课视频，给学生们进行知识的传授，使“翻转课堂”与传统教学相互结合。慕课平台能使思想政治理论课教学对象的范围扩大，传统思想政治理论课教学的对象主要是在校大学生，主要讲授高校思想政治课内容，但是大学之外也有很多人需要了解、学习这些知识内容。由于慕课具有开放性等特征，使得思想政治理论课讲授对象的范围不再仅仅局限于在校大学生，这样就为广大社会成员学习思想政治理论课内容提供了便捷的渠道。学分互认使慕课背景下高校思想政治理论课建设成为了可能。随着我国高校学分制的推行，特别是全国高校思想政治理论课教材使用上具有一致性，为慕课的发展提供了便利。思想政治理论课作为中国高校特色的课程体系，各级各类高校在课程学分设置、具体课程开设以及考核评价等方面存有很多共性。在此情况下，学生通过慕课平台，可以自由选择相关课程学习，从而避免了因学分认可上的差异性等因素而导致学习无效问题的发生。因此，高校学分制的推进与发展，为慕课的跟进、发展提供了便利。

六、"翻转课堂"在教学实践中的问题导向

面对一个新鲜事物，不能过于乐观，要理性地看待。"翻转课堂"为传统教学模式注入了新活力，但在实践过程中要认识到其可能出现的不足之处。知识建构需要有系统的学习资源，在碎片化与系统化之间需要找到一个契合点，才能发挥"翻转课堂"的最大优势。教师在选择"翻转课堂"教学材料时应以生动有趣的事例为教学题材，正确引导学生运用网络平台进行学习。但是大量的视频制作和问题分类需要花费很多时间。在实际教学中，教师不仅承担正常的教学任务，还需要进行精心准备，包括录制和上传视频，学生的课堂参与。这些都要求教师付出大量的精力同时也挤占了教师进行科学研究的时间。另外教学软件程序缺乏人性化，教室使用的软件设备在程序设置上与实际脱节，软件程序过于复杂，教师和学生不习惯进行操作，影响了教学进度，限制了信息课程资源的开发和课程的实施，使得在慕课模式之下教育主客体之间缺乏情感碰撞，最终影响了教育效果。思想政治理论课作为高校思想政治教育的主要方式，其根本目的就是帮助大学生树立社会主义理想信念，增强对实现中华民族伟大复兴中国梦的信心。要完成这个任务，授课教师只单纯地传授知识是很难奏效的。因为在讲授的过程中，教师与学生之间的眼神互动、情感之间的碰撞等也是非常重要的。但是，这些都是在慕课平台中思想政治理论课教学里所欠缺的。为了保证课程视频的质量，在录制过程中没有学生参与进来，从而使得课程视频中缺乏传统课堂上教师与学生之间的情感交流，难以实现教师学生之间的心灵沟通。

慕课背景下高校思想政治理论课相关内容很难及时更新。思想政治理论课的特点之一在于授课教师须将党中央的路线方针以及重大决定等内容及时准确地传递给学生。如在新常态下，要将加强社会主义生态文明建设，建设美丽中国等内容纳入大学生思想政治教育当中去。在传统课堂教学中，授课教师可以简单及时地更新自己的授课课件。但在慕课背景下，很难及时地更新相关课程的视频，从而使得这些重要的内容不能及时有效地传递给学生。当前我国高校思想政治理论课的相关课程主要以大班形式展开教育，尽管授课教师采取了如签到、点名、抽答问题等形式来避免学生逃课，但在现实中

逃课现象仍然存在。慕课对于我国来说还是一个新鲜事物，相关平台建设还处于初级阶段，若将其运用于高校思想政治理论课相关课程教学中，在监控学生的学习、考核方面还存有一定的难处，甚至会影响思想政治理论课本身的知识传授、坚定理想信念等功能的发挥。

七、基于“互联网+”思想政治理论课的路径构建

（一）网络思想政治教育载体建设

网络为人们开启了一扇全面了解社会政治、经济、科技、文化信息的崭新窗口，成为人们传播新知识、新思想、新信息的重要渠道。在网络新媒体背景下，构建大学生网络思想政治教育载体，创新大学生网络思想政治教育内容，对于增强大学生思想政治教育实效性具有重要的实践意义。一是要将思想政治教育内容融入微电影、网络剧以及其他互联网图文中去。思想政治教育工作者与互联网运营商合作，制作符合社会主流价值观的微电影、网络剧，并通过校园互联网平台、主流影视软件进行传播。开展大学生网民影音评论活动，设置评论区，供网民发表意见，同时进行正面引导与思想纠偏。二是要渗透到主体参与型网络娱乐中去。在国家政策支持下，思想政治教育机构与网络娱乐软件开发商合作，开发融入思想政治教育理念的、具有娱乐性和挑战性的网络娱乐软件，使之成为培育人们良好行为规范的载体。

（二）网络思想政治教育平台建设

一是构建基于互联网的互动性交流平台。互动性交流是人际沟通最有效的方式。由互联网技术衍生出来的QQ、博客及其他网络社区具有即时性、互动性的交流沟通功能，借助互联网技术建立起的自由、开放、共享和协作的网络思想政治教育平台，有助于实现思想政治课教师、高校辅导员及其他思想政治教育工作者与大学生的互动交流，有助于强化教育者对大学生思想养成与过程性指导，有助于拓宽双方感情交流的渠道，提高高校思想政治教育工作实效性的。二是正确使用“微信”等微媒体。微信是基于手机移动终端的应用程序，是互联网时代普及率最高的即时性通讯与社交软件。思想政治

教育工作者应当积极开发微信的思想政治教育功能，一方面可以通过“朋友圈”及时掌握学生的思想动态，并通过“回复”等功能与学生进行思想互动，实现思想纠偏的效能，另一方面可以通过开设微信公众号，通过内容“推送”功能，积极传播社会主义核心价值观等社会正能量，从而实现对大学生思想的正面引导。

第六章　高校思想政治理论课实践教学的改革与创新

第一节　高校思想政治理论课实践教学现状及问题

近年来，思想政治理论课实践教学日益受到重视，各高校纷纷进行实践教学探索，在一定程度上有效地促进了高校思想政治教育，但也存在着许多问题。因此，分析高校思想政治理论课实践教学现状，总结其特点和不足并加以改进，是十分有益而必要的。

一、高校思想政治理论课实践教学的主要特点

（一）发生作用的内隐性

内隐性是思想政治理论课实践教学最显著的特征。在实践教学过程中，教育目的和内容并不像课堂教学那样直接和外显，教师也不是不厌其烦地灌输知识，而是将教育目的隐藏在各种实践教学之中。通过各种暗示熏陶情景效应感染体验等实践活动，以含而不露的方式引导大学生，使其在实践中接受思想政治教育，收到"润物细无声"的教学效果。

（二）教育内容的渗透性

高校思想政治理论课实践教学内容广泛渗透到大学生日常学习生活和社会实践的方方面面。它不仅体现在教学管理者、任课教师、教辅人员、学院班级学生的日常行动中，而且广泛渗透于社会实践、家庭生活和自然环境中，特别是在校外鲜活的社会现实和轰轰烈烈的社会主义建设事业中，更有丰富

多样的生动的教学内容，更有利于广大学生对课堂理论的深入理解。

（三）覆盖领域的广泛性

高校思想政治理论课课堂教学的实施常常受时间、空间等各种客观条件的限制，其覆盖面和影响力有限，而实践教学则填补了课堂教学的不足，它以思想政治教育为主题，教育内容丰富多样，涵盖社会生活的众多领域。广泛的实践教学能满足大学生多样化的需求，能够拓宽思想政治教育渠道。

（四）方式方法的灵活性

现代社会影响大学生思想的因素很多、很复杂，这就决定了思想政治理论课实践教学必须紧密结合社会现实进行有针对性的教学。教师需要根据大学生的认识情感和行为取向具体问题具体分析，根据不同的教学内容和教学资源，灵活多样地选择教学方式方法，把思想政治教育有机融入社会实践中，在实践中提高教育效果。

（五）教育效果的持久性

高校思想政治理论课实践教学往往是通过情境化教学产生作用的。一方面，它可以使大学生切身体会和接受思想政治教育；另一方面，大学生从实践教学获得的价值观、行为方式、思想认识相对于课堂说教而言是直观的、真实的、感性的、亲身体验过的。因此，这种教学效果更具有持久性，更有利于大学生形成牢固的世界观、人生观、价值观、道德观和法治观。

二、高校思想政治理论课实践教学的现状与问题

（一）实践教学理念欠先进

一些院校在实施思想政治理论课实践教学时，忽视时代发展环境变迁和大学生个体需要，教学理念陈旧，缺乏前瞻性，存在墨守成规的倾向。这主要表现在四个方面：一是重视课堂教学轻视甚至忽视实践教学；二是狭隘理解实践教学，将实践教学局限在校内教学实践；三是实践教学手段落后，不

能根据教育技术的发展来创新实践教学的方法；四是思维狭窄，忽视与院校特色、学生特色、专业特色和地域特色的有机结合。

（二）实践教学内容缺乏整合

高校思想政治理论课由五门课程组成，任课教师分属不同教研室，实践教学活动各自开展，因此导致了条块分割，缺乏统筹安排和合理规划，教学流程不仅杂乱无章，而且重复严重。如有的录像学生重复看，有的活动学生重复做，有的问题学生重复调研等。如此，不仅浪费资源和时间，而且教学效果也不好，还会使学生产生厌烦心理。

（三）实践教学主题不鲜明

思想政治理论课实践教学的内容可以多种多样丰富多彩，但必须始终围绕思想政治教育这一主题进行，这是思想政治理论课实践教学与其他实践教学和社会实践的根本区别。但是，一些高校将专业实践、暑期社会实践与思想政治理论课实践教学混同，把一些科技活动、文艺活动、庆典活动也笼统算作思想政治理论课实践教学；或者为了完成实践任务而进行一些与思想政治教学内容不相关联或关联性不强的实践活动，导致部分实践教学活动游离于思想政治教育主题之外，缺乏针对性和有效性。

（四）实践教学方式简单

一些高校对于如何选择合适的实践教学方式，如何实施具体的实践教学活动研究不深入，对于实践教学环节设计不合理。并且，由于受课时经费和教师任务等因素的影响，思想政治理论课实践教学做到与时俱进确实不易，客观上也造成了教学形式简单。目前各高校思想政治理论课实践教学形式主要以影片欣赏、课堂辩论、案例分析为主，真正让学生走出去直接参与的实践教学还不充分。即使是走出去，也大都局限于参观考察、社会调查、社区服务等少数几项常规性的活动。这自然难以提高学生兴趣，大大降低了实践教学效果，有时甚至流于形式。

（五）实践教学保障机制乏力

许多高校思想政治理论课实践教学的保障机制乏力，存在诸多问题：一是在组织领导方面，一些高校对思想政治理论课实践教学并不重视，以至于实践教学有名无实；二是有些院校虽然进行了实践教学，但是由于组织不力，教师不足，指导不力，措施不当，导致实践教学成效不高；三是没有纳入统一的教学计划，其结果是实践教学可有可无，进行得好与不好不影响学生学分和毕业，导致学生不能引起高度重视；四是专项经费不到位，虽然教育部规定思想政治理论课实践教学专项经费必须按生均20元划拨，但是许多学校实践教学经费投入不足，甚至没有实践教学专项经费，严重影响了实践教学的正常开展。

第二节　高校思想政治理论课实践教学改革的对策

一、转变思想观念

高校思想政治理论课实践教学的有效开展，需要学校领导、教师、学生以及社会等各方面的积极参与和有效配合，为此首先必须转变思想观念，切实提高对高校思想政治理论课实践教学重要性的认识。

（一）高校思想政治理论课实践教学是贯彻理论联系实际原则的必然要求

理论联系实际是我党一贯倡导的马克思主义学风，也是高校思想政治理论课教学必须坚持的基本原则。只有坚持理论联系实际的原则，才能使马克思主义理论为学生所接受而成为学生认识世界、改造世界的立场、观点和方法，从而达到帮助大学生树立科学的世界观、人生观和价值观的目的。坚持理论联系实际的原则，不仅要在课堂教学中联系实际进行讲授，而且要积极创造条件，使学生能够置身于现实生活，联系实际去理解和掌握马克思主义。同时，实践教学也便于教师了解学生的具体情况，在教学中更好地突出重点，有的放矢地组织教学，提高思想政治理论课教学的针对性和实效性。

（二）高校思想政治理论课实践教学是提高学生分析问题和解决问题能力的重要手段

大学生是国家未来建设的生力军，他们的思想政治素质和能力状况的好坏将直接关系到我国改革开放和社会主义现代化建设事业的成败。思想政治理论课教学不仅要培养学生科学的世界观、人生观和价值观，而且要培养学生学会运用马克思主义立场观点、方法分析和解决实际问题的能力，增强他们解决新问题、开拓新视野、实现新跨越的本领，而社会实践则为大学生关注、思考和研究现实问题创造了条件，提供了锻炼的机会。

（三）高校思想政治理论课实践教学是使学生认识自我、了解社会的重要途径

当代大学生从总体上说有理想，有抱负，思维活跃，积极进取，喜欢独立思考，但由于社会阅历浅，实践经验少，对一些问题的理解可能不够深刻，带有片面性。因此，从实际情况和现实要求出发，必须加强和改进高校思想政治理论课实践教学，组织学生参加社会实践，让他们在社会实践中体验生活，认识自我，了解社会，增加社会阅历，促进理性思维。

二、建立保障机制

高校思想政治理论课实践教学能否落到实处，在很大程度上取决于领导的重视程度。为了使思想政治理论课实践教学能够得到充分重视并发挥应有的作用，教育部应出台相关文件，明确规定实践教学在各门思想政治理论课中所占的学时数，推动全国高校思想政治理论课实践教学的制度化、规范化。省级教育行政管理部门应对本地各高校思想政治理论课实践教学的实施情况进行检查评估，督促高校思想政治理论课实践教学的有效开展，学校应成立以党委书记为组长、分管思想政治教育工作的党委副书记和分管教学工作的副校长为副组长，宣传部、团委、学生处、思想政治理论课教学部等各职能部门负责同志参加的思想政治理论课建设领导小组，定期研究思想政治理论

课建设中的重要问题，其中包括思想政治理论课实践教学问题，为思想政治理论课实践教学的顺利开展提供强有力的组织保障。同时，教务处和各院系在制订教学计划时应将思想政治理论课实践教学的课时数在教学计划中作出明确规定，并把思想政治理论课教师实践教学指导工作纳入正常的教学管理系统，给予相应的实践指导工作量补贴，使思想政治理论课实践教学能够真正落到实处。

三、确保经费投入

经费不足、实践教学安排困难是广大思想政治理论课教师在组织社会实践时所面临的一大难题，各高校应该安排思想政治理论课社会实践专项经费，该经费应该依据学生总数和生均思想政治理论课社会实践经费的数额来确定，其在学校中的地位应与学生实习实验经费同等重要，以用于学生进行社会调查、发表论文和调查报告、参观考察、建立校外社会实践基地等方面的支出。

四、丰富实践形式

高校思想政治理论课的实践教学可在校外和校内进行。校外实践资源丰富，学生参与的空间广阔，社会性强，可采用社会调查、生产劳动、志愿服务、公益活动红色旅游等多种多样的形式，校外实践是思想政治理论课实践教学的主要形式。校内进行的实践教学形式，可通过开展专题报告演讲比赛、社团活动、讨论辩论和参与校园文化建设等多种多样的方式进行。

五、健全考核机制

为保证高校思想政治理论课实践教学的有效开展，应建立健全思想政治理论课实践教学的考核机制，将思想政治理论课实践教学活动作为教学常规管理的一项重要内容给予检查、指导、评估与建设。学校应制订思想政治理论课实践教学的实施方案教学大纲，同时指导教师应及时了解学生在社会实践活动过程中的具体情况，为此学生在提交的实践报告中，必须包含对调查过程进行描述的内容。在思想政治理论课的成绩评定上，应将学生参与社会实践活动的表现成绩纳入其中，做到既有学生的理论考试成绩，又有学生平时思想品德表现和参加社会实践活动的成绩。这样的考核方式，既考核了学生的认知水平，还考查了学生的行为表现，实现知行统一的目标。

第三节 高校思想政治理论课实践教学优秀案例

根据中共中央国务院《关于进一步加强和改进大学生思想政治教育的意见》和《中共中央宣传部、教育部关于进一步加强和改进高等学校思想政治理论课的意见》的要求，思想政治理论课所有的课程都要加强教学环节。近几年来，各高校都在探索思想政治理论课实践教学的新思路，开辟了形式多样的实践教学模式。但鉴于人们对实践教学理解的差异，高校思想政治理论课的实践教学还没能充分展开，应该解放思想、开拓视野，深入探索和开发高校思想政治理论课实践教学的新模式。

一、《毛泽东思想和中国特色社会主义理论体系概论》课的实践教学

《毛泽东思想和中国特色社会主义理论体系概论》课（以下简称“概论”课）在中国高校思想政治理论教学中占有极其重要的地位和作用，它以马克思主义中国化为主线，以中国化的马克思主义为核心内容，是帮助、引导当代大学生了解国情、党情和民情的重要途径。为使“概论”课真正贴近学生、贴近实际、贴近生活，将其打造成学生真心喜爱、终身受益的精品课程，必须加强其实践教学环节。因为“概论”课是极富实践特色的高校思想政治课之一。

（一）课程内容的讲解需要“史论结合”和“实论结合”

“概论”课教材的内容主要讲述中国化马克思主义理论成果即毛泽东思想和中国特色社会主义理论体系，它们都是中国共产党把马克思主义基本原理与中国实际相结合而产生的宝贵精神财富。毛泽东思想是马克思主义中国化的第一个重大理论成果，是“中国化的马克思主义”。中国特色社会主义理论体系，就是包括邓小平理论、“三个代表”重要思想、科学发展观等重大战略

思想在内的科学理论体系。理论体系是中国共产党领导中国人民在新时期改革开放的伟大实践中，在推进马克思主义中国化的历史进程中将马列主义原理和当代中国实践和时代特征相结合的理论成果。这两大理论成果涉及中国革命、建设和改革的全过程，历史跨越大，过程艰难曲折，社会实践波澜壮阔，具有内容的广泛性和思想的深刻性。每一个理论都有其产生、发展的时代背景和社会实践条件，其理论内容直接来源于实践，并指导实践发展于实践，与时政紧密相关。为使学生深刻理解理论的真理性，必须以各种方式把理论和实践相结合，做到“史论结合”“实论结合”，不仅要给学生讲清楚理论内容“是什么”，更要讲清楚“是什么”背后的“为什么”，用客观事实丰富、充实教学。

（二）增强“概论”课的感染力和实效性需加大实践教学环节

“概论”课教材结构具有逻辑性、层次性、系统性和整体性；在内容上具有科学性、思想性、政治性和阶级性，但好的教学体系并不意味着不折不扣地按照教材的章节目录实施教学活动。为了使学生从理性的高度正确认识经济社会发展的巨大变化及取得成就的原因，正确面对、分析中国目前阶段出现的各种新矛盾新问题，单靠理论说教、照本宣科是很难达到教学效果的。教师在讲解这些问题时，要尽量把理论融入实践中去，或者介绍理论产生的社会背景和实践条件，或者给学生模拟一种情境，或者利用现代信息技术在课堂上放一小段视频资料，或者搞观摩活动，使理论与生动的现实生活紧密结合，理论不再晦涩难懂，而是更贴近现实和学生。另外为使“概论”课课堂鲜活生动，教师要在语言的表达、问题的切入、例子的选择、师生互动等方面反复实践，认真设计，结合现实不断更新。这样做不但实现了教材体系向教学体系转化，而且做到了以情动人、以理服人，明显增强了“概论”课的感染力和实效性。

（三）当代大学生的思想特点决定“概论”课要从社会实践出发，增强教学的针对性

在国内改革开放向纵深开展，社会主义市场经济的深入推进，经济全球

化影响日益扩大的国内国际形势下，大学生的思想观念受多种文化的影响变得更加复杂和不确定。他们思考问题的独立性、民主性、差异性和创新性的特点越来越突出，不再简单地一味相信教师的讲解，喜欢对现成的观点提出质疑或异议，喜欢教师针对现实的热点、难点问题答疑解惑，有非常强烈的"问题意识"。形势要求教师要不断结合现实情况的变化随着改革开放的纵深发展而丰富课堂内容，把理论界的最新动态、国家新的大政方针及国际形势的变化及时引入到教学中来，坚持理论联系实际，贴近实际、贴近生活、贴近学生的原则，引导学生关心国家、国际形势的发展，激发学生学习的积极性和主动性，培养学生自觉地运用科学的世界观和方法论了解社会问题、提出问题，提高分析问题、判断问题和解决问题的能力。这就要求教学方法一定要打破传统的"一张嘴、一支笔，盯着教案念到底"的呆板教学模式，牢固树立"以学生为本"的教育理念，加强实践教学环节，努力使教学更加贴近学生的思想实际，从而增强这门课的针对性。

二、"概论"课"四四"式实践教学新模式

根据对高校思想政治理论课实践教学含义的理解和特点的分析，我们对"概论"课实践教学进行了有益的尝试，初步总结出了"四四"式的实践教学模式。

（一）"四种"实践教学形式

"四"是指把实践教学的场所分为课堂、校内、学校内网络与社会四种，从而实践教学形式也相应地分为课堂实践、校内社会调查、网络实践、社会实践教学四种形式。现举例说明。

课堂实践教学的主要场所在课堂，学生主宰课堂，教师对教学过程起指导作用。具体形式可以采取专题讨论案例、分析情景的模拟与观摩活动异位教学演讲、知识竞赛等形式。为便于课堂实践教学，学生自愿 7 ~ 8 人结成一组，需要时以组为单位行动。课堂实践教学一般分两个阶段，即课前准备阶段和课堂实践教学阶段。课前准备阶段是课堂实践教学的重要环节，很多细节都需要在课前事先安排好。如专题讨论课，教师要先确定讨论题目、提出

要求、提供素材放在网络平台上、小组讨论选出代表发言，等等；案例分析课教师事先选择好案例，提出问题，学生课前阅读各小组研讨；异位教学和演讲事先也要安排好主讲的学生；知识竞赛需要事先准备的工作更多。课堂实践教学主要是学生讲解讨论，教师观察记录，利用下课前10分钟做总结讲评，最后要求各小组撰写讨论总结，交给教师评阅。

社会实践是按照“概论”课教学内容，以社会为课堂有计划、有目的、有步骤地组织学生到实践基地或指定的地点，开展以学生为主体的体察实践活动，使学生在体验和感悟社会生活中，自觉地运用所学知识观察、提出、分析和解决问题，培养正确的世界观、方法论和价值观，达到使学生受教育、炼意志、长才干、做贡献的目的。

网络在当代已经成为我们生活、学习、工作不可或缺的媒体之一，“概论”课实践教学各种形式、各个环节都离不开网络，网络已经成为实践教学的重要载体和平台。除帮助我们完成以上几种实践教学形式外，学生还可以充分利用网络这一现代信息工具，获得教育教学资源，采用读书、看红色影视作品研究相结合的方式进行科学研究、撰写读后感和论文。网络实践教学成为“概论”课实践教学的重要形式。

（二）“四结合”的实践教学特点

课堂实践、校内社会调查、社会实践和网络实践这四种实践教学方式相互取长补短，相得益彰，使得“概论”课实践教学内容充实，形式多样，具有鲜明的“四结合”的实践教学特点。

1. 课上实践与课下实践相结合

一直以来，人们普遍认为课上只能进行理论教学，实际上课堂实践教学对于高校思想政治理论课更富有现实意义，它保证了学生参与的广泛性和课程规划的持续性、长远性，既省时、省力、省财，在时间上又有保障，其形式多种多样，不一而足，实践起来也灵活方便，实现了通过学生多方面的体验强化教学效果的作用。同时课下实践教学对于开阔学生视野、锻炼思维、磨炼意志、增长才干、锤炼品德，增强社会责任感和使命感作用更突出。课上实践与课下实践的紧密结合，保障了“概论”课实践教学的可行性和教学规划的可操作性、持久性教学，效果明显突出。

2. 社会实践与课上虚拟实践教学相结合

业内很多同行否定课上虚拟实践教学，认为只有学生走出校门到基层去，到工农群众中去，到社会实践中去，才能搞实践教学活动。事实上，在今天现代媒体高度发达、现代信息技术广泛应用的时代，我们可以做到把社会上的人、事物通过传媒技术拿到课堂上，为学生虚拟、创设一定的情境，通过学生在课堂上观看思考分析做到理论和实践相结合，像案例分析、专题讨论等实践教学形式都是通过虚拟实践教学实现的。

3. 校内实践与校外实践相结合

我们所尝试的四种实践教学形式充分利用校内和校外两种教育资源，极大地发挥了两种教育资源的优势。校内调查便于学生利用身边的教育资源搞实践，使学生备感理论的亲近，增强学生理论思维的自觉性，这对于培养学生的“问题意识”“创新精神”和“脚踏实地”的作风意义重大。校外社会实践把学生引向社会，开阔了视野，磨炼了意志，培养了团队精神，增强青年学生社会责任和使命的自觉性，这对于国家民族的未来发展也意义非凡。校内实践与校外实践各自优势的充分发挥，才能收到“概论”课实践教学的最佳效果。

4. 学校教育与自我教育相结合

多年以来，高校思想政治课教育教学都普遍重视规范的、系统的、完整的学校教育，教育方式也是传统的“满堂灌”模式，教师按照教材的知识结构编写讲稿教案，进行备课、讲解，课后也很少留思考题，学生在考前突击记忆，整个教学环节简单、僵化，教师学生压力虽小，但教师、学生都会感到压抑，师生的主动性、积极性、创造性都会受限制，师生之间缺少互动，各自处于“被教学被学习”的状态，其教学效果可想而知。实践教学的实施意在克服、改变这种传统、简单、僵化的教学模式，构建师生互动的教学模式，充分发挥学生的主动性、积极性和创造性，培养学生自主学习、独立思考、团结协作的精神，强化学生的自我教育功能。“概论”课实践教学把依赖性的“受教育”转变为主动性的“自我教育”强大了教育功能。

第七章　高校思想政治理论课教学评价的改革与创新

第一节　高校思想政治理论课教学评价现状

高校思想政治理论课教学评价涉及对高校思想政治理论课课程的要素、过程及效果的评价，归根结底，涉及高校思想政治理论课课程满足个人和社会发展需要的价值判断，因而涉及的相关主体也是多方面的，多种评价主体相结合才能对高校思想政治理论课课程作出全面、科学的评价。在此，高校思想政治理论课教学评价大致都会从评价的主体和客体两方面进行研究。

一、高校思想政治理论课教学评价的主体

高校思想政治理论课教学评价的主体是参与教育评价活动的组织者与实施者，并按照一定的标准对评价客体进行价值判断。评价主体是开展思想政治理论课课程教学评价的首要因素，是开展高校思想政治理论课教学评价的基点，居于支配地位，掌控主动权的主要包括管理者、教师和学生。

（一）管理主体

高校思想政治理论课课程评价的管理主体，主要指教育主管部门的有关领导、专家、课程理论工作者以及专业化、专门化的课程评价中心人员等。他们能够结合高校思想政治理论课课程的管理来进行综合的、总体的评价。管理主体通过对高校思想政治理论课课程建设进行监督、检查、评价、指导，以保证国家有关教育的方针、政策、法规的贯彻执行和教育目标的实现，进而指导高校思想政治理论课课程建设实践，确保高校思想政治理论课课程发

挥思想政治教育的主作用。

高校思想政治理论课课程评价的管理主体主要有以下几种：一是领导评价。教育行政主管部门的领导直接掌握着影响学校发展的至关重要的行政权力，具有评价的行政权威，这种评价的影响力比较大。二是专家评价。一些科研式评价组织或临时性评价组织，作为高校思想政治理论课课程评价的学术团体和研究机构，其评价专家由多方面专业人员所组成，包括思想政治教育的理论工作者和实际工作者两方面的专家，以高校思想政治理论课课程评价的理论和实践为研究对象，推进课程评价的知识和技术普及，参与并指导高校思想政治理论课课程的评价活动。三是高校课程教学管理人员和辅导员。教学管理人员作为评价主体更侧重于高校思想政治理论课课程的实践效果，目的在于了解课程建设实践是否规范，教学质量是否得到了提高，课程教学措施是否得到贯彻执行。高校辅导员，是工作在高校第一线的学生教育管理人员，是高校思想政治教育工作的骨干力量，同时也是思想政治理论课课程的评价者。评价高校思想政治理论课课程对学生思想行为产生的影响，高校辅导员往往有比较大的发言权。

（二）教育主体

高校思想政治理论课课程评价的教育主体，主要指的是课程教学的实施者，即教师。教师既是课程的教学主体，又是课程的评价主体。教育主体的评价既包括对学生学的评价，也包括对教师教的评价。对教师教的方面的评价，既有同行评价，又有教师自我评价。

教师自评是指教师作为课程评价主体对自己开展的课程实践的总结和评价，又称自我总结性评价。教师自评一方面可以帮助课程教学实施者就课程教学实施的各个方面作出系统的梳理，得出合乎科学的结果；另一方面可以帮助课程实施者就课程实践的实际效果、操作措施和理论发现作出较为详细的说明和总结，以便为其他评价者提供充足的事实依据，同时也可为经验的推广提供基础。教师工作的创造性、复杂性特点，决定了只有教师本人才能更具体地了解自己在每项工作中努力的程度。教师自评要求充分尊重教师在评价中的主体地位，充分调动每个教师的主动性、自觉性、积极性，使评价的过程真正成为教师自我认识、自我分析、自我改进、自我完善和自我教育的过程，使教师的评价工作达到预期的目的。通过教师的自我客观评价，可以对课程的建设起到诊断作用，从而促进课程的改进，也可为其他评价者或课程建设者指明努力的方向。

就我国高校而言，以同事作为评价主体的课程教学评价方式主要是由各教研室、各系甚至校外同专业的教师互相听课进行评价。由于同事之间对学术水平和教学水平比较了解，对课程实施有许多共同的感受和体验，因此评价结论有一定的准确性和权威性，而且对于促进教学法研究、集体备课以及统一课程教学要求也有一定的好处。作为同行专业人员，他们非常了解自己职业的性质和存在的问题，在评价教师的学术水平与能力方面，同行处在最有利的地位。同行是对课堂教学活动、教材以及对教师的要求比较熟悉的评价者，最能对教师改进他们的教学工作提出具体与实用的建议。同行评价应采用多种评价方法，使多种评价信息互相补充，以提高同行评价的可靠性和有效性。

（三）学习主体

高校思想政治理论课课程评价的学习主体，主要指的是受教育者，即学生，他们是高校思想政治理论课课程教学实践的直接参与者，既是课程学习的主体，又是课程评价的主体。学生作为评价主体，既可以评价教师的教，也可以评价自己的学。

高校思想政治理论课课程是否有价值，主要看高校思想政治理论课课程对学生政治素质与思想道德素质形成和发展的价值。高校思想政治理论课课程的价值最终体现在受教育者政治素质与思想道德素质的提高上，其课程的效果最终体现在受教育者身上。对高校思想政治理论课课程的评价必须以是否有效满足学生政治素质与思想道德素质和综合素质形成、发展的需求为中心，而最能检验高校思想政治理论课课程是否真正有效满足学生的发展需求的人应该是学生自身。正是基于这一理由，当今在国内外高校中，学生评价课程教学已成为一种普遍应用的评价方式。高校思想政治理论课课程评价是一个动态的过程，需要在一定的时空环境下了解受教育者过去、现在的思想品德状况，并分析其未来的发展趋势，在纵横向的比较中全面、客观地作出评价。教育者的评价必不可少，但同时应该更多地使用受教育者的自我评价和同伴互评的方式，充分调动受教育者评价的积极性、主动性，使受教育者参与评价标准的确定、评价方法的选择、评价信息的取得评价结果的解释等一系列评价活动。学生相互评价是获得信息的一条重要渠道，因为平时学生在一起相处的时间较多，相互了解也较深，便于清楚看到高校思想政治理论课课程在同学思想、行为上引起的变化，发现同伴的优点与缺点。进行学生互评时得到的信息一般来说较真实具体。一方面，学生通过自我评价，使他人对自己的评价发生作用，而他人对学生个体的评价，最终还要通过学生自己的再评价而实现。另一方面，通过自我评价，学生能激发学习动机，学会自我控制，更好地理解目标，看清进步情况，调整学习方案，尤其是发展自己的创造才能和独创精神。学生形成了一定的课程评价能力，学会了如何评价学习、认识自我，将有力地促进他们由被动学习向自主探究、自主学习自我发展的转变。学生作为受教育者，对教育者从事高校思想政治理论课课程教育的态度、内容、方法、效果都有切身的感受，最有资格对教育者从事高校思想政治理论课课程的情况进行评价，做到学生评教、教学相长。

二、高校思想政治理论课教学评价的客体

高校思想政治理论课教学评价的客体是高校思想政治理论课教学评价的对象，它与高校思想政治理论课教学评价的主体相对应，主要包括高校思想政治理论课教学的要素评价、过程评价、效果评价。

（一）要素评价

高校思想政治理论课教学的要素主要包括教学目标、教学内容、教学方法、教学条件等诸多成分，这些构成了高校思想政治理论课教学活动的基本要素，对这些要素进行评价将在很大程度上促进高校思想政治理论课教学的完善。高校思想政治理论课教学目标是指学生在接受思想政治理论教育过程中想达到的预期结果，即提高学生的思想政治素质，促进学生的发展。高校思想政治理论课教学内容主要包括对课程计划的评价、教学大纲的评价等，

也就是高校思想政治理论课教学所传授知识体系的评价；教学方法是为实现高校思想政治理论课教学目标、传递教育内容所采取的影响和培养人们思想政治素质的各种方法的综合。高校思想政治理论课教学效果如何取决于教学方法，因此评价高校思想政治理论课教学就要注重教学方法的评价。

（二）过程评价

高校思想政治理论课教学过程是大学生在教师的指导和教育下，不断提升以思想政治素质为核心的综合素质的过程。教学过程包括第一课堂、第二课堂和成绩考核。第一课堂包含直接评价教学质量的重要指标，在思想政治理论课教学评价过程中，评价人通过随机随堂听课，参加课堂教学活动获取相关信息并作出相应判断，如教师授课、教学改革的进展、教风和学风、教学质量等方面。高校思想政治理论课教学第二课堂是相对于第一课堂而言的，一般来说，高校思想政治理论课课内教学为第一课堂，而第一课堂以外的校内其他高校思想政治理论课教学活动即为第二课堂。第二课堂是高校思想政治理论课教学中不可缺少的一个重要组成部分，它是对第一课堂的补充、深化、拓展和延伸。高校马克思主义理论教学通过第二课堂往往能够自然反映教学思想及教学改革的状况，也是思想政治理论课的基本要求。成绩考核是学生获得的某一学科的最终成果，应该能比较客观地反映学生在本课程学习中的情况、最终掌握情况及应用所学情况。

（三）效果评价

高校思想政治理论课教学效果的评价是指大学生通过高校思想政治理论课教学，在知识、素质、能力等方面达到课程目标要求和社会要求的程度，集中体现在大学生对知识掌握的效果、素质提高效果、人才实践效果的评价上。因为思想政治理论课教学与其他课程教学相比，具有很大的差异性，要求教学效果不仅体现在对知识的掌握程度上，还要在思想政治素质和综合素质的提高上有所收获，其影响力还会延伸到学生接受高校思想政治理论课教学后，在毕业走向社会工作时。

第二节　高校思想政治理论课教学评价的作用

一、导向作用

思想政治理论课教学评价具有导向功能是不言而喻的，但不少人对其导向功能缺乏足够的认识。思想政治理论课教学评价的导向功能强调要重视思想政治理论课教学，要遵循思想政治理论课教育教学的特殊性规律，强化思想政治理论课教学“育人”的作用。思想政治理论课是面向所有大学生的公共必修课，是帮助大学生树立正确世界观、人生观、价值观的重要途径，体现了社会主义大学的本质要求。要充分发挥课堂教学在大学生思想政治教育中的主导作用，其中思想政治理论课课程是大学生思想政治教育主渠道，哲学社会科学课程负有思想政治教育的重要职责，对其进行评价是提高教学质量的必然要求。

二、反馈作用

在目前思想政治理论课教学效果差强人意的情形下，思想政治理论课教学评价的反馈功能显得十分重要。“评价作为一种反馈—矫正系统，用于在教学过程中的每一步上判断该过程是否有效；如果无效，必须及时采取什么变革，以确保过程的有效性。”思想政治理论课教育教学作为一个具体的、生动的过程，有赖于反馈信息的获取和对反馈信息的及时处理应对，以此帮助思想政治理论课教师改进教学方式。

三、激励作用

思想政治理论课教学评价对教师教学水平及价值的评价，是以确认教师教学创造性劳动为前提的，因此，可以激发思想政治理论课教师提高教学质量的积极性、主动性、创造性。教学效果评价也同样可以激发学生学习的积极性，促使学生进步发展。

第三节　高校思想政治理论课教学评价的指标体系

《中共中央宣传部教育部关于进一步加强高等学校思想政治理论课教师队伍建设的意见》指出，“要建立高等学校思想政治理论课教育教学测评体系。”构建科学、合理的高校思想政治理论课教学评价指标体系，对不断增强高等学校思想政治理论课教育教学的针对性、实效性、说服力和感染力；引导大学生坚定对马克思主义的信仰、对社会主义的信念、增强对改革开放和社会主义现代化建设的信心、对党和政府的信任；帮助大学生树立正确的世界观、人生观和价值观，培养中国特色社会主义事业的建设者和接班人具有重要意义。

一、高校思想政治理论课教学评价指标体系的主要特点

高校思想政治理论课教学评价属于思想政治教育评价范畴，但不同于一般的思想政治教育评价。该评价指标体系具有自身的特殊性。

（一）价值选择具有契合性

大学生把握意识形态主流话语体系，就是要更好地进行政治交流和政治参与，以便今后更快更顺利地融入社会。由此可见，这个指标体系既要反映社会发展对大学生的要求，也要与大学生的成长成才需求相契合。这就决定了这个指标体系要有两个价值定位：一是社会的目标要求是否得到体现，二是大学生个体的发展需要是否得到满足。

（二）具有发展性

大学生思想政治教育的内容、主要目标决定着思想政治理论课的课程设置。大学生思想政治教育在不同的历史时期具有不同的内容和任务。高校思想政治理论课课程的设置与大学生的思想实际和特点、所处的时代环境、社会主义的建设发展、马克思主义理论发展相适应，并不断进行调整和完善。这就要求思想政治理论课教学评价指标体系也要随之不断地发展、适应。

（三）具有直接实践性

这是由这个评价指标体系的具体性和针对性决定的。思想政治理论课教学的目标和任务要求具体、明确，其教学评价将发挥对这门课的课程建设、教材建设、学科建设、教学改革和教学工作的导向和推动作用，增强课程的吸引力、感染力和实效性，不断提高大学生思想政治素质和道德水平，促进其全面发展、实现成长成才的目标。因此，这个评价指标体系直接服务于思想政治理论课的教学实践。

二、高校思想政治理论课教学评价指标体系的构建原则

（一）目标性原则

这条原则首先要求教学评价必须坚持正确的政治方向，教育目标是教育评价的直接依据。“培养德智体美劳全面发展的社会主义合格建设者和可靠接班人”是高校思想政治理论课教学的根本目标。评价指标体系必须以党和国家的教育方针、政策法规和目标任务为依据，通过教育评价使教育教学始终坚持社会主义方向。该原则要求教学评价必须把不断促进大学生全面自由发展作为根本出发点和落脚点。按照马克思主义理论，教育的根本目标是促进人的全面而自由的发展。构建思想政治理论课教学评价指标体系必须以有利于促进学生的全面发展，帮助其树立正确的世界观、人生观和价值观，培养中国特色社会主义事业的合格建设者和可靠接班人作为教学评价的根本标准。

（二）科学性原则

该原则要求构建教学评价指标体系，首先要遵循思想政治理论课教学过程的本质特点和规律，准确反映出思想政治理论课教学活动的基本矛盾的转化状况，即内化与外化的状况。所谓内化是指一方面通过思想政治理论课的教学，把课程基本理论转化为大学生运用马克思主义的基本观点、方法，分析和解决现实问题的能力；另一方面促进大学生对政治认知和政治认同的深化，逐步培养其政治意识、政治倾向性、政治敏锐性等所必须具备的政治素

养。所谓外化是指将大学生产生的分析和解决现实问题的能力和政治认知等转化为实践，并变为行为习惯。其次要遵循思想政治理论课教学的客观规律和科学理念理论体系，借鉴和吸收相关学科评价理论的最新研究成果，为其提供理论依据，使指标体系建立在科学规范的基础上。

（三）动态性原则

思想政治理论课教学评价指标体系的改进和完善是一个动态过程。首先，由于该体系研究尚处于探索阶段，无论是理论层面还是实践操作层面都在不断发生变化，同时，构建思想政治理论课教学评价指标体系所依托的时代背景和社会现实状况也在发生变化。因此，构建该体系必须要坚持与时俱进，实时控制，在时间上延续，在内容上及时更新，以适应形势发展的需要。其次，建立一个科学、全面、可操作性强的教学评价指标体系必须突破原来的“以教评教”的思维定式，渗透发展性的理念。要引导教师根据评价指标进行自己的教学设计，反思教学，注重对教学的自我评价，淡化评价指标的选拔、奖惩等功能。要树立“以学生发展为本、以学论教”的思想，从根本上实现教师的“教”服务于学生的“学”，切实提高思想政治理论课的教学质量和水平。

（四）可操作性原则

脱离高校思想政治理论课教学的实际，可操作性不强，再完备的评价指标体系也不能发挥其应有的价值功能。构建思想政治理论课教学评价指标体系要在保证完整的前提下，使评价指标和评价要素构成易于操作。这就要求制定的评价标准要适度，评价标准如果定得较低，无法区分教学效果差异，难以发挥激励作用；如果定得过高，容易挫伤教师教学和学生学习的积极性，在具体指标的确定上，要立足课程教学的基本现状，同时评价指标的测量要采用定性与定量相结合的方法，使教学评价结果更全面、客观和准确。

（五）互相独立性原则

该原则要求，统一体系中同一层次的每个指标之间必须是相互独立、互不包含的，但所有设立的指标又应该相互支持，共同形成一个有机体系。为了保证评价的科学性、准确性和覆盖面，每一项指标都要有明确而独特的含义，要做到内涵明确，外延清楚，而且尽可能不重复，避免产生交叉或因果关系。思想政治理论课各种教学活动的特征和属性之间存在着内在的联系，那么反映这些特征和属性的各个评价指标之间，也就必然会有内在的联系，甚至会有一定的交叉和覆盖。各个不同指标反映的是课程教学工作的不同特征与属性。如果指标互相不独立，交叉与覆盖的面很大，甚至一项指标所反映的特征与属性覆盖另一项指标，相当于不适当地加大某项指标的权重，就难以准确体现评价主体教育的价值标准。因此，各项指标之间的相关性不宜很强。在设计评价指标体系时，要遵循指标要素独立性原则。

（六）可比性原则

思想政治理论课评价指标体系中涉及的指标，要保证它反映的课程特征、属性及实效在各个评价客体之间可互相比较。这就要求指标所反映的，必须是所有的评价客体都具有的共同特征和属性，才能互相比较。

综上所述，高校在思想政治理论课教学评价体系构建中，应当遵循目标性、科学性、动态性，可操作性、独立性和可比性原则。此外，还要遵循经济性、可测性、简易性、客观性和公平有效性等原则。只有这样，才能大力推进学科建设力度，深化教学改革，增强思想政治理论课的实效性。

第八章　高校思想政治理论课考核方式的改革与创新

第一节　高校思想政治理论课考核方式的发展历程

综观高校思想政治理论课考核模式与方法，大致经历了如下发展历程。

一、起步阶段

从新民主主义向社会主义过渡时期，我国各高校初步建立了社会主义思想政治理论教育的新体制、新格局，思想政治理论课课程得以迅速建立和逐步完善，课程考核也得以初步形成和逐步开展，特别是课程考试、成绩评定开始实现规范化。

（一）考核着重于对学生学习成绩的评定

这一时期高校思想政治理论课教学考核的范围相当狭窄，主要局限在对学生思想政治理论课学习情况的评定上，而对思想政治理论课“教”的评价、“管”的评价等基本未涉及。而且对学生思想政治理论课“学”的评价也主要局限在对学生学习成绩的评定上，注重的是效果测评。

（二）重视考核标准的建立并注重考核标准的客观性

新中国成立初期，高校思想政治理论课考核即已经注意到了正确确定考核标准，避免测评的主观随意性、片面性，注重遵循教学规律和考评的科学性。

（三）高等学校课程的考试考查，是检查学生学习成绩的唯一标准

思想政治理论课课程基本建立后，其考试评分出现了重死记与背诵、轻理解与应用的不合理现象。部分高校认为，应该结合学生的平时思想行为、道德品质和学习态度的实际表现来决定学习成绩。为此，1956 年 8 月，高等教育部专门下发了《关于高等学校政治理论课考试评分问题的意见》（以下简称“意见”）。“意见”指出“正确的考试方法和正确的学习方法一样，必须贯彻理论联系实际的方针。教师要注意测验学生理解和运用理论原理的能力，要根据这种正确的考试结果来评定成绩。结合学生平时思想行为、道德品质和学习态度的实际表现来评分，是不恰当的。高等学校课程的考试考查，是检查学生学习成绩的唯一标准。学生中的思想意识和作风上的问题，应在学校党的思想政治工作中加以解决。”

上述文件精神确定了合理的考试制度，制定了正确的考核标准，从而推动了学习成绩考核的发展。但是，如何考核学生的思想政治品德，还是一个有待解决的问题。而且，根据高等教育部的规定，当时的考试原则上采取的都是口试的方式。口试及其追问具有灵活性、针对性、简易性等优点，但也存在试题量偏少、主观性强等明显的缺陷，后来的课程考核必须对此加以回应。

二、恢复时期

以经济建设为中心的改革开放时期，这是思想政治理论课考核方式的恢复重建时期。随着高考的恢复，特别是党的十一届三中全会后，全国各高等院校根据教育部的统一要求，都开始恢复正规化的马列主义理论教育，开设“中国共产党史”“政治经济学”“马克思主义哲学”和“国际共产主义运动史”4 门课，学时都为一学年。马列主义理论课在各类专业中都是必修课程，并且学习成绩作为学生能否升级和毕业的根据之一。这一时期高校思想政治理论课考核方式的发展主要表现在以下几个方面。

①明确地把考试考查作为教学的必要环节。

②反思并调整思想政治理论课考核内容与形式。

③在重视对学生进行考核的同时，展开对教师的考核。

三、发展时期

学科支撑下的科学发展，这一时期，思想政治教育学科的设立与建设为高校思想政治理论课教育教学及其考核的科学发展创造了良好条件，提供了有力的学科依托和理论支撑。同时，国外的教育评价理论和方法从各种渠道传入我国。各高校在思想政治教育以及教育评价等相关理论指导下摸索适合思想政治理论课课程性质和特点的考核经验。这一时期高校思想政治理论课考核的发展表现在以下几个方面。

（一）思想政治理论课考核逐步走向综合化、多样化、科学化

既坚持理论知识系统学习成绩的考核，又坚持结合学生的思想行为表现和实践运用能力的综合考核。1985 年 8 月 1 日，中共中央发出《关于改革学校思想品德和政治理论课课程教学的通知》，标志着高校思想政治理论课课程改革全面启动，“85”课程方案开始形成。该文件指出，考试制度也要进行改革。考试的主要目的是检查学生对所学内容的理解程度、接受程度和应用能力。既要严格执行考试制度，又要和学生的实际政治思想情况和日常表现结合起来，着重考查学生对所学内容的理解、接受程度和实际运用能力。努力做到动态考评与静态考评相结合，定性考评与定量考评相结合，全面考评与重点考评相结合，阶段性考评与总结性考评相结合，教师考评与学生考评相结合。

（二）把思想政治理论课教学考核作为评价学校办学水平的重要指标之一

20 世纪 80 年代，国外的教育评价理论和方法从各种渠道传入我国，高等教育战线开始出现教育评估研究和实践，思想政治教育领域也不例外。1985 年，《中共中央关于教育体制改革的决定》明确提出，教育管理部门要定期对高等学校的办学水平进行评估。1990 年 11 月，国家教委发布了《普通高等学

校教育评估暂行规定》。这些政策法规在一定程度上促进了思想政治教育评估理论和实践的发展。1995 年《中国普通高等学校德育大纲》强调把高等学校德育工作作为评价一个地区、一所学校教育教学工作的重要内容，应列入“211 工程”评估标准，而对德育工作评价中有一条是对“两课”建设情况的测评。1993 年《中共中央组织部、中共中央宣传部、国家教育委员会关于新形势下加强和改进高等学校党的建设和思想政治工作的若干意见》明确指出要将“两课”教学改革作为学校教学改革的重要组成部分，将“两课”教师队伍建设作为整个学校教师队伍建设的重要组成部分。1995 年国家教育委员会关于印发《关于高校马克思主义理论课和思想品德课教学改革的若干意见》的通知中也提出，要把“两课”教学的状况作为评估学校工作和各级领导干部实绩的重要条件，作为学校办学水平和“211 工程”评估的标准之一。

（三）开展教师考核是提高师资水平的切实措施

随着考试评定改革创新的进行，教师考核的改革创新也逐渐展开。1986 年 3 月，国家教委发出《关于在高等学校进一步贯彻〈中共中央关于改革学校思想品德和政治理论课教学的通知〉的意见》，指出，评定政治理论课教师职称，主要是考察教师的教学效果，考察教师转变学生思想的本领，同时也要考察教师的科研成果。凡是有一定理论水平的专著、教材、论文、电教片、学术资料及教育学和教学法研究成果、调查报告等，都可以作为评定职称的科研成果。同时，应设置马列主义学科评议组。

（四）开始关注高校领导班子对思想政治理论课教育教学领导实绩的考核

教育部发布的一系列关于高校思想政治理论课的文件中，几乎都涉及加强高校思想政治理论课的领导，只是到改革开放后，尤其是 20 世纪 90 年代起，才开始对高校思想政治理论课的领导实绩进行考核。1991 年 8 月 3 日，国家教委发出的《关于加强和改进高等学校马克思主义理论教育的若干意见》规定：教育主管部门要督促检查高校思想政治教育工作，把思想政治教育的状况作为评估学校工作和各级领导工作实绩的重要条件。1993 年《中共中央组织部、中共中央宣传部、国家教育委员会关于新形势下加强和改进高等学校党的建设和思想政治工作的若干意见》明确指出要建立健全校系领导定期听课制度和师生评课制度，促进教育质量的提高。

（五）思想政治理论课考核趋向制度化

这一时期中央下发的一些关于高校思想政治理论课教学文件中，曾不同程度地强调克服短期行为，建立系统、科学、稳定的思想政治理论课考核的长效机制，使高校思想政治理论课考核成为一种制度化的活动，促进思想政治理论课建设单位经常性的自我检查、自我调节、自我约束。

四、繁荣时期

繁荣兴盛的发展，此时，在建设中国特色社会主义、全面建设小康社会、建设社会主义和谐社会的形势下，高校思想政治理论课教学及其考核获得了进一步的发展。除了实践推动这一因素外，思想政治理论课教学及其考核的繁荣发展还得益于马克思主义理论与思想政治教育学科建设的整合与发展，尤其是2005年增设了马克思主义理论一级学科，以及马克思主义基本原理、马克思主义中国化、马克思主义发展史、国外马克思主义、中国近现代基本问题、思想政治教育等方面研究的深入进行和这几个二级学科的设立，一大批硕士点、博士点的增列，这些都为高校思想政治理论教学及其考核提供了强大理论支撑和人才支撑。同时，这一时期高校思想政治理论课教学及其考核的发展还得益于1998年和2005年的课程改革。伴随着高校思想政治理论课教学的繁荣发展，高校思想政治理论课考核也进入了新的兴盛阶段。一方面是高校思想政治理论课考核实践中更为科学的新做法、新尝试如雨后春笋般出现，另一方面是高校思想政治理论课考核模式与方法理论研究如火如荼地进行。这一阶段高校思想政治理论课考核的发展主要表现在以下几个方面。

（一）思想政治理论课考核目标更为科学

这一时期高校思想政治理论课教学逐步自觉地把促进学生的全面发展作为教学目的，并在考核中贯彻这一指导思想，通过考核促进学生思想政治道德素质的发展。尤其是以人为本、全面、协调、可持续的科学发展观提出后，高校思想政治理论课考核更强调了坚持以科学发展观为指导，并且应该逐步“以发展性评价引领思想政治理论课教学评估”。力争在考核实践中尊重各考核主体和客体，对学生的考核逐步由选拔性考核为主转变为发展性考核为主，对教师的考核逐步由奖惩性考核为主转变为发展性考核为主，通过考核促进学生的全面发展、教师的未来发展以及学校的长远发展。

（二）思想政治理论课考核范围进一步扩大

1998 年 4 月 23 日，经中央政治局常委讨论批准，思想政治理论课建设更加规范化、科学化，产生了新的课程体系。“两课”课程设置的稳定奠定了课程考核广泛开展的基础。从此，课程考核开始横向拓展、纵向挺进。这一时期高校思想政治理论课考核范围进一步扩大，教育部对各高校开展关于“两课”教学工作的检查和评估中，把高校按规定设置课程的情况、课时安排、师资队伍培养、经费投入等问题作为检查和评估的重点，对教材编写、教学研究、教师培训、学科建设等作出了更为具体可行的规定。关于高校思想政治教育工作评估，组织部门、宣传部门、教育部门要把思想政治理论课教学质量作为高校党建和思想政治工作、教学工作评估的重要组成部分。

（三）思想政治理论课考核方法更灵活多样

2005 年 2 月 7 日，中共中央宣传部、教育部发出了《关于进一步加强和改进高等学校思想政治理论课的意见》，标志着新课程方案正式出台，也对课程评价提出了新要求。其中规定：关于教学评价中的考试和考核，要改进和完善考试方法，采取多种方式，综合考核学生对所学内容的理解和实际表现，力求全面、客观地反映大学生的马克思主义理论素养和道德品质。考核中通过制定更为科学的考核评价指标体系，更加重视学生自评（使评价过程转化为学生自我反思自我教育、自我体验、自我发展的过程）和教师自评，通过努力采用教师考核与学生测评相结合，定性考核与定量考核相结合，动态考核与静态考核相结合，单项考核与综合评定相结合，形成性测评与终结性测评相结合等方法，逐步促进考核的科学化。

可以看出，中华人民共和国成立以来高校思想政治理论课考核在发展的过程中，逐步从简单化走向科学化，从单一性走向多元性，从随意性走向制度化，从选拔性或奖惩性走向发展性，表现出越来越科学的发展态势。

第二节　高校思想政治理论课考核方式现状

一、高校思想政治理论课考试考核的性质与特点

思想政治理论课在性质上属于素质教育的范畴，它要着眼于学生思想理论素质、道德理想素质的培养。思想政治理论课的素质教育性质决定了其考核的目的和意义都应具备实践价值。也就是说，思想政治理论课的学习和考核要在根本上有助于学生知行素质水平的提高，而不是掌握知识的多少。它至少应从三个方面来检验其教育教学效果的好坏：对实际问题的理论思考能力是否提高（就思维层面而言）、对理论知识的实践运用能力是否增强（就能力层面而言）、在处理社会人生问题上的思想境界有无升华（就精神层面而言）。从这三个相互联系的方面来看，似乎只有在“对实际问题的理论思考能力是否提高”这一环节的检测上比较适宜采用卷面考核形式，而其他两方面都不宜采用卷面考核形式。这就是说，卷面考核不能在整个考核中起决定作用。从这个意义上说，对思想政治理论课教育教学效果的检测主要采用卷面考试的形式就显得太单调了。而卷面考核的形式更多的是考核书本知识，从而使思想政治理论课的考核轻视甚至忽视了对学生实践的考核。从上面所述的后两个检测方面来看，学生的理论知识运用能力和思想境界的升华从本质上来说是个实践问题。看一个学生接受思想政治理论课教育教学后取得了怎样的成绩，不能只考察他的认知水平，更要看其在现实生活中的实际表现。看他学没学好思想政治理论课、学没学懂思想政治理论课，关键看其在实践活动中是否真正遵循了正确而科学的原则。素质问题根本上是个实践问题，因此要把实践表现引入素质水平高低的评价中来。虽然我们在思想政治理论课的成绩评价中已经引入了部分的实践考核内容（如出勤率），但所占权重太小而且项目单调，体现不出实践评价的价值和意义。评价学生素质高低可以

引入系统的实践评价内容。如果实践考核的分数没有达到一定的标准，则卷面成绩无论多好，总体成绩也不合格。

高校思想政治理论课考试的性质是成绩考试。与学校其他课程考试一样，高校思想政治理论课考试是测试学生学习课程以后的知识掌握、能力发展的效果。成绩考试的教学反馈，用于检查教学目标的实现和存在的教学问题，也用于激励学生努力学习、鼓励教师改进教学。成绩考试的结果是学生学业合格与否的依据，也是进行学生素质评价的重要指标之一，更是评议教师教学效果的依据之一。但是，我国高校开设的思想政治理论课课程是一类具有中国特色的课程，对大学生进行系统的马克思主义教育具有特别重要的地位。因此，培养德智体美全面发展的社会主义建设者和接班人的教育目标赋予了思想政治理论课考试考核新的特点。

（一）考核高校思想政治理论课的考试是课程考试，测量的目标是学生学习课程以后取得的学习成绩，所以，成绩考试是一种面向过去的课程学习考试

成绩考试的标准是按照课程设置的教学目标、严格依照教学大纲制定，考查的是学生现在掌握思想政治教育知识和智能的水平。成绩考试的内容是按照课程的特点、讲授知识的重点确定的，考查的是学生掌握课程核心知识和达到思想政治品德水准的能力。就思想政治理论课课程来说，教学的目标与培养德智体美全面发展的建设者和接班人的教育目标是共同的，教学目标服务于培养目标，教学目标通过教学过程的现在实现奠定培养目标的未来实现，没有教学目标的实现，培养目标就失去实现的根基。因此，教学目标是培养目标的基本保证，教学目标是教育的起点，培养目标是教育的终点；素质合格的大学生是大学教育的终点，成为中国特色社会主义事业的建设者和接班人是教育工作的终点。在四年的大学生活中，依据学生成长成才的规律，涉及学生的思想政治教育，学校从整体上都承担着教育责任，思想政治理论课课程教学是思想政治教育的主渠道，作为学生思想政治理论学习结果的评定，则主要表现在思想政治理论课课程的考试之中和毕业时的素质评价之中。实际上，有关思想政治教育目标实现的过程，每名学生都会经过两个终点，

一个是课程教学目标终点，另一个是教育培养目标终点，课程教学目标终点的结果通过思想政治理论课考试和教学评估作为依据，教育培养目标终点的结果通过学生整体素质评价和学校教育评价作为依据，这些依据均为学生走向社会提供人力资源的评聘根据。两个终点不同，衡量教学和教育目标实现的标准也不同，教学目标的衡量方式主要是成绩考试，教育目标的衡量方式主要是素质评价。成绩考试是问答，素质评价则需要评价体系的指标评定。思想政治教育课程的考试是教学效果和教学结果的测量，成绩考试可以对学生未来的发展进行一定的预测，但是，成绩考试并非像水平考试那样以考生的未来发展预测作为考试内容和标准的选择。所以，高校思想政治理论课考试是面向过去、考查现在、兼向未来的考试。

（二）高校思想政治理论课考试主要测量学生学习课程以后的知识掌握与能力增长程度是否达到学习的规定标准和个人潜在的能力倾向

成绩考试要求客观、准确、公正，因此，考试的方式和题型应具有信度、效度和标准评分。学校课程考试不同于高考综合考试，因此，成绩考试特别是期末考试的考试内容不能脱离教学，应注重实现教学目标，考查那些最能代表教学目标的教学内容。我们知道，为了达到思想政治理论教学的效果，教育者在教学实践中特别重视理论联系实际、知行统一，采取各种教育与实践教学方法引导熏陶、实践锻炼、自我教育以提高学生自身素质。但是，许多考试同时也把实践教学的活动内容，甚至把考勤、课堂表现以及作业作为平时成绩计入期末考试成绩。我们且不谈这些内容计算分数的难度、标准差异，仅就其属性分析即存在一定的问题。具体来说，考勤属于教学管理，出勤与否应由教学管理部门进行考察规范。课堂表现属于课堂教学活动中的学习行为，并不具备考试的普遍意义。作业属于学生复习或者能力锻炼，是常用的学习提高手段。实践教学活动无论采用怎样的方式都是为了提高教学效果的实践学习方法，其目的都应该是实现教学目标的应用过程。由此看来，课程教学活动的终点是考试，一切反映在教学过程中的教学和实践教学都是教学方法的应用，无论实践教学效果怎样，它们都要为教学目标服务并接受实现教学目标结果的考试来检验，却不是要代替考试，考试也同样不能替代丰富的教学与管理活动。此外，在考试题型命题上，思想政治理论课考试并非完全追求理想的区分度，而是更着眼于课程重点内容与核心知识的考查标准，以学生掌握知识及其能力水平为依据。所以，高校思想政治理论课考试是针对教学内容、教学目标实现的绝对测量。

（三）高校思想政治理论课考试是对学生学习课程的智能测量，也是比较客观、准确、公正的教育评价方法之一

考试是在一定时间内，对一定对象、一定教学活动进行的一定标准的测量。参加考试、完成试题是考试的过程，评阅试卷、核定分数、给出成绩是考试的结果。考试前是教与学，教师和学生都要经过考试反馈教与学的效果和结果。因此，客观、准确、公正的考试是对教师也是对学生完成整体教学活动的检测。整体教学活动包含着教育主体参加教学活动过程的教学、教法、管理等一切因素，考试只是整体教学活动中鉴定教学活动结果的因素，它是反馈教学活动、检测教学活动、达到教学活动的终点。所以，考试是测量整体教学活动的结果，而不是测量教学活动本身。所谓结果，在教师体现的是教学水平，在学生表现的是智能程度。具体到教师或学生在教学活动中的行为表现如何，考试本身无法测量也不关注，只是给出成绩。也就是说，无论教师怎样教、学生怎样学，都要对教学目标实现的结果给出答卷，教师或者学生正是凭借考试结果得到改进教学、调整学习、加强管理的依据。思想政治教育是“德育”实践活动，是以马克思主义为指导，用一定的思想政治理论观点、道德法律规范教育培养学生内化为良好素质、外化为良好行为。当前，思想政治理论课的考试实践，依然面临着考试科学和科学考试的争论与更新考试观念的问题，同时也面临着对教师和学生在一门课程乃至整个教学活动中的行为表现进行测评，建立考核方式即学生素质评价体系、教师教学评议体系的考核测评系统的研究课题。素质评价是对学生学习过程中综合素质表现的评定，也是国内外研究应用的教育评价方法之一，素质评价包含着学生在校期间德智体美全面发展的指标。但是，考试与评价、考智与考德、考知与考行是完全不同又相互联系的两个范畴的测量评价体系。单就素质评

价来说，思想政治理论课教学是思想政治教育的主渠道，承担着培养学生思想政治品德素质特别重要的责任。但是，从学生整体素质培养来说，学生思想政治、品德修养的考核评价应当是学校整体教育的结果评价。成绩考试的对象目标是学生之智，素质评价的对象目标是学生之德、智、体、美。所以，高校思想政治理论课考试是教育评价、素质评价的基础测量。

二、高校思想政治理论课考核的现状

多年来我国许多高校一直采用卷面（闭卷）考试的方式来检验思想政治理论课的教育教学效果，通过分数来说明学生学习思想政治理论课的最终成绩。思想政治理论课的大多数课程对大学生来说并不陌生，但这种检测手段只能使学生重视死记硬背的学习方式，强记那些仅仅用来考试的知识。因此，思想政治理论课的卷面考核并不能真实地反映学生的实际素质水平，这主要是从卷面形式的“单一性”和卷面考核内容的“书面性”来谈的。卷面考核是教学效果检测的基本手段，但不是唯一手段。卷面考试会把学生对思想政治理论课的学习引入某种歧途，为通过考试而学习，而不是为了内在素质的提高而学习；为拿学分而学习，而不是为形成某种高尚的道德行为而学习。实践证明，思想政治理论课的这种考试易于专业课，因而使学生学习的积极性不高。

目前高校思想政治理论课在考核形式上分为考试课和考查课。考试课主要的考核方法是通过期末的闭卷笔答考试进行，根据对部分高校的了解，多数学校规定了平时成绩，将期末试卷卷面成绩和平时成绩作为最终的总评成绩。考查课的考核方法比较灵活，主要由任课教师决定，根据了解到的情况，撰写课程论文或调查报告是通用的一种考核手段，同时结合学生的平时表现，如平时作业的完成情况、课堂发言和讨论中的表现、听讲态度、课堂笔记的记录情况等，另外，也有部分教师通过口试课堂上的开卷考试等方式进行考核。从考核的结果分析，在上述考核方法下，对于考试课学生重视程度高，但不及格的比例也同样高，对于考查课学生重视程度相对低，但合格率明显高于考试课。但这个结果似乎并不能说明学生对考试课内容的理解和把握不如对考查课内容理解和把握得更全面、更具体或者更深刻。这个结果能说明的应该是部分学生对考试课所学的理论知识掌握得还不够全面，理解得不够透彻。而对于考查课则说明教师给分相对宽松，考核的主观性更强一些。

高校思想政治理论课考核，从总体上仍属于传统的考试模式，即平时考核、期中考核、期末考试，以期末考试为主，平时和期中考核为辅。这种考核方式曾在教学中发挥过巨大作用，但它属于计划经济在管理领域中的反映。随着我国由计划经济向社会主义市场经济的转轨，大学生的思维方式、行为方式及价值趋向都发生了很大的变化，这种单调的评价方式越来越不能适应思想政治理论课教学和提高学生思想政治素质的需要，其弊端也日渐显著。

（一）离思想政治理论课教育教学的目标尚有一定距离

设置思想政治理论课课程是巩固和发展我国社会主义制度的内在要求，也是我国高校社会主义性质和办学方向的重要体现。思想政治理论课教育教学的主要任务是帮助大学生树立科学的世界观、人生观和价值观，培养学生的政治敏锐性和政治鉴别力，提高学生用马克思主义的立场、观点和方法分析、解决现代化建设中所遇到的新情况、新问题的能力，造就具有坚定正确的政治方向、思想道德素质好、业务能力强的中国特色社会主义事业的建设者和接班人。思想政治理论课教学和学习成绩评价在任何时候都必须牢牢把握这一点。重视理论知识、轻视实践能力的考核评价方式，看起来似乎符合思想政治理论课教育教学的要求，实质上因不能评价学生的实际能力、做人的品行等而与思想政治理论课教育教学的目标相距甚远。

（二）重理论知识考核，轻实际能力评价，同时与学生的专业学习脱节，不能形成自主学习

一份考卷或一篇论文就是学生一门课程的终极评价，往往也是他们的终身评价。因此，为取得高分学生会使用各种方式应付考试。但实际上，一份考卷、一篇文章很难涵盖他们的学习效果。考试分数和学生的实际表现相差甚远，部分高分学生的日常行为表现令人不满，甚至高分还是通过不正当手段获得的。这种考核方式片面强调死记硬背书本知识、片面追求卷面高分，忽视学生品行修养和综合素质的提高，忽视理想信念的培养和思想道德的升

华，导致老师讲概念，学生记概念，考试考概念，考完忘概念，培养的学生缺乏社会责任感、道德感，缺乏辨别各种社会思潮和观念的能力。一些学生反映，思想政治理论课教学内容与他们的实际生活、社会实际存在较大差距，与自己的专业知识学习和就业前途没有多大联系，因而不能调动学生学习的积极性、主动性和创造性，没有形成自主学习，不是学而生趣，往往是学而生厌。平时不用功，考试搞突击。

（三）考核方式过于单一

目前，高校思想政治理论课的考核方式概括起来主要有三种：一是闭卷考试。考试题型主要是固定不变的填空、选择、辨析、名词解释、简答、材料分析和论述，等等。二是开卷考试。期末考试时采用开卷形式进行测试，测试内容大都是简答、辨析、材料分析、论述等较为固定的题型，甚至有的老师干脆让每名学生交一篇论文，只要跟平时教学相关即可。三是期末考试与平时考核相结合。这是大多数高校目前普遍采用的考核方式。平时表现占一定分值，大体的题型如上所述，多为固定的几种题型。这种考核方式较前两种有很大的进步，所取得的实际效果也较好，为多数学生所接受，但其中还存在一些有待改革和完善的地方。比如，期末考试的成绩仍占较大比例，这使得一些学生还是忽视平时表现，上课不专心听讲、睡觉、迟到、早退的现象时有发生，影响了正常的教学秩序以及学生的听课效果。

（四）只注重终结性考核，不重视成长过程评价，考试的教育功能、管理功能、导向功能、鉴定和激励等功能没有很好地发挥出来

目前高校学生中普遍存在的“专业课认真听、选修课随意听、公共课不想听”，或“专业课选逃、选修课必逃、公共课狂逃”等现象就足以证明我国高校现有管理、考核评价体系存在的问题。思想政治理论课学习成绩评价方式的改革已势在必行。要以考核评价方式的改革带动和促进其他方面的改革，发现其他改革中存在的问题，并检验其他改革的成效，推动思想政治理论课教育教学改革的深入，提高教学的针对性和实效性，实现思想政治理论课教育的与时俱进。

（五）成绩评定不够客观与准确

目前，大多数高校将平时成绩定在30%～40%，期末考试成绩定在60%～70%；有的学校平时成绩甚至超过50%。但是在考核内容上，多数学校的平时成绩主要依据出勤、课后作业和讨论发言、课堂笔记等较少的几项指标的综合考评。并且，对每一项所考查的内容没有准确的考评标准，也就是说没有一个区分好坏的科学尺度。在整个平时成绩的核定中，学生作为主体的表现是教师给成绩的主要依据，教师本身由于个人主观因素的影响，可能会出现成绩计算得不科学和不公正，在给成绩时出现偏差的情况。我们可以结合各高校实际，制定适合本学校的较为确定的成绩考核标准，一方面，可以加强学生对思想政治理论课的认识，提高学习思想政治理论课的积极性、主动性，引起学生足够的重视；另一方面，可以提高思想政治理论课的时效性，更好地发挥主渠道、主阵地的强大功效。

思想政治理论课考核方法和形式不能令人十分满意。要探究这一问题的原因，必须把它和思想政治理论课课程的功能、内容、特点等因素结合起来加以思考。

1. 从思想政治理论课教育教学的功能来看

高校思想政治理论课教育教学是大学生思想政治教育的主渠道，其任务就是提高大学生的思想政治素质，把大学生培养成中国特色社会主义事业的建设者和接班人，其目标是大学生的全面发展。与高校的其他专业课程相比，这一功能的实现，难度十分巨大。这不仅是因为功能的内容本身，而且还有时间问题、环境问题等。在大学本科短短的四年里，思想政治素质到底怎么做才能有所提高、有效提高，并且按照合理的要求达到应有的、可能的高度，这不仅给这一功能本身的实现带来巨大难题，而且给其教育教学的考核带来巨大的难题。

2. 从思想政治理论课教育教学的内容来看

思想政治理论课教育教学就是要以理想信念教育为核心，以爱国主义教育为重点，以基本道德规范为基础，以大学生全面发展为目标。思想政治理论课内容范围很广，涉及学科仍然很多，有哲学、经济学、历史、法学、政治学、思想政治教育等。尤其值得一提的是，思想政治理论课教育教学的内容既包括理论的，又包括实践的；既要提高学生内在的理论思考能力，又要提高其外在道德实践能力。理论内容的学习可以在几个学期、几年内完成，而理论思考能力的提高、理论的践行、实践能力的锻炼培养则不是短期内就可以完成的，它需要很长的时间，甚至终身。如此丰富、复杂的内容，对思想政治理论课教育教学以及考核方法和形式来说，又是一大难题。

3. 从思想政治理论课教育教学的特点来看

不论什么专业课程，对该专业人才的培养来说，都很重要，但这主要是从专业人才的智力素质角度来说的，而思想政治理论课的重要性则主要是指人才的核心素质。思想政治理论课有理论和实践的双重性，既要提高大学生的理论水平，又要培育和提高学生的思想素质、政治素质和道德素质，其教学效果受很多因素的影响且具有长期性、滞后性。专业课程效果虽说也不是立竿见影的，但相比较而言，思想政治理论课的效果因涉及学生思想、道德、世界观、人生观、价值观等重大内容的“入心入脑”以及在实践中的践行问题，因而必然需要更多的时间，不可能在4年中就全部完成。这些特点决定了思想政治理论课考核方法和形式有比较大的难度。

4. 从高校思想政治理论课教育教学与中学的相关教育教学关系来看

人的素质、能力的发展有延续性。大学生进校之前，经过了中小学的教育阶段。由于长期的历史原因，我国中小学教育的应试痕迹比较严重，素质和能力教育往往被忽视，这给大学教育带来了严重的“后遗症”。在中小学期间，学生在人们眼中还是孩子，家长、社会对他们素质和能力的要求比较低。而大学是学生走向社会的最后一个阶段，这时，家长、社会、国家的要求，有了飞跃性的提高。殊不知，“冰冻三尺，非一日之寒”。一个明显而又不合理的现象是，学生的思想、政治、道德等素质，不论好坏，统统把“账”记到了大学教育，特别是大学思想政治理论课教育的“头上”。对于思想政治理论课来说，不论是实践教学，还是实践考核，都是前所未有的尝试与创新，没有现成的经验供参考，难度很大。

虽然现行高校思想政治理论课考核有种种弊端，但我们也不难发现其中存在的一些积极特征。一是现行考核体系经过了长期的运行，比较成熟，操作方便，习惯易行；二是现行的考核框架有利于学生在学习中打下较为扎实的知识基础；三是随着思想政治理论课认识和实践上的推进，考核体系中的诸多要素都发生了新的变化：考核方式越来越多样化，考核的成绩结构越来越趋向多元化，考核由一次考试定终身走向过程化；四是适应素质教育的要求，加强了学生对理论的理解和运用能力的考核。

从高校思想政治理论课考试现状的思考中，检索和概括出如下主要评论观点：一是认为目前思想政治理论课考试需要反思和改进；二是指出思想政治理论课在考试目的、形式、内容、命题、分析反馈方面存在弊端：三是认为传统思想政治理论课考试严重忽视对学生思维能力、实践能力、创新能力和思想表现的考核；四是思想政治理论课考试应注重科学性、合理性，积极探索考试评价新机制，改变以往仅对课本知识层面和教师课堂讲授理论方面的考核模式，即总成绩＝平时成绩（学生考勤课堂表现、作业等为评价依据）＋期末笔试成绩（教师命题开卷和闭卷成绩）；五是思想政治理论课考试只重视知识记忆、方法单一，凭一张试卷解决问题，忽视学生平时学习过程和实际表现，没有充分体现思想政治理论课的教学目标，不可能真实检测出学生学习和教学效果；六是目前思想政治理论课考试从内容、形式、评价方式上阻碍学生创新能力的发展，凡此种种。

第三节　多元化过程性考核的探索与实践

课程考核是高校思想政治理论课的基本环节，在教育过程中起着至关重要的作用与功能。积极建构科学的、具有较强可操作性的高校思想政治理论课有助于提高高校思想政治教育的实效性。

一、高校思想政治理论课多元化考核范式的建构原则

（一）以人为本，促进发展

高校思想政治理论课考核方式的建构要坚持“三贴近”的原则，就是要贴近大学生成长成才过程中的面临的困惑和关心的问题。思想政治理论课与

其他专业的不同之处在于其他专业课靠理论内在的逻辑性就可以说服人，而思想政治理论课既需要转换话语体系，把理论说透说明白，还需要将理论与当代大学生的日常生活和学习联系起来。高校思想政治理论课课程考核还要以实现学生整体素质的全面发展作为基本要求，改革课程考核方式，充分发挥课程考核在大学生思想道德观念转变与实践的引领作用。

（二）知行统一，综合进行考核

以往高校思想政治理论课的考核考察目标已经不能适应当前形势发展的需要，我们应当实现理论知识本位——全方位多角度本位的转化；将理论、实践、实际相互链接，扩展考核内容，使考核内容不仅体现教材的基本内容，还要与学生的日常学习生活相联系，要接地气；在具体的考核考察方式上要将过去那种“一锤定音”式的考核为“多样化”“多元化”考核；在考核主体上，要实现从单一主体到多元化主体的转变，实现高校思想政治理论课对学生日常学习、生活与管理的渗透作用、促进作用与引导作用。重视实践教学，实现考核方式的现代化与科学化。

（三）定性考核与定量考核结合

高校思想政治理论课进行考核的主要目标是考查学生对于书本的原理与理论的了解程度，熟练地利用马克思主义基本立场、观点和方法审视当前社会面临的问题，并找出破解困境的路径，通过学习增强学生的“四个自信”。同时考核的目标还要对学生自身的思想状况、道德品质、政治觉悟的变化进行追踪。理论知识的掌握可以用试卷的形式进行考察，然而立场、思想、观点与态度等精神方面的内容则难以进行量化分析，因此必须将定性考核与定量考核结合起来。因为离开定量考核的定性考核，容易使认识停留在模糊的阶段；离开定性考核的定量考核，也难以对数量作出科学的评价。

（四）静态考核与动态考核相结合

当前高校思想政治理论课考核往往是一种静态的考核，课程在教师给学生评定成绩之后就结束了，缺乏后续的考核。但高校思想政治理论课的教育目标和思想政治教育内在的教育规律决定了课程考核不仅仅对学生课程学习期间的表现和行为进行静态的把握，还应该动态地进行课程考核，具体来说要超越时间与空间的限制，全程化、全方面地评价高校学生思想政治素质变迁的过程。

二、高校思想政治理论课多元化课程考核方式的基本内容

思想政治理论课多元化考核方式的建构应当坚持以人为本的基本原则，树立多元化的人才培养观，努力建构符合多样化与全面性要求的，多种素质和能力培养相互结合的，动态与全时空化的分级制考核方式，促使大学生将所学的理论知识内化为自己的理念与信仰并外化为符合社会期待的行为。具体来说，思想政治理论课的考核分为教学板块考核和行为板块考核两个组成部分。

（一）教学模块的考核

重视激励，板块考核既关注了学习的过程，也关注了实际完成效果。比如“思想道德修养与法律”可以分为以下学习板块：认识大学，适应大学，做一个真正的大学生；理想信念与共产主义信仰；民族精神传承与爱国主义传统；树立正确价值观，过有意义的人生；道德理论与道德修养；社会公德与大学生成长；爱情与社会责任；弘扬职业道德道德，培养工匠精神；弘扬法律观念，培养法治思维方式。每一个板块的考核分数为10分，并进一步细化为课堂参与及表现2分，绩效分为6分，还有4分为奖励分，教师可以酌情奖励。

调动学生的主动性，考核方法强调多样化和个性化。充分发挥大学生的主观能动性，根据板块教学内容分别采取多种多样的教学方法，如演讲大赛、辩论赛、实践活动及总结、调查研究、分析案例、办手抄报、自由小组讨论、QQ与微信群讨论、申报与参与课题、举办知识竞赛、随堂小测验等多种多样的考核方法。实现个体考核和团体考核相互结合，理论与实践相结合，知识和能力相结合，共性化与个性化相结合。

搭建网络交流平台，加强师生课下互动。大学生思想与行为的改变不能

靠短短的几节课堂教学来实现，还要靠课下师生之间的交流与互动中才能得以实现。要加强大学生对课本理论知识的掌握，将其内化为自己的真正信仰，并外化为自己自觉的行动。

（二）行为规范考核

考评的重点放在学生的行为上，对大学生在生活、学习中的行为进行考察，这样做的目的是避免这样一种现象，这就是认知与行为的分离，考试成绩十分优秀，却屡屡行为越轨甚至违法乱纪。因此，我们应该把大学生日常行为纳入思想政治理论课课程考核。自学生入学开始至毕业就将其行为进行规范量化，一直持续四年，并且以一整个学年作为一个考察周期进行考察。在这个考察周期内，不同的主体承担不同的职能，如辅导员或者是班主任的职责是对整个教育过程进行监控，针对学生的反馈及时调整教育计划，这个工作由两个方面组成，一方面是信息收集的过程，这个过程可以借助大数据与云计算来实现，其目的在于为行为的考核提供数据和资料；另一方面是进行行为上的干预，通过多种多样的手段对学生的越轨行为进行矫正。

制订较为科学、具有可操作性的实施细则。学生行为规范量化考核制订的具体负责人是高校思想政治理论课的教学部门，具体的参与者是学生代表、教师代表、党团机构、学生工作者等，这些参与主体进行头脑风暴，草拟方案，并在实践中进一步完善。

实现行为考核主体的多元化。行为规范量化考核采取多样化的评价方式，如学生之间互评，学生的自我评价、班级监察小组评价、院系辅导员与班主任认定等方式。每学年期末指导学生使用戴明循环（PDCA）发现问题并确立下一部分的计划，这样有助于促进学生实施自我教育，实现大学生思想政治素质螺旋式地上升。然后在个人总结其进步发展的基础上，展开学生自己对自己的评价以及宿舍成员之间的评价。班级督导小组的评价、学生辅导员的评价则主要依据学生在日常生活中的行为量化考核准则进行评价。

以人为本，对考核不过关的学生不离不弃。考核的目的是育人而不是毁人。为了防止在考核当中不及格特别是由于考试舞弊或违纪的学生自暴自弃、自甘堕落，要与学生进行情感交流，及时进行思想疏解开导，积极协助大学生制订自身发展的具体规划，加强学习与职业生涯规划，敦促并监督大学生严格执行计划，积极改进自身的不足和缺陷。

关注学生的发展，及时对权重进行调整。为了贯彻课程考核方式关注学生自身发展的原则，应当动态地调整各学年的行为规范，量化考核分数在行为考核总评成绩中所占的权重，这样能够有效地激励大学生，赋予大学生学习的内在动机，促使大学生加强对于自身的教育，不断提高自己的思想政治素质。高校思想政治理论课的“教学板块考核加行为规范考核”的课程考核方式，与传统的思想政治理论课课程考核方式相比较，虽然在实施环节稍显烦琐、复杂，但符合教育教学的基本规律，能够充分发挥学生的主观能动性，有助于将思想政治理论课任课教师和学生管理队伍形成教育合力，能有效地引导并推动学生实现思想政治教育的“内化”和“外化”的转变，增强思想政治理论课教学实效性。

第九章　高校思想政治理论各门课程的教学改革与创新

第一节　“思想道德修养与法律基础”课程教学改革与创新

一、教学改革的背景与基本思路

（一）教学改革的背景

受国际、国内环境影响，高校思想政治理论课教学面临着巨大的压力和挑战，如果不对思想政治理论进行教学改革，将难以承担起培养中国特色社会主义事业合格建设者和可靠接班人的历史重任。高校思想政治理论课教学中存在很多问题，这些问题归纳起来有如下几点：

1. 理论与实践相脱节

即教师只注重理论知识的教学，而不注重实践教学和情感态度价值观的培养。

2. 教学方法手段单一

课堂教学仍过分偏重讲授，“灌输式”“填鸭式”“照本宣科”的教学方式较多，缺少师生间的互动，学生没有思考和参与的机会。

3. 学生学习兴趣低、缺乏学习热情

有一部分学生认为，思想政治理论课教学内容离自己较远、内容空泛，似乎与自己的专业知识、学习和就业前途没有多大关系。

4. 现代化教学手段的运用还相对欠缺

绝大多数教师采用的授课方式主要是传统的教学方式：一支粉笔、一块黑板、一本书。很容易造成课堂气氛的不活跃，从而使得教学质量下降。

5. 社会实践环节比较薄弱

思想政治理论课教学缺乏稳定有效的德育实践基地，影响了思想政治理论课的教学效果。

6. 课程评价体系有待改革

现行的思想政治理论课考试，大都以单纯的卷面考试为成绩评定的主要方式，不能做到全面、系统地考核。

（二）教学改革的基本思路

1. 转变教学理念，注重理论和实践的结合

思想政治理论课的教学不仅在于学生记住了多少原理，还在于学生是否能最大限度转化为实际行动。重新定位“思想道德修养与法律基础”课程的教学理念，构建新的课程教学体系，确立理论与实践的结合点。

2. 推行灵活多样的课堂教学方法

加强师生互动，充分调动学生学习的积极性，增强教学效果。

3. 广泛采用新型网络技术

大力推进多媒体和网络技术的广泛应用，改变传统的课堂教学模式。

4. 加强实践教学

使学生关注社会、走向社会，在社会实践中了解国情，开阔眼界，学会思考问题与解决问题的方法，激发学生的创新潜能。

5. 改革课程评价体系

实现从单纯的书面考试、理论知识考查向理论知识、实践能力、思想和行为表现等综合性考查转变。

二、教学改革的目标和主要解决的教学问题

（一）教学改革的目标

使“思想道德修养与法律基础”课程成为大学生“真心喜爱，终身受益”的课程，真正发挥思想政治理论课的育人主渠道作用，提高大学生的思

想道德素质和法律素质，为培养社会主义合格建设者和可靠接班人作出应有的贡献。

（二）改革主要解决的教学问题

①针对思想政治理论课教师观念陈旧，只注重理论知识的传授，而不注重学生行为养成和情感态度价值观的培养，更新教学理念。

②针对课堂教学缺少师生间的互动，学生学习兴趣低、缺乏学习热情，“灌输式”“填鸭式”“照本宣科”教学方式较多的情况，改革课堂教学方法，建立模块化课程教学体系。

③针对理论与实践相脱节，不注重实践教学的状况，建立德育教育基地，创新实践教学模式。

④针对传统的“一支粉笔、一块黑板、一本书”的教学方式，大力推进多媒体和网络技术的广泛应用，建立精品课程网站。

⑤改变“一卷定音”的传统课程考评体系，关注学生平时各方面的表现，建立全程化的课程评价体系。

三、教学改革取得的主要成果

（一）确定了“心灵上有触动、思想上有感悟、行动中有体现”的教学理念

在课堂教学中通过感人事迹、经典案例等丰富多彩的资料来打动学生，使学生在心灵深处产生震撼，进而通过教师讲解、引导和学生互动，使学生对高尚的人生观、价值观和道德观产生认同，在实践教学中通过参观、支教、志愿服务、社会调研、法律咨询等活动，使学生在行动中有体现。新的教学理念不仅提高了课堂教学的吸引力和感染力，更加注重学生的行为养成和日常表现，从而更好引导学生的认知和行动。

（二）构建了“12358”课程教学体系

“12358”是指一个目标：培养中国特色社会主义事业的合格建设者和可

靠接班人；二种途径：理论教学、实践教学；三大理论板块：思想教育、道德教育、法制教育；五种实践教学形式：参观、支教、志愿服务、社会调研、法律咨询；八个教学模块：视频影院、公德剧场、情景模拟、辩论现场、智慧之光、名言宝典、案例讨论、专家讲堂。新的课程教学体系将理论教学和实践教学相结合，创新性地提出五种实践教学形式，设计了八个教学模块，教师可以根据不同的教学内容灵活组合不同的教学模块，增强了思想政治理论课教学的针对性和有效性。

（三）建立了德育实践基地，创立了五种实践教学形式

通过和院团委以及相关系部合作，建立了德育实践基地，通过五种形式开展实践教学：

①组织学生参观，深入实践，开阔眼界。

②带领学生支教，增强学生的责任感和职业意识。

③组织青年志愿者活动，提升学生境界和能力。

④进行社会调研，服务社会、增长才干。

⑤开展法律咨询，提高法律素养，增强自我保护意识。

实践教学增加了学生的亲身体验与感受，加深了对课程内容的理解，提高了学生的综合素质。

（四）推行了灵活多样的教学方法与手段

1. 以教师为主导，推行灵活的模块化教学

运用生动鲜活的事例、新颖活泼的形式，活跃教学气氛，启发学生思考，增强教学效果。灵活运用视频影院、公德剧场、情景模拟、辩论现场、智慧之光、名言宝典、案例讨论、专家讲堂等教学模块，不断强化学生的道德认知、心理体验和思想感受，提升学生的境界和能力。

2. 以学生为主体，参与式、体验式教学贯穿始终

在教学过程中，充分利用多媒体和网络技术，运用各种手段：动画、故事、视频、情景剧等，将学生置身于各种相关思想道德与法律情景之中，为学生创造丰富的情感体验，进而有效激发学生自主学习的兴趣。

（五）完善了全程化的课程评价体系

改革传统的“一卷定音”的课程考核方式，将学生的平时表现纳入课程评价体系，实现了课程评价体系的全程化。学生总评成绩由三部分组成：平时表现（由辅导员签字同意的每名学生的操行评定成绩）占 20%；平时成绩（含课堂考勤、课堂讨论发言、演讲、调研报告、志愿服务等内容）占 30%；期末考试占 50%。期末考试实行“一页开卷”的考核形式，即考试前一周，教师发给每名学生一张 8K 的纸，学生把课程知识汇总到这张纸上，考试时只对这张纸开卷。全程化课程评价体系的建立实现了从单纯的书面考试、理论知识考查向理论知识、实践能力、思想和行为表现等综合性考查的转变，更加注重学生的日常表现和行为养成。

（六）加强了网络互动，提高了教学针对性和时效性

为及时了解学生的思想动态，加强和学生的沟通和交流，可以设置“思想道德修养与法律基础”精品课程网站的网络互动环节。学生可以随时发表自己的看法和意见，可以向教师咨询学习、思想、生活、感情等方面的相关问题，可以了解最新的法律案例、法律文化、法律精神，可以在线进行法律咨询。网络互动环节起到了倾诉平台和沟通桥梁的作用，对及时把握学生思想动态，有针对性地进行教育和教学起到了重要的支持作用。

第二节 “中国近代史纲要”课程教学改革与创新

一、贯彻“纲要”宗旨，提升教育的素质功能

“中国近代史纲要”（以下简称“纲要”）课围绕实现中华民族伟大复兴的主题，以中华民族从衰落走向复兴的历史征程为基本脉络，着重探讨了中国近现代一百多年来所经历的重大事件。高等院校开设“纲要”课的目的在于：帮助学生了解国史、国情，深刻领会历史和人民为什么选择了马克思主义，选择了中国共产党，选择了社会主义道路。要解决“纲要”课程教学所

面临的问题，必须以科学理论作为指导，还要有宽阔的视野作为依托。

（一）注重高校学生民族精神的培养

在5000年的历史长河中，中华民族形成了以爱国主义为核心的团结统一、爱好和平、勤劳勇敢、自强不息的伟大民族精神。一部中国近现代历史就是一部表现中华民族精神的历史长卷。在“天下兴亡，匹夫有责”“先天下之忧而忧，后天下之乐而乐”等民族精神的感召下，鸦片战争以后，中华民族的优秀儿女不断地进行着反侵略斗争，探索着国家的出路。通过“纲要”的学习，可以了解我们的先辈是如何奋发进取、不屈不挠、顽强拼搏的。让学生在解读历史人物和历史事件中，感悟我们的民族精神形成和升华的历史轨迹，激发他们对民族精神的情感认同和理性追求，潜移默化地增强他们的民族自豪感。

（二）注重高校学生人文素养的提升

人文的回归是当今世界高等教育的焦点问题之一。加强大学生人文素质教育已成为21世纪中国人才培养的模式。人文教育就是引导人们去思考人生的目的、意义、价值，去追求人的完美化。人文教育的主要目标是发展人性、完善人格，提高人的文化素养和文化品格，提升人的精神境界。通过人文素养教育，可以将人类优秀的文化成果内化为青年学生相对稳定的内在品质。“纲要”有丰富的历史知识，在学生以前知识的基础上更加注重横向与纵向的比较，拓宽了学生的视野，增强了学生分析问题的能力，有助于学生人文知识的丰富。更重要的是在“纲要”课上，学生可以与历史伟人近距离接触，并从这些伟人身上学到许多优良品质。“纲要”还可以让学生广泛汲取历史人物的精神资源，从而确立自己的信仰和生活目标。

（三）注重高校学生创新精神的培养

创新精神是一个国家和民族发展的不竭动力，也是一个现代人应该具备的素质。创新思维能力的培养既是当前中国高校实施创新教育和素质教育的重要内容，也是当代中国高校思想政治理论课的教学特点。学习贵在创新，培养学生的创新性思维能力是“纲要”教学的重要任务。教师要启发学生的积极思维，让他们学会质疑、释疑。“纲要”教学可利用历史素材强化创新意识，激发创新热情。培养学生的创新精神，不能用权威的观点束缚学生的头脑，不能强调某些问题评价的一致性，而要鼓励独特新颖的观点。

二、探索教学方法，增强教学说服力与感染力

“纲要”课是一门理论性很强的课程。如果在课堂上仅采用单一的理论灌输式的教学方式，很容易使课程变得枯燥乏味，使学生产生厌倦心理。为了使该课程变得让学生喜闻乐见并达到良好的教学效果，必须创新该课程的教学方式。

（一）以例论理，增强教学内容的说服力

与中学时期的历史课相比，大学阶段“纲要”课程的教学内容理论性较强。“纲要”课程的教学内容对中学基础知识进行了重新整合。在描述历史事件的同时更注重分析问题、解决问题，促使大学生了解国情民情，深刻了解和领会历史发展的规律性和必然性，从而提高大学生自觉运用马克思主义立场、观点和方法解决实际问题的能力。为了让大学生理解教学内容，可以在教学中引入事例或利用逆向分析的方法，帮助学生自己分析、自己解决。

（二）以史喻今，突出教学内容的时代感

回顾历史、总结经验，是为了加深对客观事物规律性的认识，是为了更好地面对现实、立足现实、指导现实。“纲要”课所讲述的是中国近百年来的屈辱史、奋发史、振兴史。今天的中国是历史的中国的发展，只有把历史的中国与现实的中国结合起来进行对比研究，突出教学内容的时代感，才能更好地打动学生，调动学生学习的积极性和主动性。

（三）以情融教，增进教学内容的感染力

在中国近现代史上，无数的爱国志士为了抵御外来侵略，追求和平独立，抛头颅洒热血，谱写了具有民族气节和牺牲精神的赞歌。他们的艰辛探索、

执着追求、可歌可泣的壮举，为民族救亡图存、为祖国独立而献身的人格力量，抵御外侮和寻求中国近代化道路的高尚民族情怀，深深地感染着大学生。“纲要”描述了中国人民不畏强暴，奋起反抗外来侵略，争取民族独立、人民解放的大无畏英雄气概；描述了仁人志士们苦苦求索国家出路、百折不挠的奋斗精神；描述了中国共产党人在马克思主义伟大旗帜指引下，历尽艰辛带领中国人民推翻三座大山，把一个极度贫弱的旧中国逐步建成为一个初步繁荣昌盛、充满生机和活力的新中国。在“纲要”讲授的过程中，可以把这些有血有肉的鲜活形象充分地融合在教学内容中。这样，既能让学生更深刻地理解当时的历史背景和历史事件，又能提升思想政治理论课的情感性，从而改变“纲要”课冷冰冰的说教形象。

第三节　“毛泽东思想和中国特色社会主义理论体系概论”课程教学改革与创新

本节将对“毛泽东思想和中国特色社会主义理论体系概论”课程（下面简称“毛概”）教学改革与创新进行介绍。

一、“毛概”教学改革的原则

1. “毛概”的教学改革必须要坚持一定的原则，这是由“毛概”课程的特殊属性所决定的

因为高校的思想政治理论课课程具有鲜明的阶级属性和党性，是国家最为主流的核心价值观念。要实现中华民族的伟大复兴和全面建成小康社会，就必须坚持思想政治理论课课程教学的方向性和思想性。在高校中对大学生开展思想政治理论课程的教学必须坚持社会主义方向，对市场经济条件下和改革开放之后西方各种思想文化意识形态的冲击要有鲜明的态度，对错误的思潮要勇于抵制。高校大学生的思想意识形态体现了人的价值观、人生观和世界观，因此在“毛概”教学改革中必须高度关注其方向性和思想性。

2. “毛概”等思想政治类课程的教学不是简单的知识和意识形态的传输，而是在理性、科学、尊重知识接受规律的基础上向学生教授科学、客观的意识形态知识

在教学改革中必须坚持学生为主体、教师起到辅导推动作用的原则。思想政治教学中以学生为主体，发挥教师的推动作用，促进学生思想意识、身体等各方面健康成长，为社会主义现代化事业发展建设合格的接班人，这是高校教学的重要目标。高校培养毕业生要求大学生能够具有独立和理性的思维模式，高素质的劳动者和拔尖创新人才的培养要求关注个人的思维主动性，而不是知识储存的机器。因此，教学改革必须要坚持学生的主体地位不动摇。

3. “毛概”教学改革必须坚持因材施教的原则

教育课程并不是简单地向全体高校学生开展，在教学开展过程中必须尊重个体的差异性。面向高校学生开展思想理论政治课课程的教学，进行普遍的马克思主义理论和思想道德教育是保障学生健康成长的要求，因此其教学必然要根据全体高校学生的特点来设计教学环节和知识结构。在具体的小班制教学中，学生的个体差异是客观存在的，所以教师在采用普遍教学模式的情况下，要注重因材施教、有所区别的教学方式。这种坚持共性与个性相统一，普遍与特殊、统一与多样性的基本原则也符合唯物主义的基本要求。

二、“毛概”教学改革现状的原因分析

（一）“经济新常态”变化带来的挑战

随着经济全球化的逐渐加快，世界各地之间的资本、技术人员流动及交往速度及密度空前发展，我国经济近年来也出现新常态。所谓“经济新常态”就是经济结构的对称态，在经济结构对称态基础上的经济可持续发展，包括经济可持续稳增长。经济新常态是区别于总量经济的调结构稳增长的经济，着眼于对称态基础上的可持续发展，而不仅仅是GDP、人均GDP增长与经济规模最大化。

在此背景下，马克思主义理论、“毛概”等思想政治理论类科目的教育教学内容和方法改革能够得到更多的新思路和新方法。经济全球化涵盖了全球

的贸易一体化、生产全球化、科技全球化、教育资源全球化，全球化无疑是一个伟大时代。但是互联网时代的大量信息、知识泥沙混杂，很多不符合我国经济社会发展的实际情况，违法我国法律法规、不符合主流社会价值观的观念、行为规则对学生产生了负面的影响，也对“毛概”教学产生了更多的冲击。但是包含马克思主义、“毛概”、邓小平理论在内的政治思想理论教学本身就是一个开放体系，尤其是我国改革开放之后，在经济、文化、教育等各方面接受了世界的冲击。开放、包容、爱国等内容将被赋予新的时代精神融入高校的教学课程中，不断地丰富着我国新时期高校思想政治教学的内容。

（二）社会意识形态多元化影响

改革开放促进了我国经济社会的发展，发达国家先进的生产方式、科学技术、社会资本等资源进入国内市场，同时西方国家的价值观念、意识形态、文化风俗等也在不断地对我国社会产生影响。经济的发展必将带来人们不同思想的碰撞，对于高校思想政治教育课程而言，这种影响尤为明显。“毛概”的教学相对枯燥、无味，而意识形态的教育往往需要大学生切合自身的现实感受，在多元文化的社会发展大背景下采取说教的方式往往效果不佳。但是在推动我国经济社会不断向前发展的过程中，“毛概”等思想政治课程的教学必须坚持马克思主义、坚守社会主义核心价值观的主导地位，提升高校思想政治课程教学效果。

（三）“互联网＋”时代信息化的影响

“互联网＋”时代信息化的新发展，使得传统的理论课教学方法难以适应时代的发展，而且受到不同社会制度意识形态的影响。信息技术已成为西方意识形态渗透我国的“重型武器”，网络内容的虚拟性、监管的复杂性、信息流动的快速性都使得高校思想政治教学面临严重的挑战。互联网传播信息的匿名性、虚拟性、快捷性导致大量暴力信息、垃圾新闻充斥，对大学生的日常学习和生活造成一定的负面影响。而且互联网信息传播速度较快，短时间内就能引起巨大的新闻关注量，尤其是近年来部分负面新闻引发全社会的关注，给高校的思想政治课程教育造成很大的被动局面，在高校学生培养正确的人生观、价值观，对社会主义核心价值观形成充分认同的情况下，需要引导大学生正确的认知“互联网+”背景下的文化传播。

（四）社会转型期挑战

社会转型期的突出特点是经济发展、社会管理、政府运转、法律监管等方面还存在很多不足，部分区域的政府在执政为民、服务为民方面也存在很多不足，市场经济的发展还存在行政干预和垄断的影响。社会多元文化存在不同的冲突和激荡，人们对传统文化存在批判和扬弃，这种发展时期对高校思想政治理论课程的教育提出了较高的要求。要求高校教师不仅能够正确看待这些转型期发生的问题，也能够以坚定的马克思主义者的立场维护党的权威，引导学生科学、理性地认识转型期发生的问题。随着社会生活日益呈现出多样化态势，个人主体性不断增强，这些因素使得高校的“毛概”教学、思想政治工作等方面的内容、方面、时间等都要及时做出变更。在培养大学生思想独立性、创新性、差异性的同时，也要帮助他们树立正确的人生观、价值观。

三、加强“毛概”教学改革与创新的对策及建议

（一）坚持思想政治教育的方向性

毛泽东思想是在同各种错误思潮特别是同教条主义错误倾向作斗争，并深刻总结这方面的历史经验的过程中逐渐形成与发展起来的，其在解放战争时期和中华人民共和国成立以后继续得到发展。因此接受毛泽东思想的教育和引导，有利于大学生正确认识经历战争年代与和平建设年代的毛泽东思想精髓。加强和改进“毛概”的教学工作，提高教学质量，就必须坚持正确的改革方向，必须在改革过程中用马克思主义中国化的理论成果开展思想政治的课程教学，培养在不同的社会文化中能够有正确的鉴别素养和坚持爱国的社会主义核心价值体系接班人。高校的思想政治课程教学的本质是为国家建设和发展培养具有正确人生观和价值观的优秀人才，这也决定了“毛概”课程教学的重要地位和课程改革方向。

（二）密切联系实际，注重教学的有效性

在当前的“毛概”理论课课程教学中，要高度重视教学的有效性，教学改革和教学手段在坚持全覆盖的同时要因材施教、突出重点。“毛概”教学要紧密联系大学生的思想实际、心理状况、生活情况，只有通过实践来检验“毛概”对人们生活强有力的引导，才能让更多的学生培养学习兴趣和学习习惯。高校思想政治课的教师必须紧紧抓住学生成长的阶段性特征，把握当前社会发展的重点问题，不断充实教学内容、完善教学备课，把相对枯燥和抽象的“毛概”教学发展成活生生的案例教学，从而使大学生认识到“毛概”等思想政治理论课程对自身成长和发展的重要性，才能深刻领会毛泽东思想的精神和实质，促进思想政治理论课教学在解决现实社会问题和大学生思想问题中发挥应有的作用。

（三）加强教学方法运用，发挥学生主动性

高校思想政治理论课的教学内容需要不断地丰富和强化，同样高校教师的教学方法也要不断改革和创新，利用学生喜闻乐见的方式采取多媒体教学、案例教学等多种方式不断调动学生的学习积极性，提升高校思想政治理论课教学的有效性。互联网的高速发展，极大地拓展了学生接受知识的渠道和规模，不同意识形态及背景的信息通过互联网进入高校，并在学生中进行传播，这是新时期对高校思想政治教学的挑战和影响。但同时这也是我们开展马哲、“毛概”等课程教学、传播相关知识可采取的方式，利用移动智能终端、微博、微信等多种方式，通过公众号传播、信息公布等方式不断创新学习“毛概”、学习社会主义核心价值观的高潮，这些多样化的教学方式会有效提升教学效果，从而推动“毛概”等教学科目的不断发展。

（四）贴近学生现实，加强创新

高校的思想政治理论课课程教育必须结合学生的实际情况开展，这是因为只有切合学生实际才能够最有效地产生思想意识形态方面的改变，也才能够发挥思想政治教育对学生成长的影响作用。马克思主义中国化的成

果就是毛泽东思想，也就是说将马克思主义与中国的实际情况相结合才产生了适合中国革命和建设的毛泽东思想。因此，高校的思想政治理论课课程教学及改革也必须结合学生的实际情况、贴近学生的实际需求。当今高校思想政治理论课是引导大学生坚定中国特色社会主义理想信念，掌握马克思主义科学理论和科学方法的重要途径，是开展大学生思想政治教育的主课堂、主渠道。所以“毛概”的教学改革，要紧密结合大学生的思想实际，创新教学方法，加强社会实践，才能增强思想政治理论课的吸引力和感染力。要创新“毛概”教学内容，丰富其知识架构，通过加入中国革命与建设的实际、当代中国改革开放和社会主义现代化建设中的知识与内容，增加课堂信息量。在教学过程中，要积极倾听学生的意见和建议，通过课堂反馈更新教案、增设教学情节，从而提升“毛概”思想政治教学的有效性。

第四节　“马克思主义基本原理概论”课程教学改革与创新

“马克思主义基本原理概论”课程是高校学生思想政治理论必修课程之一。大学生是祖国的未来和希望，担负实现中国梦的光荣使命，学习和掌握马克思主义基本原理是大学生自身成长和长远发展的客观需要，具有重要的意义。然而，我国“马克思主义基本原理概论”课程教学中存在着教材内容理论过于精炼、教学方式单一和教学与考核相脱节等问题。因此，该课程教学改革势在必行。

一、存在的问题

（一）理论过于精练

目前，我国各级各类高校课程教材用的版本是由北京高等教育出版社出版的，“马克思主义基本原理概论”编写组编写的统一版本。教材的显著特点是理论过于精练，直接把结论给出来，造成一些理论晦涩难懂。

（二）教学方式单一

随着教学条件的改善，现在很多高校都配备了多媒体教学设备，并积极鼓励教师使用多媒体教学设施。多媒体教学只是教学的辅助手段，其最初目的只是更好地配合教学，以便促进教学，从而提高教学质量和效果。然而，现实却是很多教师把多媒体作为教学的主要手段甚至是唯一手段，课堂上只是照着多媒体的课件一直读下去，结果造成教师“照本宣科”地读课件，无法与学生进行互动，学生只是一直在听老师读课件，久而久之，学生乏味，老师也疲惫，造成学生课堂参与积极性不高。更有甚者，有些教师一旦脱离了多媒体就感觉到课程无法进行下去。

（三）教学与考核脱节

教学与学生的成绩评定考核脱节。怎样对学生的成绩评定考核，就怎样对学生进行考核，这样学生学习目的明确，学习才有动力。众所周知，思想政治理论课，学生从小学到大学一直都在学习，对于很多基本的知识点学生掌握得还是比较牢固的。当然，对于学生成绩评定考核，小学、中学和大学应该有区别，对于同一个知识点的考核，小学侧重的是“点”——是什么；中学侧重的是“线”——怎么样；而大学侧重的是“面”——为什么。因此，大学应该注重“面”的教学，考核也应该注重“面”的考核。然而，现实是很多高校对学生进行的是“面”的教学，考核的却是“点”和“线”，造成教学与考核脱节，从而并没有达到本应达到的教学目的。

二、教学改革对策

（一）教师把科研与教学结合，深化对教材理论的理解

教师把科研与教学结合，把自己的科研融入教学之中，对课程理论进行深化理解。实践证明，教师把自己的科研与教学相结合，有利于课堂教学质量和效果的提高。这是因为，一方面，教师把自己的研究与教材内容相结合，能对一些理论理解得更加深入和透彻，对教材涉及的一些问题有自己独到的

见解，教师在处理教材内容更加自如；另一方面，学生更乐于听到教材中没有的、教师独到的见解。这样学生参与课堂的积极性就会大大提高，从而有利于教学质量的提高。

（二）采取多种教学方法和手段，调动学生的学习积极性

教师要采用多种教学方法和手段进行教学，调动学生学习的积极性。具体而言：一是充分利用多媒体的优势，改变“照着课件读”的状况，提高教学效果。多媒体的优势就是有图片、画面和文字，更形象、更直观。因此，利用多媒体能使教材内容更直观、更形象，更能激发学生的学习兴趣。“马克思主义基本原理概论”课程教学中涉及的一些重要资料，通过多媒体播放一些影片，学生更易理解。二是教师做好“导演”角色，让学生成为课堂教学的“演员”。教师可以根据教学内容，进行问题设计，然后把问题分给不同的学生，让学生来谈自己的想法，倾听学生的回答，最后做出评析。三是分组教学，教师把学生分成不同的学习小组，每个小组对社会的热点问题，结合“马克思主义基本原理概论”中的原理进行评析并进行课堂汇报。此外，教师还要充分利用网络、微信等及时和学生做好沟通与交流。

（三）教学与考核结合，提高教学效果

“马克思主义基本原理概论”课程教学目的是培养学生运用马克思主义的立场、观点、分析问题和解决实际问题的能力。因此，对学生的考核应该与教学目的一致，只有这样，才能达到教学目的，从而提高教学效果。笔者建议，对学生的考核不能只局限于一张试卷，而应该与学生的过程考核结合起来。换言之，学生的考核应该与平时的课堂表现、实践活动和期末笔试成绩相结合，并且试题内容侧重对学生分析问题和解决问题能力的考察。至于各部分的分数比例，建议平时课堂表现、实践活动各占 20%，期末考试笔试成绩占 60%。

综上所述，在“马克思主义基本原理概论”课程教学中，教师只有理论联系实际，以学生为主体，采取多种教学方法和手段，充分调动学生的学习积极性和主动性，使学生爱学、乐学，从而激发学生的学习兴趣，才能达到好的学习效果，才能使学生树立正确的世界观、人生观和价值观，从而实现

中国梦的光荣使命责任担当。

第五节　“形势与政策”课程教学改革与创新

高校“形势与政策”课程是加强和改进大学生思想政治教育工作的重要组成部分，也是落实党中央关于新时期教育任务的有效形式和重大举措。但是，当前我国高校“形势与政策”课程建设和教育教学效果还存在诸多不尽如人意的地方，有必要加以研究和改进。

一、完善体制，规范管理，建立齐抓共管的运行机制

首先，要建立校党委统一领导，包括教务处、宣传部、团委、思想政治教学管理部门在内的各职能部门分工负责的领导体制，使“形势与政策”课程教育教学与学校整体的思想政治教育有机结合，形成齐抓共管的合力，突出“形势与政策”课程在学生思想政治教育中的主渠道作用。其次，遵循教育教学规律，落实教学管理制度，按课程建设要求把课程纳入学校总体教学计划中，使其成为必修课程之一，实现教学管理工作规范化。最后，要把“形势与政策”课程作为重点课程加强建设，作为考核评估教师教学质量和水平的重要指标，纳入高等学校党建工作和思想政治教育工作评估体系。

二、深化“形势与政策”课程教学改革，提高教学实效性

“形势与政策”课程的政治性、政策性和时效性特点决定了课程改革的必要性。

（一）要把握教学的针对性，坚持内容的时效性，使教学内容紧跟时代的发展

要紧密结合国内外形势发展的特点和动向，针对学生关注的“热点”“难点”“焦点”“疑点”问题和思想特点，超前规划，精选内容，坚持政治性与时代性相结合，动态性和静态性相结合，既要考虑全局，又要突出重点，实现对学生的形势观、政策观和历史观教育。

（二）要加强教学方式方法的改革，做到教学形式多样化

探索建立多样的教学模式，如“以学生为中心”教学模式，“师生互动”的教学模式，“以活动为载体”的教学模式，“问题探究式”的教学模式等。通过开展新闻评述，形势分析，调动学生共同探讨的积极性；建立学生形势报告会制度，定期邀请省、市级党政主要负责人结合本地区发展的实际，为学生做形势与政策报告，使学生直接了解改革开放和经济社会发展的新成就；充分利用重大节日、纪念日、重大事件发生的契机，挖掘教育资源，通过座谈会、研讨会等方式，广泛开展宣传教育活动，切实增强课程的吸引力、感染力和渗透力。利用各种先进技术进行教学手段改革，大力提高“形势与政策”课教学的现代化水平。建立素材库，研制开发多媒体教学课件，把文字、声音、动画效果融为一体，营造立体的、动态的、活泼的教学氛围，全方位调动大学生的视、听等感官，使大学生觉得上课有如在欣赏艺术表演，学得轻松，学得愉快。

（三）要发挥大众传媒和校园文化载体的作用

学校职能部门应该为学生订阅重要报纸杂志，设立校园阅报栏，鼓励学生收看“新闻联播”“焦点访谈”等节目，使学生能全方位、多角度、立体式地了解和掌握当前形势。此外，学校可在校报校刊、校园广播等媒体开辟时事论坛，培养学生关心时事和政治的兴趣和热情，引导学生理性地认识和分析国际国内形势。积极运用网络这一现代信息技术，设立形势与政策教育的网页、专栏，开通网上专家论坛在线聊天，建立网络教学考核评估体系，提升形势与政策课的时效性。学校组织开展主题鲜明、吸引力强的学生喜闻乐见的主题教育活动，如征文比赛、演讲比赛、知识竞赛、辩论赛以及讲座、研讨会等，使“形势与政策”教育生动活泼、寓教于乐，既丰富了校园文化，又使学生从中受到启迪与教育。

（四）要注重实践环节的改革与创新

在教学计划中要保证实践教学环节，通过社会实践、专题调查、党团活动等途径，把“形势与政策”课的教学内容与学生的专业学习、服务社会、

勤工助学、择业就业等紧密结合，使学生在社会实践中接受教育。

（五）要加强考试环节的改革与创新

要采取灵活多样的考核方式，除论文撰写外，可采用课堂讨论即席发言、参观考察、撰写调查报告等方式，把考核贯穿于教学的整个过程，对学生的综合素质进行全面考核。

三、切实加强“形势与政策”课程教师队伍建设，打造一支专兼结合，政治素质、专业素质过硬的教师队伍

“形势与政策”课程教师队伍素质的高低直接决定了“形势与政策”教学效果的好坏。首先要建设一支以精干的专职教师为骨干、以思想政治教育工作队伍为主体、专兼结合的教师队伍。这支队伍应是拉得出、讲得好、相对稳定、训练有素的教师队伍。学校党政领导、思想政治理论课教师、学生辅导员和班主任、哲学社会科学相关学科的教师都要积极承担“形势与政策”课程教学任务。笔者认为，“形势与政策”课程讲师团可以由三部分组成：①从事思想政治理论课教学具有讲师以上职称（或硕士以上学历）的教师，他们是这支队伍的骨干；②从事学生思想政治教育工作具有讲师以上职称（或硕士以上学历）的学生工作干部，他们是这支队伍的主体；③聘请有关专家学者、学校和地方党政领导、先进模范人物任兼职教师。聘请他们为兼职教师，参与学生形势与政策教育，发挥他们的知识优势，能够有效提高教育的知识含量。其次要重视教师的培训工作。定期选派教师参加各种形式的形势政策教育教学培训班，有计划地组织骨干教师进行社会实践和外出考察，要为教师进修、提高、查阅资料提供方便，使教师不断开阔眼界，丰富教学素材，更新知识能力，不断提高“形势与政策”课教师队伍的整体素质水平。

四、改革考核评价模式，建立考评机制

（一）要加强教学督导

要将“形势与政策”课程教学工作纳入学校教学督导工作的范畴，对教

师和学生与其他课程一样要求，督导员要经常深入形势与政策教育教学课堂，检查教育教学程序，通报教学情况，了解学生到课学习状态。“形势与政策”课程的任课教师与其他课程教师一样参加教学评估考核。这不仅可以规范“形势与政策”课程的教学程序，强化对任课教师的要求，提高教学质量，而且能够使“形势与政策”课程逐步走上规范化、制度化的轨道。

（二）围绕形势与政策的教育教学内容，采取灵活的考核方式

将开卷考试与闭卷考试相结合，课堂成绩与课外成绩相结合。应突出考核学生理解党的方针、政策的能力和分析思考问题的能力，不要用单一的闭卷考试评价学生，应把考试贯穿于教学的整个过程和环节，把学生参与社会实践、调查研究、课堂讨论、出勤情况和学生的综合表现等情况结合起来予以评价。把形势与政策教育教学纳入学分制教学，每学年考查不及格又未参加补考者，一律给予不毕业处理，进一步促使学生对这门课引起高度重视。

总之，形势与政策教育作为高校德育的重要组成部分，不论是从管理者的角度还是从教育者的角度来说，都应该得到高度重视。要积极探索课程教育教学改革的新思路，以提高教学效果，充分发挥在学生思想政治教育中的重要作用。

结束语

高校思想政治理论课在培养大学生创新能力、提高大学生素质方面有着重要作用。思想政治理论课的传统教学方法存在诸多弊端，不利于培养学生创新能力，采取多种教学方法，培养学生创新能力，是当前思想政治理论课教学方法改革的关键。在新的形势下，全社会都在提倡以人为本、建立和谐社会，我们唯有更新观念，与时俱进，积极创新，探索思想政治理论课教学的新思路、新办法，才能真正发挥思想政治理论课作为培养大学生理想信念和高尚情操的主阵地、主渠道和主课堂的作用，实现思想政治理论课教学的培养目标，也才能圆满完成高校思想政治理论课在21世纪新阶段所担负的光荣而艰巨的历史使命。

参考文献

［1］曹顺仙，郭兆红．高校思想政治理论课教学的实践与探索［M］．合肥：合肥工业大学出版社，2010.

［2］张雪飞．高校思想政治理论课教学实效性研究［M］．沈阳：沈阳出版社，2011.

［3］叶天放．高校思想政治理论课教学管理初探［M］．上海：复旦大学出版社，2010.

［4］张雷声．新时期思想政治理论课教学方法探讨［M］．北京：高等教育出版社，2006.

［5］孟宪东，高东．应用型大学思想政治理论课教学模式研究［M］．北京：中国政法大学出版社，2007.

［6］马进，赵鹏，赵菁，等．高校思想政治理论课教学中的爱国主义教育研究［M］．兰州：甘肃民族出版社，2010.

［7］孙晓峰．高校德育创新与和谐校园建设［M］．合肥：合肥工业大学出版社，2010.

［8］辽宁大学马克思主义学院组．思想政治理论课教育教学探索与改革［M］．沈阳：辽宁大学出版社，2010.

［9］任者春．思想政治理论课研究性教学理念与创新［M］．济南：齐鲁书社，2006.

［10］何云峰．高校思想政治理论课教学与学科发展研究［M］．合肥：黄山书社，2009.

［11］刘韵清，周晓阳．开放性教学论：高校思想政治理论课开放性教学新模式研究［M］．成都：巴蜀书社，2010.

［12］周尚万，杨乃良．毛泽东思想和中国特色社会主义理论体系概论学

习指导［M］. 北京：中国农业出版社，2010.

［13］王瑞祥，赵迎新，李贺文. 大学生思想政治理论课实践教育［M］. 上海：复旦大学出版社，2011.

［14］宋友文，王易. 高校思想政治理论课教材体系向教学体系转化研究［J］. 中国高等教育，2019（6）.

［15］韩小谦，张翔. 坚持高校思想政治理论课教学中的马克思主义价值观导向［J］. 思想理论教育导刊，2019（6）.

［16］王培培. 高校思想政治理论课教学和大学生批判性思维的培育［J］. 黑龙江高教研究，2018（1）.

［17］陈伟. 新媒体环境下的高校思想政治理论课教学方法创新［J］. 产业与科技论坛，2018（5）.

［18］程世平. 高校思想政治理论课实践教学模式研究［J］. 教育教学论坛，2018（3）.

［19］申晓腾，郑燕，付书朋. 微课在高校思想政治理论课教学中的运用效果评价［J］. 阿坝师范学院学报，2019（2）.

［20］翟述斌，牟艳娟. 新时代高校思想政治理论课教学方法优化研究［J］. 吉林工程技术师范学院学报，2019（9）.

［21］黄泽楷. “互联网+”时代高校思想政治理论课教学方法创新探究［J］. 广西教育，2018（39）.

［22］朱宇强. “互联网+”背景下高校思想政治理论课混合教学模式的实践探索［J］. 阿坝师范学院学报，2019（3）.

［23］庄树宗. 基于构建“大实践”模式下高校思想政治理论课实践教学的研究［J］. 佳木斯职业学院学报，2018（3）.

［24］王金玲. 高校思想政治理论课一体化实践教学体系之构建［J］. 鞍山师范学院学报，2018（3）.

［25］刘芳. 高校思想政治理论课教学评价指标体系的现状及探究［J］. 学园，2018（20）.

［26］刘玥彤. 高校思想政治理论课教学实效性及其评价探讨［J］. 青春岁月，2018（11）.

[27] 雷虎强. 高校思想政治理论课教师队伍建设的基本路径 [J]. 思想理论教育导刊, 2019 (8).

[28] 杨泽章, 杨相琴. 研究式教学模式下高校思想政治理论课考核机制探究 [J]. 马克思主义学刊, 2018 (2).

[29] 邓艾敏, 郭改玲. 浅谈思想政治理论课专题参与式教学的考核评价方式 [J]. 长江丛刊, 2018 (2).

[30] 李晓乐, 王志刚. 论微课对高校思想政治理论课教学改革的启示 [J]. 改革与开放, 2018 (1) .